公立幼稚園教諭・保育士採用試験対策シリーズ

2025年度

公立

専門試験

幼稚園教諭 （過去問題集）

名古屋市

協同教育研究会 編

まえがき

　本書は，名古屋市の公立幼稚園教諭採用試験を受験する人のために編集されたものである。

　幼稚園教諭は，満3歳から小学校就学までの幼児に対して，年齢に応じた指導を行うことをその職務とする。具体的には，幼児の健康状態のチェック，遊び，絵画，音楽や運動など，幼児の心身の発達を伸ばす教育を行うものである。その他には，教室の掃除，カリキュラムの作成，園児の行動記録など，仕事の範囲は多岐にわたる。

　幼稚園教諭試験は，その職務を全うできる有為な人材を，幅広い範囲から登用するために，公務員試験の原則に則り，公開平等の原則によって実施される。すなわち，一定の基準点に達すれば合格する資格試験とは根本的に違い，有資格者であれば，誰にでも門戸が開かれた選抜競争試験である。そのため毎年，多数の人が受験している人気職種である。

　このような幼稚園教諭という職務の重要性をかんがみ，激烈な関門を突破するためには，まず自分の適性・素養を確かめると同時に，試験内容を十分に研究して対策を講じておく必要があろう。

　本書はその必要性に応え，名古屋市の公立幼稚園教諭採用試験の過去問，及び，最近の出題傾向を徹底分析した上で，「専門試験」について，問題と解説などを加えたものである。これによって短期間で学習効果が現れ，自信をもって試験に臨むことができよう。

　公立幼稚園の教諭をめざす方々が本書を十分活用され，難関を突破して目標を達成されることを心からお祈りする。

協同教育研究会

＊目次＊

第1章

名古屋市の公立幼稚園教諭

試験概要

令和5年度実施　名古屋市公立学校教員採用選考試験要項

名古屋市教育委員会

申込受付期間	令和5年5月8日（月）から令和5年5月26日（金）まで
	※この期間中の申込完了分有効（インターネット申込） ※インターネット申込の方法はp.7をご覧ください。 ※インターネット申込ができない方はp.8をご覧ください。
1 次 試 験	令和5年7月22日（土）
2 次 試 験	令和5年8月24日（木）・25日（金）

※　名古屋市では、障害のある方の教員採用に積極的に取り組んでいます。
　　「障害者特別選考試験」は別要項により実施します。詳しくはp.13、14をご覧ください。
※　試験日程や会場については志願者数などの関係により一部変更する場合があります。

1 趣　旨

　この選考試験は、令和6年度の名古屋市公立学校教員の採用に当たり、専門的な知識と幅広い教養を有し、教育に対する情熱と使命感をもち、健康な体と豊かな人間性を備えた知・徳・体のバランスのとれた人材を選考する資料とするために実施するものです。

2 基礎資格

以下のすべてに該当する人に限ります。
(1)　地方公務員法第16条各号および学校教育法第9条各号に該当しないこと。
(2)　選考区分に応ずる教諭普通免許状を所有または令和6年3月31日までに取得見込の人。
　　なお、特別支援学校教員については、養護学校教諭か特別支援学校教諭の免許状を取得または令和6年3月31日までに取得見込の人で、かつ特別支援学校の小学部・中学部・高等部に相当する学校の教諭普通免許状を所有または令和6年3月31日までに取得見込の人。
(3)　50歳未満（昭和49年4月2日以降に生まれた人）。
　　※　特例B-1、D-1、D-2（p.3、5参照）に該当する人は60歳未満（昭和39年4月2日以降に生まれた人）

3 選　考

(1)　選考区分・採用予定人員（P.17参照）
(2)　選考方法

選 考 区 分	選 考 方 法			
	1 次 試 験		2 次 試 験	
① 高等学校教員	**共通**	○専門「教科」 ○実技 美術、家庭	**共通**	○実技　保健体育、英語
② 中学校教員	○小論文 ○総合教養	○専門「教科」 ○実技 音楽、美術、技術、家庭	○口述 （集団面接） （個人面接）	○実技　保健体育、英語
③ 小学校教員		○専門「小学校全科」		
④ 幼稚園教員		○専門「幼稚園教育」		○幼稚園実技
⑤ 特別支援学校教員		○専門「特別支援教育」		
⑥ 養護教員		○専門「養護」		○養護に関する実技
⑦ 栄養教員		○専門「栄養」		

4 試験の特例について

○ 下の特例に該当し、書類審査のうえ認められた人は、試験の一部に特例が適用されます。

○ それぞれの特例について要件を満たしていれば、複数の特例を申請することが可能です。

○ 特例の申請については、**インターネットでの申込後、各特例の＜必要書類＞を郵送にて、名古屋市教育委員会教職員課へ提出してください。**（特例の申請はインターネット申込だけではできません。特例申請書類提出期限は５月２６日（金）です。詳しくは、ｐ．７をご覧ください。）

○ 特例Ａ実績証明書①、特例Ａ実績証明書②、特例Ｂ実績証明書は、名古屋市公式ウェブサイト（「教員等採用情報」のページ）から印刷（Ａ４判縦）してください。

○ 「試験の特例」の可否については、書類審査のうえ７月３日（月）の受験票交付時にお知らせします。

特例Ａ－１ ＜対象＞高等学校・中学校・小学校・幼稚園・特別支援学校・養護教員・栄養教員の各志願者

＜要　件＞ ア、イのいずれかの要件に該当する人

　　　　　ア　スポーツの分野において、次のいずれかに該当する人（小・中学校での実績は除く）

　　　　　　・　国際規模の競技会などに日本代表として出場した人（オリンピック大会、アジア大会、世界選手権大会等、競技的内容をもつ世界レベルのスポーツ大会に日本代表として出場した人）

　　　　　　・　文部科学省、（財）日本スポーツ協会またはその加盟団体の主催する全国規模の大会において登録選手として出場し、団体競技３位以内、個人競技８位以内の優秀な成績を収めた人

　　　　　イ　芸術等の分野において、国際レベルのコンクール・展覧会等で優秀な成績を収めた人、または、全国レベルのコンクール・展覧会等で極めて優秀な成績を収めた人（小・中学校での実績は除く）

＜特例内容＞ ○ １次試験の「専門」・「実技」の免除

　　　　　　※ 希望する選考区分の校種、教科との関連性を検討して審査をします。

＜必要書類＞ ○ 「特例Ａ実績証明書①」および「実績等を証明するもののコピー」

　　　　　　※ 実績の中で最も上位と自分が判断したものを貼付してください。団体の場合は、その団体に所属していることが確認できる資料も必ず貼付してください。

特例Ａ－２ ＜対象＞小学校教員志願者

＜要　件＞ ○ 英会話能力に優れ、英語免許を所有（または令和6年3月31日までに取得見込み）、もしくは以下のいずれかに該当する人

ケンブリッジ 英語検定	実用英語 技能検定	GTEC	IELTS	TEAP	TEAP CBT	TOEFL iBT	TOEIC L&R/S&W
140以上	2級以上	960以上	4.0以上	225以上	420以上	42以上	1150以上

　　　※ ＴＯＥＩＣ　Ｌ＆Ｒ／ＴＯＥＩＣ　Ｓ＆Ｗについては、ＴＯＥＩＣ　Ｓ＆Ｗのスコアを2.5倍にして合算したスコアで判定する。

＜特例内容＞ ○ １次試験の専門「小学校全科」の成績に加点

　　　　　　◆ 併願する場合、その選考区分の「専門」の成績には加点しません。

＜必要書類＞ ○ 「特例Ａ実績証明書②」および「実績等を証明するもののコピー」

┌─ 特例A-3 <対象>高等学校（英語）・中学校（英語）・小学校・特別支援学校の各志願者 ─┐
<要　件>　○　英会話能力に優れ、以下のいずれかに該当する人

ケンブリッジ 英語検定	実用英語 技能検定	GTEC	IELTS	TEAP	TEAP CBT	TOEFL iBT	TOEIC L&R/S&W
180以上	1級以上	1350以上	7.0以上	375以上	800	95以上	1845以上

　　※　ＴＯＥＩＣ　Ｌ＆Ｒ／ＴＯＥＩＣ　Ｓ＆Ｗについては、ＴＯＥＩＣ　Ｓ＆Ｗのスコアを2.5倍にして合算したスコアで判定する。

<特例内容>　○　1次試験の「専門」の免除
　　　　　　　※　教科「英語」の希望者は、1次試験の「専門」に加えて、2次試験の実技「英語」も免除します。
　　　　　　　◆　高等学校（英語）・中学校（英語）・小学校・特別支援学校以外の選考区分と併願する場合、対象とならない選考区分の1次試験の「専門」・「実技」は免除されません。
<必要書類>　○　「特例A実績証明書②」および「実績等を証明するもののコピー」

※　「特例A実績証明書①」「特例A実績証明書②」は、各欄を記入し、裏面に実績や資格等を証明するもののコピーを貼付して、提出してください。

┌─ 特例A-4 <対象>高等学校・中学校・小学校・幼稚園・特別支援学校の各志願者 ─┐
<要　件>　○　以下のいずれかの認定証等を特例A実績証明書②の提出日までに取得している人
　　　　　　※　ただし、③を申請する場合は中学校（技術）を第1希望として志願する人に限る。（併願も可）
　　　　　　①　ＩＣＴ支援員能力検定
　　　　　　②　教育情報化コーディネータ認定（1～3級）
　　　　　　③　中学校教諭普通免許状（技術）
　　　　　　※　③は、令和6年3月31日までに取得見込でも可
<特例内容>　○　1次試験の「総合教養」の成績に加点
<必要書類>　○　「特例A実績証明書②」および「実績等を証明するもののコピー」

┌─ 特例B-1 <対象>高等学校・中学校・小学校・幼稚園・特別支援学校・養護教員・栄養教員の各志願者 ─┐
<要　件>　○　名古屋市公立学校（園）に常勤・非常勤講師として任用され、平成30年度から令和5年度（令和5年5月31日まで）において、任用期間が通算2年（24か月）以上ある人
<特例内容>　○　1次試験の「総合教養」の免除
<必要書類>　○　「特例B実績証明書」　※　所属長の証明が必要
　　※　任用期間がその月に1日でもあれば、1か月分と算定し、12か月分で1年とします。
　　※　特例B-1が認められた人は、60歳未満（昭和39年4月2日以降に生まれた人）まで受験が可能です。

┌ 特例B-2 <対象> 中学校・小学校・特別支援学校・養護教員の各志願者 ─────

<要　件> ○ 現在、名古屋市以外の国公立学校に本務教諭として勤務しており、令和5年5月31日までに本務教諭の任用期間が通算2年以上ある人

※ 本務教諭とは、採用試験を経て採用された正規教員を指します。

<特例内容> ○ 1次試験の「総合教養」・「専門」・「実技」の免除

<必要書類> ○ 「特例B実績証明書」　※ 所属長の証明が必要

○ 学校保管の履歴書の写（コピーしたもの。在職証明や勤務記録カードなども可）

┌ 特例B-3 <対象> 高等学校・中学校・小学校・幼稚園・特別支援学校・養護教員・栄養教員の各志願者 ──

<要　件> ○ なごや教職インターンシップの活動が、平成29年度から令和4年度の間において、1年間に30回以上、または2年間に50回以上ある人

※ ただし、令和2年度を活動期間に含める場合は、1年間に20回以上、または2年間に40回以上ある人。

<特例内容> ○ 1次試験の「総合教養」・「小論文」の成績に加点

<必要書類> ○ 「特例B実績証明書」および「なごや教職インターンシップ活動記録票」

※ 「特例B実績証明書」の裏面に、所属長の証明がある「なごや教職インターンシップ活動記録票」の原本を貼付してください。

※ 特例B-3の申請は1度しかできません。

※ 特例B-3の申請の有効期間は、大学・大学院の卒業・修了年度の翌年度までとします。

┌ 特例B-4 <対象> 中学校・小学校・特別支援学校・養護教員の各志願者 ─────

<要　件> 名古屋市において、平成30年度から令和5年度（令和5年5月31日まで）に、下の活動(任用)期間が通算1年（12か月）以上ある人

○ トワイライトスクール・トワイライトルームにおいて、運営指導者、子ども指導員、地域協力員（「AP」）、体験活動講師、学生ボランティアの活動をしている人

○ 部活動外部指導者（部活動外部顧問を含む）、「名古屋市立小学校における新たな運動・文化活動」指導者、スクール・サポート・スタッフ、名古屋市児童相談所「あそびっこ」、母語学習協力員、名古屋市民おんたけ休暇村キャンプカウンセラー、フレンドリーユース、学習支援事業学習サポーター、児童養護施設学習支援ボランティア、土曜学習いきいきサポーター、発達障害対応支援員、子ども会ボランティアサークル

<特例内容> ○ 1次試験の「総合教養」の成績に加点

<必要書類> ○ 「特例B実績証明書」　※ 所属長・所属団体の証明が必要

※ 活動(任用)期間がその月に1日でもあれば、1か月分と算定し、12か月分で1年とします。

※ 土曜学習いきいきサポーターは、活動回数が12以上必要です。ただし、令和2年度、令和3年度に活動を予定していた人は、活動回数を8回以上とします。

※　「特例B-4」はそれぞれの活動（任用）期間を合算することができます。（重なっている期間の合算はできません。）

※　「特例B実績証明書」は、各欄を記入し、提出してください。

※　中学校・小学校の受験者が、B-2、B-4を申請する場合は、高等学校・幼稚園を併願できません。

```
┌─ 特例 C ＜対象＞中学校・小学校教員の各志願者 ────────────────────
＜要 件＞  ○ 大学院での修学を理由に、「令和3年度実施」または「令和4年度実施」の「名古屋市公立
            学校教員採用選考試験」において、中学校教員または小学校教員の区分での「合格」を辞退し、
            次の要件をすべて満たす人
          ・ 令和6年3月31日までに大学院修士課程を修了見込であること
          ・ 令和6年3月31日までに「令和3年度実施」または「令和4年度実施」の「名古屋市公立
            学校教員採用選考試験」で「合格」した選考区分・教科の専修免許状を取得もしくは取
            得見込であること
          ・ 「令和3年度実施」または「令和4年度実施」の「名古屋市公立学校教員採用選考試験」
            で「合格」した選考区分・教科に出願すること
＜特例内容＞ ○ 2次試験の口述（個人面接）のみで選考試験を実施
＜必要書類＞ ○ 大学院修了（見込）証明書
          ○ 対象者に送付した「大学院在学者及び進学者への特別措置決定通知書」
└──────────────────────────────────────────
```

※ 特例Cの適用を希望する人は、「大学院修了（見込）証明書」と「大学院在学者及び進学者への特別措置決定
   通知書」の左下欄外にインターネット申込の際の申請番号を記入し、提出してください。

※ 「合格」した選考区分・教科の募集がない場合は、特例Cは無効となります。

※ 大学院在学及び進学者への特別措置を希望し、「合格」を辞退した場合、その後の進学状況等に変更が生
   じても、「合格」の辞退を取り消すことはできません。

```
┌─ 特例 D-1 ＜対象＞高等学校・中学校・小学校・幼稚園・特別支援学校・養護教員・栄養教員の各志願者 ─
＜要 件＞  ○ 名古屋市公立学校（園）に、本務教諭として勤務し、平成29年3月31日以降に、介護を
            理由に退職した人
          ・ 退職時と同一校種、同一教科での出願に限る
          ・ 出願時に、退職日から6年以内の人
          ※ 本務教諭とは、採用試験を経て採用された正規教員を指します。
＜特例内容＞ ○ 2次試験の口述（個人面接・集団面接）のみで選考試験を実施
＜必要書類＞ ○ 「介護理由退職者証明書」
          ※ 特例D-1が認められた人は、60歳未満(昭和39年4月2日以降に生まれた人)まで受験可能です。
└──────────────────────────────────────────
```

※ 特例D-1の適用を希望する人は、「介護理由退職者証明書」の左下欄外にインターネット申込の際の申
   請番号を記入し、提出してください。

※ 募集のない区分の出願はできません。

```
┌─ 特例 D-2 ＜対象＞高等学校・中学校・小学校・幼稚園・特別支援学校・養護教員・栄養教員の各志願者 ─
＜要 件＞  ○ 名古屋市公立学校（園）に、本務教諭として勤務し、令和3年3月31日以降に、子育てを
            理由に退職した人
          ・ 退職時と同一校種、同一教科での出願に限る
          ・ 出願時に、退職日から6年以内の人
          ※ 本務教諭とは、採用試験を経て採用された正規教員を指します。
＜特例内容＞ ○ 2次試験の口述（個人面接・集団面接）のみで選考試験を実施
＜必要書類＞ ○ 「子育て理由退職者証明書」
          ※ 特例D-2が認められた人は、60歳未満(昭和39年4月2日以降に生まれた人)まで受験可能で
            す。
└──────────────────────────────────────────
```

※ 特例D-2の適用を希望する人は、「子育て理由退職者証明書」の左下欄外にインターネット申込の際の
   申請番号を記入し、提出してください。

※ 募集のない区分の出願はできません。

特例　E　**＜対象＞**中学校・小学校教員志願者で特別支援学級担当の希望がある志願者

＜要　件＞　　○　特別支援教育に関わる以下のいずれかの免許状を取得または令和6年3月31日までに取得見込の人
- 特別支援学校教諭免許の「視覚障害者」「聴覚障害者」「知的障害者」「肢体不自由者」「病弱者」のうち、1領域以上が記された普通免許状
- 盲学校教諭免許状
- 聾学校教諭免許状
- 養護学校教諭免許状

＜特例内容＞　　○　1次試験の「総合教養」の成績に加点
＜必要書類＞　　○　該当する免許状の写しまたは免許状取得見込証明書

※　特例Eの適用を希望する人は、「該当する免許状の写し」または「免許状取得見込証明書」の左下欄外にインターネット申込の際の申請番号を記入し、提出してください。

※　小学校・中学校の受験者が、特例Eを申請する場合は、高等学校・幼稚園を併願できません。

特例　F　**＜対象＞**中学校（技術）・高等学校（工業）教員志願者

＜要　件＞　　○　中学校（技術）、高等学校（工業）の各志願者で、以下の要件をすべて満たす人
　　①在学する大学の学長、または学部長の推薦が得られた人
　　②名古屋市の教員として勤務することを第一志望とし、選考試験実施の翌年度の採用を希望する人
　　③受験区分・教科に対応する教員免許状取得のための課程許可を受けている大学（短期大学、大学院、教職大学院を含む）に出願時に在籍し、令和6年3月31日までに卒業（修了）見込みである人

＜特例内容＞　　○　1次試験の「総合教養」・「専門」・「実技」の免除

＜必要書類＞　　○　推薦書（大学が作成し、送付すること）

※　詳細は、各大学のご担当者に確認してください。

※　大学からの提出書類のほか、受験者本人のインターネットによる申込みが必要となります。

※　特例Fを申請する場合は、他の選考区分を併願できません。

特例　G　**＜対象＞**高等学校・中学校・小学校・幼稚園・特別支援学校・養護教員・栄養教員の各志願者

＜要　件＞　　○　令和4年度実施名古屋市公立学校教員採用選考試験の1次試験を合格し、2次試験を欠席した人で、特例Gを希望する人
　　○　令和4年度実施名古屋市公立学校教員採用選考試験の1次試験で合格した選考区分・教科に出願すること

＜特例内容＞　　○　1次試験の免除
　　※　令和4年度に2次試験の実技「英語」の免除を認められた人は、令和5年度も同様に免除とする。

※　令和4年度の1次試験と令和5年度実施の2次試験の結果ならびに提出書類を総合して最終選考をします。

※　この免除の適用は、1次試験合格の翌年の1回限りとします。

※　インターネットで申込みをする際、令和4年度に受験した際の選考番号の入力が必要です。

5　申込手続

※ **申込は、インターネットで行ってください。**
　　（事情によりインターネット申込ができない方は、p.8を参照）

> **利用環境**
> 　インターネットに接続できるパソコンと電子メールアドレスのほか、受験票を印刷するためにプリンターとAdobe Readerが必要となります。
> ・ Adobe Readerは以下のページから無料でダウンロードすることができます。
> 　http://get.adobe.com/jp/reader/
> ・ 受験票の印刷は、Ａ４判の普通紙で行ってください。
> ・ 使用されるパソコンの機種や環境等により利用できない場合があります。

(1)　受付期間　**令和5年5月8日（月）～ 令和5年5月26日（金）までに申込が完了したもののみを有効とします。**
　　　　・　必ず期間内に申込を完了させてください。（申込が完了すると、それをお知らせする電子メールがすぐに届きます）
　　　　・　システム管理等のため、システムの運用を予告なく停止、休止等する場合がありますのでご了承ください。
　　　　・　<u>使用されるパソコンや通信回線上の障害等によるトラブルについては一切責任を負いかねますので、期限に余裕をもって申し込んでください。</u>

(2)　アクセス及び申込方法

　　　　・　左の二次元コードを読み取るか、名古屋市電子申請サービス（https://ttzk.graffer.jp/city-nagoya）にアクセスし、キーワード検索で「教員採用」と検索してください。
　　　　・　**「令和5年度実施 名古屋市公立学校教員採用選考試験申込」をクリック**し、順次画面の指示に従ってください。
　　　　　　詳しくは、名古屋市電子申請サービスの画面や電子メールの指示に従ってください。
　　　　・　<u>ご自身が登録したメールアドレスとパスワードは、申込の際や受験票を交付するときに必要となりますので、必ず書き留めておいてください。</u>
　　　　・　<u>送付された電子メール等は印刷する等、確実に保存してください。</u>

> ※特例の申請方法 … 　インターネット申込後、必要書類に「申請番号」と必要事項を記入し、名古屋市教育委員会教職員課まで<u>郵送にて</u>提出してください。
> 　　　　　　郵送の際は、角形2号封筒（332×240㎜）の表紙に「特例申請書在中」と朱記し、必ず「簡易書留」を利用してください。書類は折り曲げないでください。
> **特例申請書類提出期限：5月26日（金）の消印があるものまで有効**

(3)　受験票の交付
　　　① 　**7月3日（月）以降に送付する電子メール**を確認し、電子メールの記載内容に従って「メールアドレス」と「パスワード」を入力し、受験票及び特例結果通知書（<u>特例結果通知書は、特例を申請した方のみ</u>）を印刷（Ａ４判横）してください。
　　　② 　**7月7日（金）まで**に電子メールが届かない場合は、名古屋市公式ウェブサイト（「教員等採用情報」のページ）に掲載している「電子申請についてのＱ＆Ａ」Ｑ９の手順に従ってください。
　　　③ 　受験票は、**必ず写真を貼付し**、選考番号、受験会場等を確認したうえで、大切に保管し、試験当日に持参してください。（写真がないと受験できません）

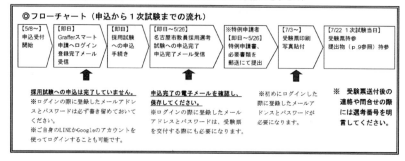

※アカウントを使ってログインする方法以外に、「メール認証して申請」することも可能です。その場合、<u>パスワードは必要ありません。</u>

※ **インターネット申込ができない方**
　事情によりインターネット申込ができない場合は、郵送または持参による申込となります。この場合には、あらかじめ、紙の「申込書」が必要となります。以下の「請求手続き」に従って請求してください。（名古屋市教育委員会教職員課まで直接お越しいただいても構いません）

|郵送による請求手続き|
返信用封筒（角形2号封筒332×240mm）に140円分の郵便切手を貼り、受験者の宛先と郵便番号を明記してください。請求用封筒の表に「申込書希望」と朱記し、返信用封筒を同封して郵送して請求してください。

|請求期間| ４月２６日（水）～５月２日（火）の消印有効
　　　　　※ 受付期間に間に合うように請求してください。

|申込受付期間| ５月８日（月）～５月２６日（金）の消印有効
|申込受付時間| 午前９時～午後５時まで（土曜日・日曜日を除く）

【申込書請求先及び申込書提出先】
〒 460-8508　名古屋市中区三の丸三丁目1-1　　名古屋市教育委員会教職員課　教員採用担当

※ 郵送で申し込んだ場合、受験票の交付も郵送となります。詳しい案内は申込書に同封します。

6　1次試験の期日、会場及び内容

(1) **期　日**　　　令和５年７月２２日（土）

(2) **会　場**

<u>山田（高）会場</u>	名古屋市立山田高等学校	名古屋市西区二方町19-1 TEL 052-501-7800
<u>山田（中）会場</u>	名古屋市立山田中学校	名古屋市西区八筋町363-1 TEL 052-501-5591
<u>名古屋商業会場</u>	名古屋市立名古屋商業高等学校	名古屋市千種区自由ヶ丘二丁目11-48 TEL 052-751-6111
<u>菊　里　会　場</u>	名古屋市立菊里高等学校	名古屋市千種区星が丘元町13-7 TEL 052-781-0445

(3) **試験日程・内容**

	内　　容	対　　　象
８：１０～ ８：４０	受　　付	全　　員
８：４０～ ９：００	受験上の注意、書類提出	全　　員
９：２０～１０：１０	小　論　文	全　　員
１０：３０～１１：１０	総合教養	全　　員
１１：３０～１２：３０	専門「小学校全科」	小　学　校
	専門「教科」	高等学校（地理・歴史、商業、工業）、 特別支援学校、養護教員、栄養教員
１２：３０～１３：２０	昼　　　食	
１３：２０～１４：２０	専門「教科」	幼稚園、中学校、 高等学校（地理・歴史、商業、工業を除く）
１４：３０～１５：３０ （音楽のみ16:10まで）	実　　技	中学校・高等学校－美術、家庭 中学校－音楽、技術

※ 中学校、高等学校の同一教科の専門「教科」、「実技」は共通です。

※ 会場・試験日程を変更することがあります。

※ 上着やネクタイの着用の必要はありません。

(4) １次試験日（７月２２日）に提出するもの（詳しくはp.12の「教員採用選考試験Q＆A」をご覧ください。）

① 自己アピールシート ── 名古屋市公式ウェブサイト（「教員等採用情報」のページ）から印刷（Ａ４判縦：両面印刷）してください。選考番号、氏名など必要事項を記入のうえ、受験票に貼付する写真と同じ写真を貼付してください。

※ 現在、国公立学校に、<u>本務教諭として勤務中の人は、学校保管の履歴書の写（コピーしたもの。在職証明書や勤務記録カードなども可。）に所属長の原本証明をしたものを自己アピールシートと一緒</u>に提出してください。※特例Ｂ２の申請時に提出している人は、持参する必要はありません。

② 免許状証明書
　　┌ 原本の写（白黒コピーしたもの※カラーコピー不可）
　　│ 授与証明書（免許状を発行した教育委員会の証明書）　┐のいずれか。
　　└ 取得見込証明書（大学が発行するもの）

※ <u>免許状の有効期間の延長をした人は「免許状の修了確認期限」を証明するものの写（コピーしたもの）を添付してください。</u>

③ 大学及び大学院の卒業・修了（見込）証明書 ── <u>二つ以上の大学、または学部にわたる場合や、大学卒業後、大学院や通信制大学に進学された人は、それぞれの卒業・修了（見込）証明書が必要です。</u>

④ 返信用封筒 ── 宛先・郵便番号・氏名・選考番号を明記し、<u>１４０円の郵便切手を貼った角形２号封筒（332×240mm）</u>

※ 宛先はインターネット申込で入力した住所と同じにしてください。
（住所変更した場合は、教育委員会に届け出た住所）

※ 選考にあたって提出した書類は一切返却しません。また、選考以外の目的で使用しません。

※ 改姓の場合や勤務先、住所、電話番号など記載事項に変更が生じたときは、必ず<u>文書で</u>すみやかに教育委員会に届け出てください。

※ 「特例Ｃ」「特例Ｄ−１」「特例Ｄ−２」「その他　試験の免除（令和４年度実施２次試験欠席者）」が認められた人は、上の①②③④の書類を７月１８日（火）までに名古屋市教育委員会教職員課教員採用担当まで簡易書留で郵送してください。

＜返信用封筒＞

(5) １次試験の選考結果通知について

受験者全員に令和５年８月中旬に通知（郵送）します。なお、名古屋市公式ウェブサイト（「教員等採用情報」のページ）でも発表します。

(6) その他

試験会場内で携帯電話、スマートフォン、スマートウォッチ、コンピュータ等の通信機能を有する電子機器を使用することは認めません。

７　２次試験について

２次試験受験者となった人を対象に実施します。

期　　　日	内　　容	対　象　区　分
８月２４日（木） ８月２５日（金）	口述（集団・個人面接）	全　　　員
	「幼稚園実技」	幼　稚　園　教　員
	「保健体育実技」	中学校・高等学校教員（保健体育）
	「英語実技」	中学校・高等学校教員（英語）
	「養護に関する実技」	養　護　教　員

8　選考結果通知等

(1)　最終選考方法と選考結果の通知について

　　1次試験および2次試験の結果ならびに提出書類を総合して最終選考をします。最終的な合格・補欠・不合格の決定を、2次試験受験者にのみ、令和5年9月下旬に通知（郵送）します。なお、名古屋市公式ウェブサイト（「教員等採用情報」のページ）でも発表します。

- ・　合　格…令和6年4月1日付で採用します。
- ・　補　欠…令和6年12月末日までの間で、欠員状況等に応じ、採用されることがあります。
- ・　不合格…1次、2次試験結果の総合判定により不合格となった人で、採用されません。

(2)　大学院在学者および進学者への特別措置

　　「令和5年度実施　名古屋市公立学校教員採用選考試験」において小学校教員または中学校教員の区分で合格した人の中で、令和6年度に大学院（教職大学院を含む。以下同じ）に進学または在学を理由として採用を辞退した人が、次のア～ウの要件をすべて満たした上で、下に示す「名古屋市公立学校教員採用選考試験」に、令和5年度と同一の選考区分・教科で出願した場合は、2次試験の口述（個人面接）のみで選考試験を実施します。

ア　大学院での修学を理由に、令和5年12月22日（金）までに名古屋市教育委員会に申し出た上で「令和5年度実施　名古屋市公立学校教員採用選考試験」の合格を辞退すること。

イ　令和6年度に大学院で修学すること。

ウ　下に示す期限までに、大学院修士課程を修了見込みであり、かつ「令和5年度実施　名古屋市公立学校教員採用選考試験」で合格した区分・教科の専修免許状を取得もしくは取得見込であること。

① 　大学院在学者　・・・　令和7年3月31日まで

② 　大学院進学者　・・・　令和8年3月31日まで

【特例が適用される「名古屋市公立学校教員採用選考試験」】

① 　大学院在学者　・・・　「令和6年度実施　名古屋市公立学校教員採用選考試験」

② 　大学院進学者　・・・　「令和7年度実施　名古屋市公立学校教員採用選考試験」

(3)　選考結果の情報提供について

　　1次試験および最終選考で不合格となった人全員に、次の選考結果情報を提供します。

- ・　1次試験不合格者には「内容別評定」「総合教養試験の得点」「専門試験の得点」。
- ・　最終選考不合格者には1次試験の「内容別評定」「総合教養試験の得点」「専門試験の得点」および2次試験の「内容別評定」。

(4)　その他

- ・　校種ごとの教員必要数の関係から、他の校種に採用されることもあります。
- ・　令和6年3月31日までに大学（もしくは短期大学）を卒業できない場合、該当する教員免許状を取得できない場合、合格種免許状の期限が切れている場合等、採用時に勤務できない事態が生じた場合には、合格は取り消しとなります。
- ・　選考結果の通知前の問合せには、応じられません。

9 実技試験

● 1次試験

○中学校の音楽	・ピアノ演奏	課題曲は、モーツァルトのソナタ「K．283 第1楽章」または、ベートーヴェンのソナタ「Ｏp．49．Ｎo2 第1楽章」で、いずれか1曲を自ら選択して演奏します。 自由曲は随意の1曲です。課題曲・自由曲の楽譜は各自持参してください。
	・歌唱	次の中学校教材の中からいずれか1曲を自ら選んで伴奏しながら視唱します。 楽譜は各自持参してください。 「赤とんぼ」「夏の思い出」「浜辺の歌」「帰れソレントへ」 ※「帰れソレントへ」は原語または日本語とします。
○中学校・高等学校の美術		水彩絵の具（アクリル絵の具も可）、筆（大・中・小）、パレット、鉛筆（数本）、消しゴム、筆洗、筆をぬぐう布・雑巾、のりを各自持参してください。
○中学校の技術	・木工	木材の加工をします。さしがね、両刃のこぎり、平かんな、両口げんのうを各自持参してください。また、実技に適した服装・履き物を各自持参してください。
○中学校・高等学校の家庭	・衣生活	縫い針、まち針、指ぬき（必要な人）、針山、糸切りばさみ、裁ちばさみ、ものさし、または方眼定規、チャコ（チャコペンシル、チャコペンなども可）を各自持参してください。

● 2次試験

○中学校・高等学校の保健体育	・ハードル走 ・マット運動 ・バスケットボール ・なわ跳び運動	受験に適したゼッケンをつけた服装、シューズ（ひも付きの屋内用）、健康保険証を各自持参してください。（素足での実技は厳禁） 【ゼッケンについて】 ゼッケンは右図のように、各自が用意した白布に選考番号を黒色で明記し、胸と背に縫いつけてください。
○中学校・高等学校の英語	・英会話	英文を読み、それに関して英語で質疑応答します。また、教育に関する話題について英語で質疑応答します。各自持参するものは特にありません。
○幼稚園実技	・ピアノ演奏	標準バイエルピアノ教則本の中の、「98番」・「102番」のいずれか1曲を自ら選んで演奏します。楽譜は各自持参してください。
	・歌唱	幼児向きの曲〈自由選択〉を1曲と、課題曲（「ありさんのおはなし」・「め・め・め」のいずれか1曲を自ら選択）を伴奏しながら視唱します。楽譜は各自持参してください。
	・表現	幼児向きの曲〈自由選択〉を歌いながら表現します。 屋内用シューズを各自持参してください。
○養護に関する実技	・応急処置 ・保健指導	保健室での対応の実技とそれに関わる保健指導を行います。各自持参するものは特にありません。

14

教 員 採 用 選 考 試 験 Q & A

＜インターネット申込について＞
Q1　どのような手順で申込を進めたらよいですか？
　A　試験要項p.7、または名古屋市公式ウェブサイト（「教員等採用情報」のページ）に手順を掲載し
　　　ていますので、そちらをご覧ください。（ウェブサイトに掲載している「電子申請についてのQ&A」
　　　もご参照ください。）

＜申込内容について＞
Q1　併願を考えているのですが、どの校種が併願できるのですか？
　A　同じ時間帯の試験がなければ併願可能です。p.15をご覧ください。ただし、併願した場合（中学校
　　　と高等学校の同一教科を併願した場合を除く）は、第2希望の専門試験や実技試験も受ける必要があ
　　　ります。
Q2　「免許状の修了確認期限」は、どのように確認すればよいですか？
　A　平成21年4月1日以降に授与された免許状には有効期間の満了の日が明記されています。それ以前に
　　　授与された免許状をお持ちの方は、文部科学省のホームページ（https://www.mext.go.jp）等で確認して
　　　ください。
Q3　複数の免許を異なる時期に取得しました。修了確認期限は、どの免許のものを入力すればよいですか？
　A　複数の免許を異なる時期に取得した場合、修了確認期限は個々の状況によって異なります。受験者本
　　　人で、文部科学省もしくは免許状が発行された都道府県教育委員会に確認し、正確に入力してください。
Q4　免許が失効していないか心配なのですが、確認方法はありますか？
　A　現在お持ちの免許の有効期限が令和4年の7月1日以降の場合は、期限がない免許に切り替わってい
　　　ます。それ以外の場合は一度お問い合わせください。

＜特例申請について＞
Q1　特例A－1に該当する実績がいくつもあるのですが、どれを申請すればよいですか？
　A　実績の中で、自分が最も上位と判断されたもので申請してください。
Q2　特例A－1の受賞が団体のため、個人に証明するものがないときはどうすればよいですか？
　A　賞状のコピーやその当時のプログラム、新聞記事などを貼付してください。ただし、必ず本人が所属
　　　していることが確認できる資料に限ります。
Q3　高等学校や幼稚園を受験する場合、特例を申請することはできますか？
　A　特例A－1、A－3（高等学校（英語）のみ）、A－4と特例B－1、B－3、特例D－1、D－2、
　　　特例F（高等学校（工業））のみを申請することができます。なお、小学校・中学校の受験者が、高等学
　　　校や幼稚園を併願する場合は、特例B－2、B－4と特例Eの申請はできなくなります。
Q4　特例Bの申請にかかわらず、特例B－1と特例B－4の任用期間は合算することができますか？
　A　特例B－1と特例B－4の任用期間は合算することができません。
Q5　特例B－4の要件にあてはまるツワイライトAPや部活動外部指導者など、複数の種別の活動を経験していますが、任用期間として合算できますか？また、それぞれの証明が必要なのですか？
　A　特例B－4の要件にあてはまる活動の任用期間の合算はできます。ただし、重なった期間はどちらか
　　　一方で算定します。証明は種別ごとに必要です。「特例B実績証明書」の下の表を参照してください。
　　　複数の証明が必要な場合は、申請書を複写してご使用ください。
Q6　令和4年4月25日から令和4年7月4日まで非常勤講師をしましたが、この期間の任用月数をどのように算定すればよいですか？
　A　任用期間がその月に1日でもあれば、1か月分と算定します。この場合は、4か月です。
Q7　50歳以上ですが、受験をすることはできますか？
　A　特例B－1、特例D－2を申請して認められた人は、60歳未満（昭和39年4月2日
　　　以降に生まれた人）まで受験が可能です。
Q8　特例A－2、特例A－4、特例B－3、特例B－4、特例Eの特例内容が成績に加点するとありますが、加点は何点ですか？
　A　それぞれの科目の平均点を基にして、一定の割合分を加点します。
Q9　特例A－2、特例A－4、特例B－3、特例B－4、特例Eのうち、複数の特例を申請して認められた場合、加点はどのようになりますか。
　A　それぞれの申請に対して、認められた分が加点されます。

＜採用試験・提出物について＞
Q1　特別支援学校を受験したいのですが、特別支援学校の教諭免許が必要ですか？
　A　必要です。特別支援学校の小学部・中学部・高等部に相当する学校の教諭普通免許状も必要です。
Q2　現在免許がなく、文部科学省が実施する資格認定試験は受けますが、採用試験は受けることができますか？
　A　できます。ただし、免許が取得できなかった場合は、合格しても採用されません。
Q3　通信教育により免許を取得中ですが、免許取得見込証明書が発行されません。どうしたらよいですか？
　A　単位取得（見込）証明書を用意してください。それも発行されない場合は、通信教育でどの単位を取
　　　得しているか分かるもの（カリキュラム等）、もしくは在籍証明書を用意してください。
Q4　通信教育で免許を取得しましたが、卒業証明書は発行されません。どうしたらよいですか？
　A　修了証を用意してください。それも発行されない場合は、単位取得証明書を用意してください。
Q5　障害者特別選考試験の特徴はありますか？
　A　1次試験の総合教養、2次試験の口述（集団面接）を受験する必要がありません。特例も申請できま
　　　す。また、2次試験の個人面接に加え、採用した場合の配慮事項等の聞き取りを、2次試験当日に別途
　　　行います。
Q6　申込の際などに健康診断書の提出は必要ありますか？
　A　提出の必要はありません。合格者および補欠者には指定された日時・会場にて名古屋市教育委員会が
　　　実施する採用時健康診断を受けていただきます。
Q7　職歴がたくさんあるため、自己アピールシートの学歴・職歴欄が不足する場合はどうしたらよいですか？
　A　1つの枠を2つに分割して記入してください。それでも不足する場合は、自己アピールシートの裏面
　　　をコピーのうえ、足りない分の学歴・職歴を記載し、添付してください。（のり付け不要）

令和5年度実施
名古屋市公立学校教員採用 障害者特別選考試験要項

名古屋市教育委員会

申込受付期間	令和5年5月8日（月）から令和5年5月26日（金）まで
	※この期間中の申込完了分有効（インターネット申込） ※インターネット申込の方法はp．7をご覧ください。 ※インターネット申込ができない方はp．8をご覧ください。
1　次　試　験	令和5年7月22日（土）
2　次　試　験	令和5年8月24日（木）・25日（金）

※　試験日程や会場については志願者数などの関係により一部変更する場合があります。

1　趣　旨

　この障害者特別選考試験は、障害者の雇用の促進等に関する法律の趣旨に基づき、障害者の方を対象とし
て、その雇用の促進をはかることを目的として行うものです。

2　基礎資格

　以下のすべてに該当する人に限ります。
(1)　地方公務員法第16条各号および学校教育法第9条各号に該当しないこと。
(2)　選考区分に応ずる教諭普通免許状を所有または令和6年3月31日までに取得見込の人。
　　なお、特別支援学校教員については、養護学校教諭か特別支援学校教諭の免許状を取得または令和6年
3月31日までに取得見込の人で、かつ特別支援学校の小学部・中学部・高等部に相当する学校の教諭普
通免許状を所有または令和6年3月31日までに取得見込の人。
(3)　50歳未満（昭和49年4月2日以降に生まれた人）。
　　※　特例B−1、D−1、D−2（p．3、5参照）に該当する人は60歳未満（昭和39年4月2日以降に生まれた
人）。
(4)　身体障害者手帳、療育手帳、精神障害者保健福祉手帳の交付を受けている人。

3　選　考

(1)　選考区分・採用予定人員

選　考　区　分		採用予定人員
①　**高等学校教員**	国語、地理・歴史、数学、理科、美術、保健体育、家庭、英語、 商業、工業（機械系・情報系・建築系） その他欠員が生じた教科	
②　**中学校教員**	国語、社会、数学、理科、音楽、美術、保健体育、技術、家庭、英語	約10名
③　**小学校教員**		
④　**幼稚園教員**		
⑤　**特別支援学校教員**		
⑥　**養護教員**		
⑦　**栄養教員**		

○　採用予定人員は、現時点での目安であり、今後検討の結果変わることがあります。
○　所有免許状（取得見込を含む）に応じ、選考区分①〜④の校種のうち、2校種まで併願ができます。
　（同一時間帯に試験が行われるなど、組み合わせによっては併願できないこともあります。詳しくは、
　p．14「6 (3)　試験日程・内容」にてご確認ください。）
○　「②　**中学校教員**、③　**小学校教員**、⑤　**特別支援学校教員**」に合格した人の中から、特別支援学級
　担当教員に採用されることもあります。
○　高等学校教員のうち、募集がない教科（音楽）において欠員が生じたときは、中学校教員に合格した
　人で申込時に「**高等学校で欠員が生じた教科の希望**」を「**有**」にした人の中から若干名を選考し、面接
　の上採用することもあります。
○　本務教諭で、本市への採用希望者は、本採用選考試験を受験してください。（試験の一部免除がありま
　す。詳しくはp．4「4　試験の特例について」の「特例B−2」を参照してください。）
○　日本国籍を有しない人は、任用の期限を付さない常勤講師に任用します。
※　選考試験の実施にあたり、障害の種類や程度に応じた配慮をします。配慮を希望する人は、**申込時に**
　「**受験に際しての配慮希望事項**」に具体的な配慮事項を入力してください。

┌─ 過去に実施した配慮の例 ─────────────────────────────
│　〇点字による筆記試験　　〇手話による口述試験や試験監督の指示　　〇試験会場や座席位置の配慮

(2) 選考方法

選 考 区 分	選　考　方　法			
	共通	1 次 試 験	共通	2 次 試 験
① 高等学校教員	○小論文	○専門「教科」 ○実技 美術、家庭	○口述 （個人面接）	○実技 保健体育、英語
② 中学校教員		○専門「教科」 ○実技 音楽、美術、 　　技術、家庭		○実技 保健体育、英語
③ 小学校教員		○専門「小学校全科」		
④ 幼稚園教員		○専門「幼稚園教育」		○幼稚園実技
⑤ 特別支援学校教員		○専門「特別支援教育」		
⑥ 養護教員		○専門「養護」		○養護に関する実技
⑦ 栄養教員		○専門「栄養」		

　※　1次試験の総合教養、2次試験では口述（集団面接）がありません。
　※　実技試験については、p.11「9　実技試験」を参照

4　試験の一部免除の特例について
p.2～6「4　試験の特例について」と同じ

5　申込手続
p.7「5　申込手続」と同じ
　※　申込後に身体障害者手帳、療育手帳、精神障害者保健福祉手帳のコピーの提出が必要です。

6　1次試験の期日、会場及び内容
(1)　期　　日　　令和5年7月22日（土）
(2)　会　　場　　p.8「6　1次試験の期日、会場及び内容」の(2)と同じ
(3)　試験日程・内容

	内　　　　　容	対　　　　　象
8：10～ 8：40	受　　　付	全　　　員
8：40～ 9：00	受験上の注意、書類提出	全　　　員
9：20～10：10	小　論　文	全　　　員
10：30～11：10	待　　　　　機	
11：30～12：30	専門「小学校全科」	小　学　校
	専門　「教科」	高等学校（地理・歴史、商業、工業） 特別支援学校、養護教員、栄養教員
12：30～13：20	昼　　　　　食	
13：20～14：20	専門　「教科」	幼稚園、中学校、 高等学校（地理・歴史、商業、工業を除く）
14：30～15：30 （音楽のみ16:10まで）	実　　　技	中学校・高等学校－美術、家庭 中学校－音楽、技術

　※　中学校、高等学校の同一教科の専門「教科」、「実技」は共通です。
　※　会場・試験日程を変更することがあります。
　※　上着やネクタイの着用の必要はありません。
(4)　1次試験日（7月22日）に提出するもの　┐
(5)　1次試験の選考結果通知について　　　　├ p.9「6　1次試験の期日、会場および内容」の(4)(5)(6)と同じ
(6)　その他　　　　　　　　　　　　　　　　┘

7　2次試験について
2次試験受験者となった人を対象に実施します。

期　　　日	内　　　容	対　　　象
8月24日（木）	口述（個人面接※）	全　　　員
	「幼稚園実技」	幼　稚　園
8月25日（金）	「保健体育実技」	中学校・高等学校の保健体育
	「英語実技」	中学校・高等学校の英語
	「養護に関する実技」	養　護　教　員

　※2次試験の個人面接に加え、採用した場合の配慮事項等の聞き取りを、2次試験当日に別途行います。

8　選考結果通知等
p.10「8　選考結果通知等」と同じ

9　その他
　※　出願に際しては、p.12「教員採用選考試験Q＆A」を参考にしてください。
　※　採用された場合、公共交通機関による通勤が著しく困難な場合には、自家用自動車などの公共交通機関
　　　以外（各自で確保）による通勤も可能です。

名古屋市公立学校教員採用選考試験
名古屋市公立学校教員採用 障害者特別選考試験

応募上の参考資料

○ 併願できる組み合わせ

○：併願可能　×：併願不可能　△：併願一部可能

第 1 希 望	第 2 希 望				
	小	中 〔国社数理音 美体技家英〕	高 〔国数理 美体家英〕	高 〔地歴商工〕	幼
小		○	○	×	○
中〔国社数理音 美体技家英〕	○		△※	○	×
高〔国数理 美体家英〕	○	△※		○	×
高〔地歴商工〕	×	○	○		○
幼	○	×	×	○	

※　第1希望と第2希望の教科が同一の場合のみ併願できます。教科が異なる場合は併願できません。
　　（例）　第1希望〔数学〕と第2希望〔英語〕の併願はできません。

○ 令和４年度実施の結果

区　　　　分		受験者数	合格者数	補欠者数
小学校		700	263	19
中学校・高等学校	国語	68	24	2
中学校	社会	80	14	1
中学校・高等学校	数学	106	24	2
中学校・高等学校	理科	69	23	2
中学校	音楽	57	5	
中学校	美術	16	6	
中学校・高等学校	保健体育	138	16	
中学校	技術	4	3	
中学校	家庭	8	1	
中学校・高等学校	英語	106	30	3
高等学校	地理・歴史	28	3	
高等学校	工業	3	2	
高等学校	情報	13	1	
高等学校	福祉	2	2	
幼稚園		25	1	
養護教員		122	15	
特別支援学校		60	28	2
栄養教員		34	5	
合　　　　　計		**1639**	**466**	**31**

※　障害者特別選考結果を含む

○ 採用までの流れ

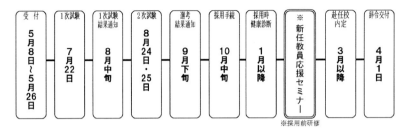

受付	1次試験	1次試験結果通知	2次試験	選考結果通知	採用手続	採用時健康診断	※新任教員応援セミナー	赴任校内定	辞令交付
5月8日〜5月26日	7月22日	8月中旬	8月24日・25日	9月下旬	10月中旬	1月以降		3月以降	4月1日

※採用前研修

○ 勤務条件（令和5年4月現在）

■ 給与（給料月額、地域手当、教職調整額、給料の調整額、義務教育等教員特別手当）

	大 学 卒 の 給 与	短 大 卒 の 給 与
高等学校	２５４，１７９円	
中学校	２５４，１７９円	２２５，９１２円
小学校	２５４，１７９円	２２５，９１２円
幼稚園	２４９，８５９円	２２２，７４９円
特別支援学校	２６５，４８６円	２３５，９６６円

※この他に、諸手当として、通勤手当、扶養手当、期末・勤勉手当等があります。

■ 勤務時間
　小学校・中学校・特別支援学校の勤務時間は、原則として午前8時15分から午後4時45分です。幼稚園・高等学校の勤務時間は、原則として午前8時30分から午後5時00分です。

■ 休暇
　年次休暇は、年間20日です。
　その他、条例に定められた休暇があります。

■ 研修の機会
　初任者研修会　教科等研修講座　課題別研修講座
　教育研究員　長期社会体験研修　若手教員海外派遣研修　等

※　過去4年分の「総合教養」「専門」の問題および解答例、「小論文」の
　問題、「口述」の課題を、名古屋市役所西庁舎1階「市民情報センター」
　（ＴＥＬ　０５２−９７２−３１５７）で閲覧できます。（コピーも可）ただし、
　郵送希望には応じられません。

○ 令和5年度実施　名古屋市公立学校教員採用選考試験の選考区分・採用予定人員

選 考 区 分	採用予定人員
① **高等学校教員**　国語、地理・歴史、数学、理科、美術、保健体育、家庭、英語、 商業、工業（機械系・情報系・建築系） その他欠員が生じた教科	約30名
② **中学校教員**　　国語、社会、数学、理科、音楽、美術、保健体育、技術、家庭、英語	約115名※
③ **小学校教員**	約200名※
④ **幼稚園教員**	若干名
⑤ **特別支援学校教員**	約55名
⑥ **養護教員**	約15名
⑦ **栄養教員**	若干名

※　小学校・中学校の採用予定人員には、特別支援学級担当教員の採用予定人員約90名を含みます。

※　小学校・中学校合格者の中から特別支援学級担当教員を配置します。

○　高等学校教員のうち、募集がない教科（音楽）において欠員が生じたときは、中学校教員に合格した
　　人で申込時に「**高等学校で欠員が生じた教科の希望**」を「**有**」にした人の中から若干名を選考し、面接
　　の上、採用することもあります。

○　**採用予定人員には、障害者特別選考試験の採用予定人員約10名を含みます。**

○　採用予定人員は、現時点での目安であり、今後検討の結果変わることがあります。

○　所有免許状（取得見込を含む）に応じ、選考区分①～④の校種のうち、2校種まで併願ができます。
　　（同一時間帯に試験が行われるなど、組み合わせによっては併願できないこともあります。詳しくは、
　　令和5年度実施名古屋市公立学校教員採用選考試験要項のp.8「6（3）　**試験日程・内容**」および、p.15
　　「**併願できる組み合わせ**」にてご確認ください。）

○　「**⑤特別支援学校教員**」に合格した人の中から、特別支援学級担当教員に採用されることもあります。

○　本務教諭で、本市への採用希望者は、本採用選考試験を受験してください。（試験の一部免除があり
　　ます。詳しくは要項のp.4「4　**試験の特例について**」の「**特例B－2**」を参照してください。）

○　日本国籍を有しない人は、任用の期限を付さない常勤講師に任用します。

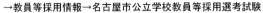

○ 採用選考試験に関する情報の配信について

※ 採用選考試験に関する情報は、以下のウェブサイトで配信しています。
名古屋市公式ウェブサイト→市政情報→職員採用情報
→教員等採用情報→名古屋市公立学校教員等採用選考試験

※ 今年度も、名古屋会場・東京会場・京都会場で説明会を実施する予定です。なお、今後の感染状況により、説明会を中止する場合は、上記のウェブサイトでお知らせします。
　◇ 名古屋市の教育の特色や採用試験の概要を紹介します。
　◇ 申込手続について説明します。

※ 名古屋市の学校を紹介した「名古屋の学校　～先生と未来に羽ばたくなごやっ子たち～」の動画をご覧いただけます。
　◇ 名古屋市の魅力と教育の特色を紹介します。

※ 採用試験の中止・延期や会場変更など緊急連絡事項をお知らせする場合があります。採用試験に関する最新の情報は、名古屋市公式ウェブサイト（「教員等採用情報」のページ）でお知らせしますので、**試験日直前まで必ずご確認のうえ**、受験していただきますようお願いいたします。

※ 連絡やお問合せは、下記の連絡先まで直接電話または郵送でお願いします。

名古屋市教育委員会　教職員課　教員採用担当

　〒460-8508
　　名古屋市中区三の丸三丁目1-1(名古屋市役所内)

　　　　　　　TEL　052-972-3243

※ 名古屋市公立学校教員採用選考試験は愛知県公立学校教員採用選考試験とは別に行っております。

第2章

名古屋市の
公立幼稚園教諭
実施問題

■■■ 🔍令和5年度 ■■■

【1】「幼稚園教育要領(平成29年3月)第2章　ねらい及び内容　人間関係」の
「3　内容の取扱い(1)」に記されている次の文章の（　ア　）〜（　カ　）に適
する語句を答えなさい。

> 　教師との（　ア　）に支えられて自分自身の生活を確立していくこと
> が（　イ　）と関わる基盤となることを考慮し，幼児が自ら周囲に働き
> 掛けることにより多様な（　ウ　）を体験し，試行錯誤しながら諦めず
> にやり遂げることの（　エ　）や，前向きな見通しをもって自分の力で
> 行うことの（　オ　）を味わうことができるよう，幼児の（　カ　）を見
> 守りながら適切な援助を行うようにすること。

【2】「幼稚園教育要領解説(平成30年3月)第3章　教育課程に係る教育時間
の終了後等に行う教育活動などの留意事項」の「2　子育ての支援」に記され
ている次の文章の（　ア　）〜（　コ　）に適する語句を答えなさい。

> 　幼稚園の運営に当たっては，子育ての支援のために保護者や地域の
> 人々に機能や（　ア　）を開放して，園内体制の（　イ　）や関係機関と
> の連携及び協力に配慮しつつ，幼児期の教育に関する（　ウ　）に応じ
> たり，（　エ　）を提供したり，幼児と保護者との（　オ　）を受け入れ
> たり，保護者同士の（　カ　）の機会を提供したりするなど，幼稚園と
> 家庭が（　キ　）となって幼児と関わる（　ク　）を進め，地域における
> 幼児期の教育の（　ケ　）としての役割を果たすよう努めるものとする。
> その際，心理や保健の専門家，地域の子育て経験者等と連携・
> （　コ　）しながら取り組むよう配慮するものとする。

【3】「幼稚園教育要領解説(平成30年3月)第1章　総説　第3節　教育課程の
役割と編成等」の「5　小学校教育との接続に当たっての留意事項　(1)小学
校以降の生活や学習の基盤の育成」に記されている次の文章の（　ア　）〜
（　ク　）に適する語句を以下の語群①〜⑰の中から選び，番号で答えなさ
い。

　幼稚園教育において，幼児が小学校に就学するまでに，（　ア　）な思考や（　イ　）な生活態度などの基礎を培うことが重要である。（　ア　）な思考の基礎として重要なことは，幼児が出会ういろいろな事柄に対して，自分の（　ウ　）が広がっていきながら，たとえうまくできなくても，そのまま諦めてしまうのではなく，更に考え（　エ　）していくことである。うまくできない経験から，「もっとこうしてみよう」といった新たな思いが生まれ，更に（　エ　）し自分の発想を（　オ　）できるようにしていく。（　イ　）な態度の基本は，物事に（　カ　）に取り組むことであり，そのことから（　キ　）に生活をつくっていくことができることである。さらに，自分を向上させていこうとする意欲が生まれることである。それらの基礎が育ってきているか，さらに，それが小学校の生活や（　ク　）の基盤へと結び付く方向に向かおうとしているかを捉える必要がある。

【語群】

① 豊か　　② 自分なり　　③ 工夫　　　④ 自主的
⑤ 表現　　⑥ 活動的　　　⑦ 創造的　　⑧ 試行錯誤
⑨ 学習　　⑩ 教科　　　　⑪ したいこと　⑫ 主体的
⑬ 努力　　⑭ 協力的　　　⑮ 積極的　　⑯ 視野
⑰ 実現

【4】「幼稚園教育要領解説(平成30年3月)第1章　総説　第4節　指導計画の作成と幼児理解に基づいた評価」の「3　指導計画の作成上の留意事項」の「(5)　行事の指導」に記されている次の文章の（　ア　）～（　カ　）に適する語句を以下の語群①～⑰の中から選び，番号で答えなさい。

　行事は，幼児の自然な生活の流れに（　ア　）や（　イ　）を与えるものであり，幼児は，行事に参加し，それを楽しみ，いつもの幼稚園生活とは異なる（　ウ　）をすることができる。
　また，幼児は，行事に至るまでに様々な（　ウ　）をするが，その（　ウ　）が幼児の（　エ　）を高めたり，幼児同士の（　オ　）を広げたり，深めたりするとともに，幼児が自分や友達が思わぬ力を発揮することに気付いたり，（　カ　）や生活に新たな展開が生まれたりする。

【語群】

① 活動意欲	② 関心	③ 学び	④ 楽しさ
⑤ 体験	⑥ 潤い	⑦ 交流	⑧ 興味
⑨ 変化	⑩ 遊び	⑪ つながり	⑫ 喜び
⑬ 感動	⑭ 好奇心	⑮ 思考力	⑯ 関わり
⑰ 経験			

【5】「学校保健安全法　第2章　学校保健　第1節　学校の管理運営等」の「第5条〔学校保健計画の策定等〕」に記されている次の文章の（　ア　）〜（　ウ　）に適する語句を答えなさい。

> 　学校においては，児童生徒等及び職員の心身の健康の保持増進を図るため，児童生徒等及び職員の（　ア　），（　イ　），児童生徒等に対する指導その他保健に関する事項について（　ウ　）を策定し，これを実施しなければならない。

【6】学校(園)において予防すべき感染症の種類は「学校保健安全法施行規則」の「第3章　感染症の予防(感染症の種類)第18条」により，第1種，第2種，第3種に分けられています。これらは，かかると出席停止となります。第2種にあたる感染症を次の語群①〜⑱の中から8つ選び，番号で答えなさい。

【語群】

① 細菌性赤痢	② 水痘	③ ペスト
④ 流行性角結膜炎	⑤ 咽頭結膜熱	⑥ 結核
⑦ ジフテリア	⑧ 百日咳	⑨ 風しん
⑩ 麻しん	⑪ 腸チフス	⑫ コレラ
⑬ 痘そう	⑭ エボラ出血熱	⑮ 流行性耳下腺炎
⑯ パラチフス	⑰ クリミア	⑱ 髄膜炎菌性髄膜炎

【7】文部科学省が示している「幼児期運動指針(平成24年3月)」の「2　幼児期における運動の意義」に記されている次の文章の（　ア　）〜（　キ　）に適する語句を以下の語群①〜⑮の中から選び，番号で答えなさい。

> 　幼児は心身全体を働かせて様々な活動を行うので，心身の様々な側面の（　ア　）にとって必要な経験が相互に関連し合い積み重ねられて

いく。このため，幼児期において，遊びを中心とする（　イ　）を十分に行うことは，（　ウ　）を身に付けるだけでなく，（　エ　）や（　オ　）にも寄与するなど，生涯にわたって（　カ　）を維持したり，何事にも積極的に取り組む意欲を育んだりするなど，（　キ　）を送るための基盤づくりとなることから，以下のような様々な効果が期待できる。

【語群】
① 調整力　　　② 繰り返し　　　③ 身体活動　　　④ 発達
⑤ 思考　　　　⑥ 骨形成　　　　⑦ 豊かな人生　　⑧ 機敏性
⑨ 多様な動き　⑩ 心肺機能　　　⑪ 筋力　　　　　⑫ 成長
⑬ 健康　　　　⑭ 精神力　　　　⑮ 園生活

【8】次の楽譜は，「こいのぼり」の曲です。以下の(1)～(3)の問いに答えなさい。

(1)　この曲の1番の第5～第8小節までの歌詞を書きなさい。
(2)　この曲と同じ拍子記号の曲を次の語群①～⑩の中から3つ選び，番号で答えなさい。
【語群】
① お正月　　　　　　　　② まつぼっくり
③ ありさんのおはなし　　④ あかとんぼ
⑤ トマト　　　　　　　　⑥ たきび
⑦ むすんでひらいて　　　⑧ おうま
⑨ 山のワルツ　　　　　　⑩ てをたたきましょう
(3)　次の①～③の問いに答えなさい。
①　五節句の中で，別名「菖蒲の節句」ともいう5月5日は何の節句か書きなさい。
②　5月5日に食べる風習があり，「背くらべ」の歌に出てくる，「かや」または「笹の葉」でもち米を包んで蒸した食べ物を書きなさい。

③ ①で書いた節句以外で「上巳(じょうし)の節句」と「重陽(ちょうよう)の節句」はそれぞれ何月何日か書きなさい。

【9】 次の(1)～(3)の文章は子どもたちの身近にいる生き物について述べたものです。(ア)～(キ)に適する語句を以下の語群①～⑮の中から選び，番号で答えなさい。

(1) テントウムシの目は(ア)です。テントウムシは，危険を感じると(イ)から黄色い(ウ)を出します。

(2) セミは(エ)変態の昆虫です。成虫になるまで(オ)で暮らします。

(3) アメリカザリガニは狭い水槽に入れる場合は，(カ)を避けるためにアメリカザリガニの数を制限します。オスとメスは，腹脚の長さや(キ)の大きさで見分けます。

【語群】

①	ヒゲ	②	単眼	③	しる	④	口
⑤	完全	⑥	土の中	⑦	ハサミ	⑧	フン
⑨	水の中	⑩	複眼	⑪	不完全	⑫	共食い
⑬	足の関節	⑭	尾	⑮	ふ化		

【10】 日本の昔話について次の(1)～(6)の問いに答えなさい。

(1) 「したきりすずめ」で雀の舌を切ったのは誰か答えなさい。

(2) 「はなさかじいさん」のじいさんが飼っている動物は何か答えなさい。

(3) 「かさこじぞう」は，何月何日の話か答えなさい。

(4) 「さるかにがっせん」に出てくる虫は何か答えなさい。

(5) 「ぶんぶくちゃがま」の茶釜の正体は何か答えなさい。

(6) 「いっすんぼうし」の一寸法師が船にしたものを答えなさい。

解 答・解 説

【1】ア 信頼関係　イ 人　ウ 感情　エ 達成感　オ 充実感　カ 行動

〈解説〉出題の部分について「幼稚園教育要領解説(平成30年)」は，「このような援助をするには，教師は幼児と向き合い，幼児が時間を掛けてゆっくりとその幼児なりの速さで心を解きほぐし，自分で自分を変えていく姿を温

かく見守るというカウンセリングマインドをもった接し方が大切である。ここでいうカウンセリングマインドとは，カウンセリング活動そのものではない。カウンセリングの基本的な姿勢を教育の場に生かしていくことである」と解説している。カウンセリングマインドとは幼児理解を進めるうえで不可欠とされる相談的な見方，感じ方，技法，態度等のことで，その基本は，「受容」「傾聴」「共感」である。

【2】ア　施設　　イ　整備　　ウ　相談　　エ　情報　　オ　登園
　　カ　交流　　キ　一体　　ク　取組　　ケ　センター　　コ　協働

〈解説〉平成29年の幼稚園教育要領改訂において，「第3章　教育課程に係る教育時間の終了後等に行う教育活動などの留意事項」に関して，教育課程に係る教育時間終了後等に行う教育活動の計画を作成する際に，地域の人々と連携するなど，地域の様々な資源を活用しつつ，多様な体験ができるようにすることと，幼稚園が地域における幼児期の教育のセンターとしての役割を果たす際に，心理や保健の専門家，地域の子育て経験者等と連携・協働しながら取り組むことが新たに示された。

【3】ア　⑦　　イ　⑫　　ウ　⑪　　エ　③　　オ　⑰　　カ　⑮
　　キ　②　　ク　⑨

〈解説〉「幼稚園教育要領解説（平成30年）」では出題部分に続けて，「小学校への入学が近づく幼稚園修了の時期には，皆と一緒に教師の話を聞いたり，行動したり，きまりを守ったりすることができるように指導を重ねていくことも大切である。さらに，共に協力して目標を目指すということにおいては，幼児期の教育から見られるものであり，小学校教育へとつながっていくものであることから，幼稚園生活の中で協同して遊ぶ経験を重ねることも大切である」と指摘している。

【4】ア　⑨　　イ　⑥　　ウ　⑤　　エ　①　　オ　⑦　　カ　⑩

〈解説〉幼稚園の行事としては正月や節句など我が国の伝統的な行事，地域の行事，運動会などの園行事，季節の行事などがある。「幼稚園教育要領（平成29年）」では，行事の指導計画作成上の留意点として「行事の指導に当たっては，幼稚園生活の自然の流れの中で生活に変化や潤いを与え，幼児が主体的に楽しく活動できるようにすること。なお，それぞれの行事についてはその教育的価値を十分検討し，適切なものを精選し，幼児の負担にならないようにすること」を示している。

【5】ア　健康診断　　イ　環境衛生検査　　ウ　計画

〈解説〉学校保健計画は，学校保健の年間を見通した総合的な基本計画のことである。その作成に当たっては，学校保健安全法等の法律上の規定や行政からの要請を踏まえるとともに自園の実態を十分に把握し，幼児や教職員の健康の保持増進や自園の健康課題の解決につながるものにすることが重要である。

【6】②，⑤，⑥，⑧，⑨，⑩，⑮，⑱

〈解説〉第1種感染症は感染症法の一類感染症及び二類感染症であり，出席停止の期間の基準が「治癒するまで」と規定されている。第2種感染症は飛沫感染をする感染症で児童生徒等の罹患が多く，学校において流行を広げる可能性が高いものが分類され，出席停止に関しては結核及び髄膜炎菌性髄膜炎を除き，感染症ごとに期間を定めており，「ただし，病状により学校医その他の医師において感染のおそれがないと認めたときはこの限りではない」とされている。第3種感染症は学校教育活動を通じ，学校において流行を広げる可能性があるものが分類されている。出席停止の期間の基準は，共通して「病状により学校医その他の医師において感染のおそれがないと認めるまで」となっている。

【7】ア ④　イ ③　ウ ⑨　エ ⑩　オ ⑥　カ ⑬　キ ⑦

〈解説〉「幼児期運動指針」（平成24年3月）は文部科学省が平成19年度から21年度に「体力向上の基礎を培うための幼児期における実践活動の在り方に関する調査研究」において，幼児期に獲得しておくことが望ましい基本的な動き，生活習慣及び運動習慣を身に付けるための効果的な取組などについての実践研究を行い，その成果を踏まえ，「幼児期運動指針策定委員会」を設置し，幼児期における運動の在り方についての指針の策定作業を行い，取りまとめたもの。少し古い資料であるが，出題が続いているので，同時に策定された「幼児期運動指針ガイドブック」及び「幼児期運動指針普及用パンフレット」とあわせて学習しておきたい。

【8】(1)　おおきい　まごいは　おとうさん　(2)　③，④，⑨
(3)　①　端午の節句　②　ちまき　③　上巳の節句…3月3日　重陽の節句…9月9日

〈解説〉(1)　1番の第1～第4小節の「やねより　たかい　こいのぼり」の歌詞が広く知られている。ここでは「第5～第8小節」である点に注意して欲しい。　(2)　楽譜は4分の3拍子である。「1，2，3」の拍に合わせて歌う楽曲

が3拍子である。　(3)　1月7日は「人日（じんじつ）の節句」，3月3日は「上巳（じょうし）の節句」，5月5日は「端午（たんご）の節句」，7月7日は「七夕（しちせき・たなばた）の節句」，9月9日は「重陽（ちょうよう）の節句」である。「背くらべ」の中に「ちまきたべたべ　にいさんが」という歌詞がある。

【9】(1)　ア　⑩　　イ　⑬　　ウ　③　　(2)　エ　⑪　　オ　⑥
　　(3)　カ　⑫　　キ　⑦

〈解説〉(1)　テントウムシの目は複眼である。危険を感じると足の関節から黄色く苦い体液を分泌して敵からの攻撃を防ぐ。　(2)　セミは幼虫からさなぎを経ずに成虫になる不完全変態の昆虫である。セミの抜け殻は幼虫が脱皮した後のものでさなぎとは別である。またセミは幼虫の間を土の中で過ごす。　(3)　アメリカザリガニのオスはハサミが大きく腹足が短い。メスは腹足が長い。

【10】(1)　おばあさん　または　ばあさん　　(2)　イヌ　　(3)　12月31日
　　(4)　ハチ　　(5)　タヌキ　　(6)　おわん　または　わん

〈解説〉(1)　『したきりすずめ』は，心やさしいおじいさんと意地悪なおばあさんの話。おじいさんが可愛がっていた雀が洗濯に使うのりをなめてしまい，腹を立てたおばあさんはその雀の舌を切ってしまう。　(2)　『はなさかじいさん』は，正直者のおじいさんとおばあさんの話。ふたりはイヌを飼っていて，となりには欲張りなおじいさんとおばあさんが住んでいる。(3)　『かさこじぞう』は，大みそか(12月31日)の話。正月を迎えるために，作ったかさを売りにいった心やさしいおじいさんは，途中，雪をかぶったお地蔵様に売り物のかさをかぶせて帰ってくる。　(4)　『さるかにがっせん』の登場人物は，サル，カニ，子ガニ，クリ，ハチ，昆布，臼である。この中で虫はハチである。　(5)　『ぶんぶくちゃがま』は，わなにかかったタヌキを助けた古道具屋と，お礼に茶釜に化けたタヌキの話。　(6)　『いっすんぼうし』は，おじいさんとおばあさんが神様にお願いして，授かった小さな男の子の話。おじいさんとおばあさんは，都に出る一寸法師のために，針の刀，おわんの船，箸の櫂を用意した。

■■■ **令和4年度** ■■■

【1】「幼稚園教育要領（平成29年3月）第2章　ねらい及び内容」の領域「健康」の「ねらい」に記されている次の文章の（　ア　）～（　カ　）に適する語句を答えなさい。

> (1)　（　ア　）伸び伸びと行動し，（　イ　）を味わう。
>
> (2)　自分の体を十分に動かし，進んで（　ウ　）しようとする。
>
> (3)　健康，安全な生活に必要な（　エ　）や（　オ　）を身に付け，（　カ　）をもって行動する。

【2】「幼稚園教育要領解説（平成30年3月）第1章　第4節　指導計画の作成と幼児理解に基づいた評価」の「3　指導計画の作成上の留意事項　(6)情報機器の活用」に記されている次の文章の（　ア　）～（　カ　）に適する語句を以下の語群①～⑮の中から選び，番号で答えなさい。

> 　幼児が一見，（　ア　）をもっている様子だからといって安易に情報機器を使用することなく，幼児の（　イ　）な体験との関連を教師は常に念頭に置くことが重要である。その際，教師は幼児の更なる（　ウ　）な活動の展開につながるか，幼児の発達に即しているかどうか，幼児にとって豊かな（　エ　）として位置付けられるかといった点などを考慮し，情報機器を使用する（　オ　）や（　カ　）を自覚しながら，活用していくことが必要である。

【語群】

①　好奇心	②　直接的	③　意義	④　意欲的	⑤　目的
⑥　生活体験	⑦　能力	⑧　受動的	⑨　興味	⑩　自主的
⑪　責任	⑫　教育的	⑬　遊び	⑭　必要性	⑮　主体的

【3】「幼稚園教育要領（平成29年3月）第1章　総則　第2　幼稚園教育において育みたい資質・能力及び『幼児期の終わりまでに育ってほしい姿』」に記されている「幼児期の終わりまでに育ってほしい姿」として，次に書かれているもの以外を5つ全て答えなさい。順番は問いません。

　　　○健康な心と体

　　　○道徳性・規範意識の芽生え

○自然との関わり・生命尊重

○数量や図形，標識や文字などへの関心・感覚

○言葉による伝え合い

【4】「指導と評価に生かす記録（令和3年10月　文部科学省）」について，次の
(1)・(2)の問いに答えなさい。

(1)　「はじめに　幼稚園教育の質向上を支える教師の専門性　1. 学校教育
としての幼稚園教育(4)教育の質の保障と向上」に記されている内容につ
いて，次の文章の（　ア　）～（　ク　）に適する語句を答えなさい。

> 幼稚園では，幼児期の特性を踏まえた教育を展開しており，これ
> を充実させていくことが質の高い教育につながります。幼稚園教育
> は，（　ア　）を通して行う教育を基本とし，①幼児期にふさわしい
> （　イ　）の展開，②幼児の（　ウ　）な活動としての遊びを通しての
> （　エ　）な指導，③幼児一人一人の発達の特性に応じた指導に留意
> し，幼児一人一人が発達に必要な体験を得られるようにしています。
> このような幼稚園教育の基本を十分に理解し，（　オ　）サイクルの
> 好循環を通して，（　カ　）的かつ（　キ　）的に各園の教育活動の質
> の向上を図る「（　ク　）・マネジメント」が大切です。

(2)　「第1章　専門性を高めるための記録の在り方　1. 教師の専門性と記
録(1)幼稚園教育の特性と記録」に記されている内容について，（　ケ　）～
（　ス　）に適する語句を以下の語群①～⑫の中から選び，番号で答えなさい。

> 幼児はその発達の特性から，自分の気持ちや考えなどを十分に
> （　ケ　）で表現することができない場合があります。幼児の言動は思
> 考や言語に至る前の（　コ　）や感情に多く依拠しています。その現れ
> はときに弱く，教師が捉えきれず，見逃してしまうこともありえます。
> また，幼稚園教育において育みたい資質・能力や「幼児期の終わりま
> でに育ってほしい姿」は，見て分かるような形で現れるとは限りませ
> ん。したがって，教師は幼児の（　サ　）の小さな手掛かりに気を留め
> て，幼児の（　シ　）を推し量ることによって初めて理解できることが
> 多いといえます。そのため，幼児の（　サ　）を「記録」することを通じ
> て，（　ス　）を深めていくことが一層重要になります。

【語群】

①	人間関係	②	思い	③	内面	④	過程
⑤	幼児理解	⑥	家庭	⑦	言葉	⑧	教育的価値
⑨	表情	⑩	行動	⑪	感覚	⑫	成果

【5】 次の(ア)～(エ)の人物と関係の深い著書を以下の語群①～⑤の中から選び，番号で答えなさい。

（ア） 倉橋惣三

（イ） アンリ・ルソー

（ウ） フリードリヒ・フレーベル

（エ） レイチェル・カーソン

【語群】

① 「人間教育」　② 「エミール」　③ 「センス・オブ・ワンダー」

④ 「幼稚園真諦」　⑤ 「子どもの世界をどうみるか」

【6】 次の(ア)～(カ)は，ある絵本の冒頭の抜粋です。それぞれの絵本の題名を答えなさい。

（ア） ひろい うみの どこかに，ちいさな さかなの きょうだいたちが，たのしく くらしてた。 みんな あかいのに，一ぴきだけは からすがいよりも まっくろ，・・・

（イ） 「おさかな だいすき。おにくも だいすき。やさいも パンも ぎゅうにゅうも，ぼくたち だいすき。だいだい だーいすき」

（ウ） きしべの たんぽぽが，しろい わたげに つつまれるころに なりました。いちべえぬまの かえるの うちに，かわいい あかちゃんが どっさり うまれました。

（エ） 「おや，はっぱの うえに ちっちゃな たまご。」おつきさまが，そらから みて いいました。

（オ） まっしろなきれ ふわふわって そらから おちてきた

（カ） ある国の，ある王さまのはなしです。王さまは，まい朝，朝ごはんをたべると，〈あいさつのへや〉へでかけることになっていました。

【7】 次の楽譜は，ある曲の一部です。次の(1)～(5)の問いに答えなさい。

(1)　曲名を答えなさい。

(2)　この曲は，何調か答えなさい。

(3)　(ア)の音符の名称を答えなさい。

(4)　作詞者はだれですか。次の語群①～⑥の中から選び，番号で答えなさい。

　【語群】

　①　上坪マヤ　　②　まど・みちお　　③　与田準一　　④　額賀誠志

　⑤　小林純一　　⑥　サトウハチロー

(5)　次の(ア)～(ク)の曲のうち(1)の曲の作詞家が作詞した曲には○を，
　　違うものには×を付けなさい。

　(ア)　やぎさんゆうびん　　　(イ)　ながぐつマーチ

　(ウ)　ふしぎなポケット　　　(エ)　うれしいひなまつり

　(オ)　ことりのうた　　　　　(カ)　わにのうた

　(キ)　かわいいかくれんぼ　　(ク)　いちねんせいになったら

【8】 草花遊びについて，作り方や遊び方のイラストと簡単な説明文があります。次の(ア)～(オ)に適する草花の名称を以下の語群①～⑦の中から選び，番号で答えなさい。

(ア)

茎を絡ませて，引っ張りっこをします。切れたら負けです。

(イ)

端を切り，さやを開いて中の豆を出します。元の形に戻して，吹きます。

(ウ)

花のがくを引っぱり，底の部分をおもりにして，そっと飛ばします。

(エ)

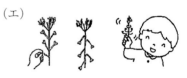

実がとれないように，下に引っ張ります。耳のそばで振ると音がします。

（オ）

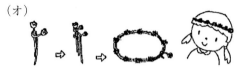

茎を一本ずつ巻き付けていき，輪にします。

タンポポやレンゲソウでもできます。

【語群】

① ナズナ　　　　② オオバコ　　　　③ カラスノエンドウ

④ シロツメクサ　⑤ オシロイバナ　　⑥ オオイヌノフグリ

⑦ カタバミ

解答・解説

【1】（ア）明るく　（イ）充実感　（ウ）運動　（エ）習慣または態度
（オ）態度または習慣　（カ）見通し

〈解説〉幼稚園教育要領（2017年3月）では，幼稚園の教育課程を心身の健康に
関する領域「健康」，人との関わりに関する領域「人間関係」，身近な環境と
の関わりに関する領域「環境」，言葉の獲得に関する領域「言葉」，感性と表
現に関する領域「表現」の5つの領域で編成している。なお領域「健康」は「健
康な心と体を育て，自ら健康で安全な生活をつくり出す力を養う」ものであ
り，幼稚園教育要領では3つのねらいと10の内容が示されている。

【2】（ア）⑨　（イ）②　（ウ）④　（エ）⑥　（オ）⑤または⑭
（カ）⑭または⑤

〈解説〉「幼稚園教育要領解説（2018年3月）第1章第4節　指導計画の作成と幼
児理解に基づいた評価」「3　指導計画作成上の留意事項　(6)　情報機器の
活用」で「幼児期は直接的な体験が重要であることを踏まえ，視聴覚教材や
コンピュータなど情報機器を活用する際には，幼稚園生活では得難い体験
を補完するなど，幼児の体験との関連を考慮すること」とされていることに
ついての内容である。なお指導計画は，幼稚園における教育期間の全体を
見通したもので，幼稚園の教育目標に向かい入園から修了までの期間にお
いて，どのような筋道をたどっていくかを明らかにした計画である教育課
程を具体化したものである。

【3】自立心，協同性，思考力の芽生え，豊かな感性と表現，社会生活との関
わり

〈解説〉2017年の「幼稚園教育要領」の改訂において，小学校教育との円滑な接続を図る観点から出題の部分が新設され，「幼児期の終わりまでに育ってほしい姿」(「健康な心と体」「自立心」「協同性」「道徳性・規範意識の芽生え」「社会生活との関わり」「思考力の芽生え」「自然との関わり・生命尊重」「数量・図形，標識や文字などへの関心・感覚」「言葉による伝え合い」「豊かな感性と表現」)が明確化された。

【4】(1) (ア) 環境　　(イ) 生活　　(ウ) 自発的　　(エ) 総合的
(オ) PCDA　(カ) 組織または計画　(キ) 計画または組織
(ク) カリキュラム　(2) (ケ) ⑦　　(コ) ⑪　　(サ) ⑩
(シ) ③　　(ス) ⑤

〈解説〉(1) 「指導と評価に生かす記録(2021年10月文部科学省)」は，専門性を高めるための記録の在り方や，その記録を実際の指導や評価にどのように生かしていくのかなどについて実践事例を取り上げて解説をしたものである。1991年の初版刊行以降，幼児教育の動向を踏まえた加筆修正が重ねられてきたが，2017年3月に告示された幼稚園教育要領において，育みたい資質・能力と「幼児期の終わりまでに育ってほしい姿」が新たに示されたことや，カリキュラム・マネジメントの充実，幼児の発達に即した主体的・対話的で深い学びの実現，幼稚園教育と小学校教育との円滑な接続等の観点から改訂が行われたことを踏まえ，記述内容が見直された。なお「カリキュラム・マネジメント」とは「学校教育に関わる様々な取組を，教育課程を中心に据えながら組織的かつ計画的に実施し，教育活動の質の向上につなげていくこと」である。　(2) 幼児理解は幼児を深く，そして丸ごと理解することであり，各園の教育活動の質の向上を図るカリキュラム・マネジメントにおいても中核をなす。

【5】(ア) ④　　(イ) ②　　(ウ) ①　　(エ) ③

〈解説〉倉橋惣三(1882～1955年)は静岡生まれの「幼稚園真諦」を著作した教育者・教育学者で，児童心理学を研究し，自由遊びを重視した幼児教育をすすめた。ルソー(1712～1778年)はフランス啓蒙思想期の思想家で，「エミール」で個性尊重の自由主義教育を主張した。フリードリヒ・フレーベル(1782～1852年)は「人間教育」を著作したドイツの教育家・教育学者で世界最初の幼稚園の創設者とされ，恩物と呼ばれる教育遊具を考案した。なお設問文のアンリ・ルソーは19世紀末から20世紀初頭にかけて活躍したフランスの画家であり，設問ミスであると考えられる。レイチェル・カールソン

(1907〜1964年)は環境問題の古典「沈黙の春」の著者として知られているが，「センス・オブ・ワンダー」で「子どもたちが出会う事実のひとつひとつが種子だとしたらさまざまな情緒やゆたかな感受性は，この種子をはぐくむ肥沃な土壌です。幼い子ども時代はこの土を耕すときです」等と述べており，幼児教育などの分野でも注目されている。なお「子どもの世界をどうみるか」は，保育学者である津守眞(1926〜2018年)の著書である。

【6】（ア）　スイミー　　（イ）　グリーンマントのピーマンマン　　（ウ）　おたまじゃくしの101ちゃん　　（エ）　はらぺこあおむし　　（オ）　わたしのワンピース　　（カ）　おしゃべりなたまごやき

〈解説〉（ア）「スイミー」（レオ・レオニ）：きょうだいたちが大きな魚にのまれてしまい，広い海で独りぼっちになった小さな黒い魚スイミーが，新しい仲間たちと協力していくお話。　（イ）「グリーンマントのピーマンマン」（さくらともこ）：嫌われ者のピーマンが，こどもたちをバイキンから守るために大活躍するお話。　（ウ）「おたまじゃくしの101ちゃん」（かこさとし）：迷子のおたまじゃくし101ちゃんをやっと見つけたお母さんガエル。敵が現れて気絶したお母さんを，おたまじゃくしのきょうだいみんなで助けるお話。　（エ）「はらぺこあおむし」（エリック・カール）：たまごから生まれたばかりのあおむしがどんどん食べて，やがてさなぎになり，美しいチョウに変身していくお話。穴があいたページがあり，子どもたちが指を入れたりできる色彩豊かな楽しい絵本である。　（オ）「わたしのワンピース」（にしまきかやこ）：空から落ちてきた白い布でうさぎがワンピースを作ると，不思議なワンピースが出来上がるお話。　（カ）「おしゃべりなたまごやき」（寺村輝夫）：たまごやきが大好きなある国のある王さまのお話。

【7】（1）　ぞうさん　　（2）　ヘ長調　　（3）　付点四分音符　　（4）　②
（5）（ア）　○　　（イ）　×　　（ウ）　○　　（エ）　×　　（オ）　×
（カ）　×　　（キ）　×　　（ク）　○

〈解説〉（1）「ぞうさんぞうさん　お鼻が長いのね」という歌詞で広く知られている。楽譜からリズムを読めるようにしておきたい。　（2）　調号が♭1つの長調なのでヘ長調である。　（3）　4分音符に付点がついているので「付点4分音符」。この楽曲は4分音符，8分音符も使われているので確認しておくこと。　（4）　まどみちお作詞，團伊玖磨作曲の楽曲である。
（5）「ながぐつマーチ」「わにのうた」は上坪マヤ，「うれしいひなまつり」「かわいいかくれんぼ」はサトウハチロー，「ことりのうた」は与田準一の作

詞である。

【8】（ア）　②　　（イ）　③　　（ウ）　⑤　　（エ）　①　　（オ）　④

〈解説〉（ア）　オオバコは丈夫な茎を持ち，これを利用した遊びがオオバコ相
　　撲である。　　（イ）　カラスノエンドウのさやを開き，中の豆を出したあと
　　元の形に戻して吹くと音が出る。　　（ウ）　オシロイバナのがくを引っ張る
　　と種になる部分がおもりになり，パラシュートのようになるので高いとこ
　　ろからそっと飛ばすと揺れながら落ちる。　　（エ）　ナズナの実を下に引っ
　　張ってブラブラさせて耳のそばで振るとパチパチと音が鳴る。　　（オ）　シ
　　ロツメクサやレンゲソウを巻き付けて輪状にし，髪飾りなどをつくるのは
　　よく知られている遊びである。

令和3年度

【1】「幼稚園教育要領(平成29年3月) 第1章 総則 第2 幼稚園教育において育みたい資質・能力及び「幼児期の終わりまでに育ってほしい姿」に記されている内容について,次の文章の(ア)～(ケ)に適する語句を以下の語群①～⑱の中から選び,番号で答えなさい。

> (5) 社会生活との関わり
>
> (ア)を大切にしようとする気持ちをもつとともに,地域の身近な人と触れ合う中で,人との様々な関わり方に気付き,(イ)の気持ちを考えて関わり,(ウ)が役に立つ喜びを感じ,地域に親しみをもつようになる。また,幼稚園内外の様々な環境に関わる中で,遊びや生活に必要な(エ)を取り入れ,(エ)に基づき判断したり,(エ)を伝え合ったり,活用したりするなど,(エ)を役立てながら活動するようになるとともに,(オ)を大切に利用するなどして,社会とのつながりなどを意識するようになる。
>
> (6) 思考力の芽生え
>
> 身近な事象に積極的に関わる中で,物の性質や(カ)などを感じ取ったり,気付いたりし,考えたり,予感したり,(キ)したりするなど,多様な関わりを楽しむようになる。また,(ク)の様々な考えに触れる中で,(ウ)と異なる考えがあることに気付き,自ら判断したり,考え直したりするなど,(ケ)を生み出す喜びを味わいながら,(ウ)の考えをよりよいものにするようになる。

【語群】

①	図書館	②	地域の人材	③	情報	④	工夫
⑤	公共の施設	⑥	友達	⑦	家族	⑧	自然
⑨	知識	⑩	知恵	⑪	相手	⑫	失敗
⑬	触感	⑭	仕組み	⑮	父母	⑯	経験
⑰	新しい考え	⑱	自分				

【2】「幼稚園教育要領(平成29年3月) 第1章 総則 第5 特別な配慮を必要とする幼児への指導 1 障害のある幼児などへの指導」に記されている次の文章の(ア)～(ケ)に適する語句を次の語群①～⑮の中から選び,番号で答えなさい。

　　障害のある幼児などへの指導に当たっては，集団の中で生活すること
を通して（　ア　）な発達を促していくことに配慮し，（　イ　）などの助
言又は援助を活用しつつ，個々の幼児の障害の状態などに応じた指導内
容や（　ウ　）の工夫を（　エ　）かつ計画的に行うものとする。また，家
庭，地域及び医療や（　オ　），保健等の業務を行う関係機関との連携を
図り，（　カ　）な視点で幼児への（　キ　）支援を行うために，個別の
（　ク　）を作成し活用することに努めるとともに，個々の幼児の実態を的
確に把握し，個別の（　ケ　）を作成し活用することに努めるものとする。

【語群】

① 意図的　　　　② 特別支援学校　　③ 指導技術

④ 教育的　　　　⑤ 組織的　　　　　⑥ 長期的

⑦ 教育支援計画　⑧ 指導方法　　　　⑨ 教育課程

⑩ 福祉　　　　　⑪ 指導要録　　　　⑫ 療育センター

⑬ 個別的　　　　⑭ 全体的　　　　　⑮ 指導計画

【3】「幼稚園教育要領（平成29年3月）　第2章　ねらい及び内容」の領域「言
葉」と領域「表現」に記されている次の文章の（　ア　）～（　キ　）に適する
語句を答えなさい。

領域「言葉」

　　（　ア　）や考えたことなどを自分なりの言葉で表現し，相手の話す言
葉を聞こうとする（　イ　）や（　ウ　）を育て，言葉に対する（　エ　）や
言葉で表現する力を養う。

領域「表現」

　　（　オ　）や考えたことを自分なりに表現することを通して，豊かな
（　カ　）や表現する力を養い，（　キ　）を豊かにする。

【4】「指導計画の作成と保育の展開」（平成25年7月改訂　文部科学省）の内
容について，次の(1)・(2)の問いに答えなさい。

　(1)　次の(ア)～(エ)の文章の中で，「第1章　指導計画作成に当たっての
　　基本的な考え方　1. 幼稚園教育における指導性」の「(1)学校教育として
　　の幼稚園教育」及び「(2)幼稚園における指導の意義」に記されている内容

と同じものには○を，違うものには×を付けなさい。

（ア）　幼稚園は学校教育法に規定された学校の一つであり，小学校などと同様に，公の性質を有しており，そこで営まれる学校教育は一部の人々の利益のために行われるものではなく公共的な性格を有しています。

（イ）　学校としての幼稚園は，3歳以上の幼児を対象として，「義務教育及びその後の教育の基礎を培うものとして，幼児を導き，幼児の健やかな成長のために計画したカリキュラムに沿って，その心身の発達を助長すること」を目的としており，小学校以降の学習につながる「就学前教育」としての役割を担っています。

（ウ）　幼稚園教育の特徴は，教師があらかじめ一人一人の幼児の発達に必要な経験を見通し，各時期の発達の特性を踏まえつつ，教育課程に沿ったある程度幅をもたせた指導計画を立てて，継続的な指導を行うところにあります。

（エ）　環境を通して行う教育は，教育内容に基づいた適切な環境を意図的，計画的につくり出し，その環境にかかわって幼児が主体性を十分に発揮し展開する生活を通して，望ましい方向に向かって幼児の発達を促すようにすることです。

(2)　「第2章　指導計画の作成の具体的な手順とポイント　1．指導計画の作成の具体的な手順」の「(3)　反省や評価と指導計画の改善」に記されている次の文章の（　ア　）～（　オ　）に適する語句を答えなさい。

> 　幼稚園における指導は，幼児の発達の理解に基づく指導計画の作成，（　ア　）の構成と（　イ　）の展開，幼児の（　イ　）に沿った必要な（　ウ　），反省や評価に基づいた新たな指導計画の作成といった循環の中で行われるものです。指導計画は，このような循環の中に位置し，常に指導の（　エ　）について（　オ　）を通して反省や評価を行い，改善が図られなければなりません。

【5】幼児の歯に関する次の文章の（　ア　）～（　ケ　）に適する数や語句を答えなさい。

> ・　生まれた後に初めてはえる赤ちゃんの歯を（　ア　）と言います。（　ア　）は，はえそろうと（　イ　）本になります。6歳ごろから（　ウ　）(大人の歯)にはえかわります。（　ウ　）は，全部はえそろう

と最高で（　エ　）本になります。

・　奥歯は（　オ　）と呼ばれ，食べたものを細かくすりつぶす役目が
あります。

・　歯は，（　カ　）質，（　キ　）質，セメント質からなるかたい部分
と，中心部の歯髄からできています。

・　虫歯は，歯に残った食べ物の中の（　ク　）が（　ケ　）になり，歯
を溶かすことでできます。

【6】次の楽譜は，ある曲の一部です。以下の(1)〜(4)の問いに答えなさい。

(1)　曲名を答えなさい。

(2)　(ア)の拍子記号と同じ意味を表す，異なる拍子記号を次の五線譜に書
きなさい。

(3)　(イ)で表される奏法に関する記号の名称を答えなさい。

(4)　この曲の1番の歌詞に出てくる遊具を2つ答えなさい。

【7】折り紙について，次の(1)・(2)の問いに答えなさい。

(1)　次の(ア)〜(エ)の図は，何折りか答えなさい。

（ア）　　　　　　　　　　　　　（イ）

（ウ）　　　　　　　　　　　　　（エ）

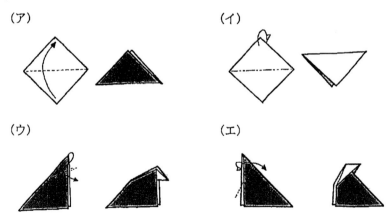

(2)　五ぼう星(五角形の星)の折り方とはさみの入れ方を正しく表している
ものを次の①～④の中から選び，番号で答えなさい。

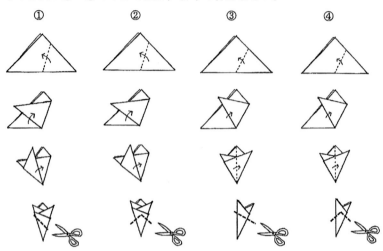

【8】植物について，次の(1)・(2)の問いに答えなさい。

(1)　次の文章の(ア)～(オ)に適する語句を以下の語群①～⑮の中
から選び，番号で答えなさい。

・　(ア)の若い豆は，枝豆として食べます。

・　ナンキンマメは，(イ)とも呼ばれます。花が終わると，花の茎
が伸びて(ウ)に入り，(ウ)で実ります。

・　種の発芽には，適当な水，(エ)，(オ)が必要です。

【語群】

① ソラマメ　　② 根　　　③ エンドウマメ　④ 二酸化炭素

⑤ 落花生　　　⑥ 肥料　　⑦ 枝　　　　　⑧ 小豆

⑨ 土の中　　　⑩ 酸素　　⑪ 大豆　　　　⑫ 球根

⑬ 温度　　　　⑭ 水の中　⑮ 葉

(2)　次の①～⑧の草花のうち，春に種をまくものに○を，違うものには×
を付けなさい。

① パンジー　　　② スイートピー　③ アサガオ

④ コスモス　　　⑤ キンセンカ　　⑥ ホウセンカ

⑦ ニチニチソウ　⑧ ヤグルマギク

解答・解説

【1】（ア）⑦　（イ）⑪　（ウ）⑱　（エ）③　（オ）⑤
（カ）⑭　（キ）④　（ク）⑥　（ケ）⑰

〈解説〉「幼児期の終わりまでに育ってほしい姿」は，幼稚園教育要領（平成29
年改訂）で新設された部分で，幼稚園教育要領第2章に示すねらい及び内容
に基づく活動全体を通して資質・能力が育まれている幼児の幼稚園修了時
の具体的な姿であり，教師が指導を行う際に考慮するものである。「社会生
活との関わり」，「思考力の芽生え」以外に，「健康な心と体」，「自立心」，
「協同性」，「道徳性・規範意識の芽生え」，「自然との関わり・生命尊重」，
「数量や図形，標識や文字への関心・感覚」，「言葉による伝え合い」，「豊か
な感性と表現」の計10点が示されており，幼稚園教育要領解説（平成30年2
月）では，「幼稚園の教師は，遊びの中で幼児が発達していく姿を，幼児期
の終わりまでに育ってほしい姿を念頭に置いて捉え，一人一人の発達に必
要な体験が得られるような状況をつくったり必要な援助を行ったりするな
ど，指導を行う際に考慮することが求められる」と解説されている。

【2】（ア）⑭　（イ）②　（ウ）⑧　（エ）⑤　（オ）⑩
（カ）⑥　（キ）④　（ク）⑦　（ケ）⑮

〈解説〉幼稚園教育要領（平成29年改訂）において，障害のある幼児などへの指
導に当たっては，個別の教育支援計画及び個別の指導計画を作成し，活用
に努めることが新たに示された。「個別の教育支援計画」とは「関係機関の連
携による乳幼児期から学校卒業後まで一貫した支援を行うための教育的支
援の目標や内容等を盛り込んだ」ものであり，「個別の指導計画」とは「児童
生徒一人一人のニーズに応じた指導目標や内容，方法等」を示したものであ
る。その区別を明確にしておきたい。

【3】（ア）経験したこと　（イ）意欲又は態度　（ウ）態度又は意欲
（エ）感覚　（オ）感じたこと　（カ）感性　（キ）創造性

〈解説〉幼稚園教育要領（平成29年改訂）は，幼稚園教育の「ねらい」と「内容」を
幼児の発達の側面からまとめて，心身の健康に関する領域「健康」，人との
関わりに関する領域「人間関係」，身近な環境との関わりに関する領域「環
境」，言葉の獲得に関する領域「言葉」，感性と表現に関する領域「表現」の
5つの領域を編成している。なお，領域「健康」は「健康な心と体を育て，自
ら健康で安全な生活をつくり出す力を養う」，領域「人間関係」は「他の人々
と親しみ，支え合って生活するために，自立心を育て，人とかかわる力を

45

養う」，領域「環境」は「周囲の様々な環境に好奇心や探究心をもってかかわり，それらを生活に取り入れていこうとする力を養う」である。

【4】（1）（ア）○　（イ）×　（ウ）×　（エ）○　（2）（ア）環境　（イ）活動　（ウ）援助　（エ）過程　（オ）実践

〈解説〉（1）「幼稚園教育指導資料　指導計画の作成と保育の展開」（平成25年改訂　文部科学省）は，幼稚園が適切に教育課程を編成，実施できるようにするための参考資料ある。その中で（イ）は，「学校として幼稚園は，3歳以上の幼児を対象として，『義務教育及びその後の教育の基礎を培うものとして，幼児を保育し，幼児の健やかな成長のために適当な環境を与えて，その心身の発達を助長すること』を目的としており，小学校以降の生活や学習の基礎を培う学校教育のはじまりとしての役割を担っています」，（ウ）は「幼稚園教育の特徴は，教師があらかじめ一人一人の幼児の発達に必要な経験を見通し，各時期の発達の特性を踏まえつつ，教育課程に沿った綿密な指導計画を立てて継続的な指導を行うことにあります」とされている。

（2）指導計画は日ごろの幼児理解を基に常に改善することが必要で，そのために日々の保育記録を通じて幼児の内面を読み取ることや，教師の願いや意図が適切に連続しているかどうか常に反省や評価していくことが大切である。なお文部科学省は平成29（2017）年3月の幼稚園教育要領の改訂を踏まえ，「幼児の思いをつなぐ指導計画の作成と保育の展開」を令和3（2021）年2月に作成している。今後出題の可能性が高いと思われるため，確認しておきたい。

【5】（ア）乳歯　（イ）20　（ウ）永久歯　（エ）32　（オ）臼歯（カ）エナメル又は象牙　（キ）象牙又はエナメル　（ク）糖分（ケ）酸

〈解説〉歯はエナメル質，象牙質，セメント質のかたい3つの組織と，それに囲まれた歯髄からできている。エナメル質は歯の一番外にある組織で，何百万本という半透明のガラス繊維のような小柱からできている。象牙質は，エナメル質のすぐ下の層にある組織で，歯のほとんどを構成している歯の主成分である。セメント質は，歯根を覆うように存在する骨のような硬組織である。歯髄は，血管や神経がたくさん通っている軟らかい組織で，歯の心臓部とも言える部位である。なお公益財団法人日本学校保健会が，新しい視点での健康教育を展開できるよう学校での歯・口の健康づくり活動の活性化を促すための実践事例集として「『生きる力』を育む学校での歯・口

の健康づくり　令和元年度改訂」を発行している。

【6】（1）　お正月　　（2）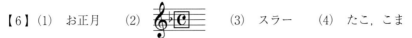　　　（3）　スラー　　（4）　たこ，こま

〈解説〉（1）　「もういくつ寝ると　お正月」という歌詞で広く知られている。楽譜から旋律が分かるようにしておくと良い。　（2）　4分の4拍子を表す拍子としては2種類ある。「コモンタイム」と読む。　（3）　「スラー」でつながれた音は，滑らかに演奏する。異なる音を結んでいるのが「スラー」で，同じ音を結んでいる「タイ」との違いに注意すること。　（4）　お正月は，東くめ作詞，滝廉太郎作曲の楽曲である。「お正月には　たこあげて　こまをまわして　遊びましょう」という歌詞がある。

【7】（1）　（ア）　谷折り　　（イ）　山折り　　（ウ）　中わり折り　　（エ）　かぶせ折り　　（2）　①

〈解説〉破線（切れ目の入った線）は谷折りを示し，線が内側になるように折る。一点鎖線（点と短い線を交互に配した線）は山折りを示し，線が外側になるように折る。中わり折りは二枚に重なっている角の部分を紙の間に折り込んでいく折り方，かぶせ折りは二枚に重なっている角の部分を外側からかぶせるようにして折る折り方で，これらは谷折りと山折りを組み合わせることで折ることができる。

【8】（1）　（ア）　⑪　　（イ）　⑤　　（ウ）　⑨　　（エ）　⑩又は⑬　　（オ）　⑬又は⑩　　（2）　①　×　　②　×　　③　○　　④　○　　⑤　×　　⑥　○　　⑦　○　　⑧　×

〈解説〉（1）　ナンキンマメは落花生とも呼ばれる。落花生という名前は，花が終わると花の茎が伸びて地中に入り地中に実をつくることに由来する。（2）　①パンジー，②スイートピー，⑤キンセンカ，⑧ヤグルマギクはいずれも秋に種をまく植物である。

▌▬▬▬▬▬▬▬ ✐令和２年度 ▬▬▬▬▬▬▬

【１】「幼稚園教育要領（平成29年３月）第１章　総則　第４　指導計画の作成と幼児理解に基づいた評価」に記されている「指導計画の作成上の基本的事項」について，次の（ア）〜（ウ）のうち，正しいものには○を，誤っているものには×を付けなさい。

（ア）　具体的なねらい及び内容は，幼稚園生活における幼児の発達の過程を見通し，幼児の生活の連続性，季節の変化などを考慮して，幼児の興味や関心，発達の実情などに応じて設定すること。

（イ）　環境は，具体的なねらいを達成するために適切なものとなるように構成し，幼児が自らその環境に関わることにより様々な活動を展開しつつ必要な体験を得られるようにすること。その際，幼児の生活する姿や発想を大切にし，常にその環境が適切なものとなるようにすること。

（ウ）　幼児の行う具体的な活動は，生活の流れの中で様々に変化するものであることに留意し，幼児が望ましい方向に向かって活動を展開していくことができるよう教師が導いていくこと。

【２】「幼稚園教育要領（平成29年３月）第１章　総則　第６　幼稚園運営上の留意事項」に記されている次の文章の（　ア　）〜（　ケ　）に適する語句を答えなさい。

> （　ア　）や幼稚園の実態等により，幼稚園間に加え，（　イ　），（　ウ　），小学校，中学校，高等学校及び特別支援学校などとの間の連携や（　エ　）を図るものとする。特に，幼稚園教育と小学校教育の円滑な（　オ　）のため，幼稚園の幼児と小学校の児童との（　エ　）の機会を（　カ　）に設けるようにするものとする。また，障害のある幼児児童生徒との（　エ　）及び（　キ　）の機会を設け，共に（　ク　）し合いながら（　ケ　）して生活していく態度を育むよう努めるものとする。

【３】「幼児期運動指針（平成24年３月　文部科学省　幼児期運動指針策定委員会）　２　幼児期における運動の意義」に記されている幼児が心身全体を働かせて様々な活動を行うことで，期待できる効果について，次の（　ア　）〜（　オ　）に適する語句をあとの語群①〜⑩から選び，番号で答えなさい。

「（　ア　）・運動能力の向上」　　「（　イ　）な体の育成」

「意欲的な（　ウ　）の育成」　　　「社会（　エ　）の発達」

「（　オ　）能力の発達」

【語群】

① 安全　　　② 心　　　③ 体験　　　④ 技術　　　⑤ 体力

⑥ 認知的　　⑦ 適応力　　⑧ 行動　　　⑨ 生活　　　⑩ 健康的

【4】 次の楽譜は，「めだかの学校」の曲の一部です。下の(1)〜(4)の問いに答えなさい。

(1)　(ア)　の記号の名称を答え，どのような意味をもつか答えなさい。

(2)　(イ)　の旋律を以下の五線譜に書きなさい。

(3)　(ウ)　の旋律に適する2番の歌詞を答えなさい。

(4)　(エ)　の記号の名称を答えなさい。

【5】 絵本・童話について，次の(1)・(2)の問いに答えなさい。

(1)　次の(ア)〜(オ)の絵本・童話の作者を，下の語群①〜⑧から選び，番号で答えなさい。

(ア)「ぐりとぐら」　　　(イ)「ロボット・カミイ」

(ウ)「11ぴきのねこ」　　(エ)「はらぺこあおむし」

(オ)「あおくんときいろちゃん」

【語群】

① 西巻茅子　　　　　② 山脇百合子　　　　③ 古田足日

④ レオ・レオーニ　　⑤ エリック・カール　⑥ 馬場のぼる

⑦ 中川李枝子　　　　⑧ かがくいひろし

(2)　絵本「おおきなかぶ」(ロシア民話 / アレクセイ・ニコラエヴィッチ・トルストイ再話)で，かぶを引っ張る人物や動物を，次の語群①〜⑥から

選び，登場する順番に番号で答えなさい。

【語群】

① いぬ　　② おばあさん　　③ ねずみ　　④ まご　　⑤ ねこ

⑥ おじいさん

【6】星について，次の(1)・(2)の問いに答えなさい。

(1) 次の(ア)～(ウ)に適する語句を下の語群①～⑥から選び，番号で答えなさい。

> 夏の大三角は，(ア)，(イ)，(ウ)の星で構成される。このうち，(ア)は七夕の織姫星，(イ)は七夕の彦星とも呼ばれる。

① こいぬ座のプロキオン　　② ぎょしゃ座のカペラ

③ わし座のアルタイル　　④ さそり座のアルタイル

⑤ はくちょう座のデネブ　　⑥ こと座のベガ

(2) 地球から見える恒星のうちで最も明るい恒星(太陽を除く)を答えなさい。

【7】昆虫について，次の(1)・(2)の問いに答えなさい。

(1) アゲハ(ナミアゲハ)の幼虫が好んで食べる葉の植物を，次の語群①～⑧から2つ選び，番号で答えなさい。

【語群】

① イチョウ　　② ケヤキ　　③ クヌギ　　④ サンショウ

⑤ モミ　　　　⑥ コナラ　　⑦ ミカン　　⑧ キリ

(2) 次の(ア)～(ウ)の昆虫が自然界で越冬する形態を，下の語群①～④から選び，番号で答えなさい。

(ア) モンシロチョウ　　(イ) カブトムシ　　(ウ) オオカマキリ

【語群】

① 卵　　② 幼虫　　③ さなぎ　　④ 成虫

【8】次の(1)～(4)に適する版画の技法名を，あとの語群①～⑧から選び，番号で答えなさい。

(1) 紙を二つ折りにして，開いた一方の折り目の近くに色を付け，再び紙

を閉じて手でこすり，広げる。

(2)　凹凸のある物に薄紙を載せ，色鉛筆やクレヨンなどでこすり出す。

(3)　原版に孔を開け，その孔から下の紙に絵の具を刷り込む。

(4)　平らな容器に水を張り，油絵の具を数滴浮かして，水面上を流れる絵の具の模様を紙に写し取る。

【語群】

① ステンシル　　② スクラッチ　　③ マーブリング

④ ウォッシング　⑤ スタンピング　⑥ デカルコマニー

⑦ フロッタージュ　⑧ ドリッピング

【9】「幼児理解に基づいた評価（平成31年3月　文部科学省）」に記されている「第2章　2. よりよい指導につながる記録の生かし方　(4) 他の教師と共有し自分の保育を見直す」について，次の（　ア　）～（　コ　）に適する語句を下の語群①～⑭から選び，番号で答えなさい。

> 　自分自身の指導を（　ア　）しようとするならば，記録を読み返すことが重要です。読み返すことによって記録に反映されている自分の（　イ　）を知ることができます。
>
> 　自分の（　イ　）を広げるためには，同僚との話合いが有効です。教師同士は連携して保育に当たることが（　ウ　）ですが，日常的に互いの保育の（　エ　）を見合うことはなかなかできないものです。記録は保育の場での（　オ　）を後から話し合うための情報となります。複数の教師が一人の幼児，あるいは一つの場面の記録を（　カ　）することによって，担任教師一人では分からなかった幼児の（　キ　）や行動の（　ク　）を理解することができます。また，園全体で保育の（　ケ　）の向上と（　コ　）に向けて取り組む上で，複数の教師で記録を読み合ったりすることが重要です。

【語群】

① 検討　　② 出来事　　③ 意味　　④ 改善　　⑤ 力量

⑥ 省察　　⑦ 質　　⑧ 視野　　⑨ 見方　　⑩ 気持ち

⑪ 基本　　⑫ 様子　　⑬ 変化　　⑭ 実態

解 答・解 説

【1】（ア）○　（イ）○　（ウ）×

〈解説〉「幼稚園教育要領（平成29年3月）　第1章　総則　第4　指導評価の
作成と幼児理解に基づいた評価　2　指導計画の作成上の基本的事項　(2)」
からの出題である。(2)は，指導計画の作成に当たって，具体的なねらい
及び内容を明確に設定し，適切な環境を構成することなどにより活動が選
択・展開されるようにするための内容が列挙されている。（ウ）については，
「幼児の行う具体的な活動は，生活の流れの中で様々に変化するものである
ことに留意し，幼児が望ましい方向に向かって自ら活動を展開していくこ
とができるよう必要な援助をすること」としている。（ウ）に関して，幼稚園
教育要領解説（平成30年2月）では，「その状況を放置することで，幼児が自
信を失ったり，自己実現を諦めたりすることがないように，その活動のど
のような点で行き詰まっているのかを理解し，教師が必要な援助をするこ
とが重要である」と解説している。

【2】ア　地域　イ　保育所　ウ　幼保連携型認定こども園　エ　交流
オ　接続　カ　積極的　キ　共同学習　ク　尊重　ケ　協働

〈解説〉「幼稚園教育要領（平成29年3月）　第1章　総則　第6　幼稚園運営上
の留意事項　3」からの出題である。幼稚園教育要領解説（平成30年2月）で
は学校間の交流の意義について，「地域にある幼稚園，保育所，認定こども
園の乳幼児や，小学校，中学校，高等学校などの児童・生徒と交流するこ
とは，幼児の生活の場が広がるとともに，その関わり合いによって豊かな
体験が得られる機会となる」ととらえ，その際「特に，幼稚園教育と小学校
教育の円滑な接続のため，幼稚園の幼児と小学校の児童との交流の機会を
設け，連携を図ることが大切である」としている。障害のある幼児児童生
徒との交流及び共同学習に関しては，障害者基本法第16条第3項にも「国及
び地方公共団体は，障害者である児童及び生徒と障害者でない児童及び生
徒との交流及び共同学習を積極的に進めることによって，その相互理解を
促進しなければならない」と定められている。

【3】ア　⑤　イ　⑩　ウ　②　エ　⑦　オ　⑥

〈解説〉「幼児期運動指針（平成24年3月　文部科学省）」は，子どもの体力の現
状については，「走る」，「跳ぶ」，「投げる」といった基本的な運動能力の低
下が指摘されている中，文部科学省では，幼児期に獲得しておくことが望
ましい基本的な動き，生活習慣及び運動習慣を身に付けるための効果的な

取組などについての実践研究を行い，この成果を踏まえて取りまとめたものである。その中の「2　幼児期における運動の意義」では，幼児期において，遊びを中心とする身体活動を十分に行うことは，「多様な動きを身に付けるだけでなく，心肺機能や骨形成にも寄与するなど，生涯にわたって健康を維持」したり，「何事にも積極的に取り組む意欲を育んだりするなど，豊かな人生を送るための基盤づくりとなる」ととらえている。なおこの指針とともに「幼児期運動指針ガイドブック」及び「幼児期運動指針普及用パンフレット」が取りまとめられている。

【4】(1)　名称…速度記号　　意味…四分音符が1分間に108回入る速さ

(2)　　　　　　(3)　めだかたち　　(4)　四分休符

〈解説〉(1)　曲の速さを表す速度記号には，数字で表すメトロノーム記号や言葉で表す速度標語がある。メトロノーム記号の60は秒針と同じ速さで，108は「やや快速に」にあたる速さである。　(2)　3小節目とリズムが同じで音の高さが異なる。　(3)　中田喜直作詞の楽曲である。楽譜の2番部分は「めだかの　がっこうの　めだかたち」である。　(4)　四分音符と同じ長さ休むことを意味する。

【5】(1)　(ア)　⑦　　(イ)　③　　(ウ)　⑥　　(エ)　⑤　　(オ)　④

(2)　⑥②④①⑤③

〈解説〉(1)　「ぐりとぐら」の作者は中川李枝子，絵は妹の山脇（大村）百合子。お料理することと食べることが大好きな野ねずみのぐりとぐらの話で，ふたりが大きなカステラをつくる場面が印象的である。「ロボット・カミイ」は紙のロボットのカミイが幼稚園に行って大騒ぎをおこす話で，作者は古田足日（ふるたたるひ）である。「11ぴきのねこ」はとらねこ大将と10匹ののらねこたちの冒険物語で，作者は馬場のぼるである。「はらぺこあおむし」はエリック・カール作・絵。生まれたばかりのあおむしがどんどん食べて，やがてさなぎになり，美しいちょうに変身していく話。穴があいたページがあり，穴の仕掛けで遊ぶことができる。「あおくんときいろちゃん」はレオ・レオーニ作・絵。一番の仲良しのあおくんときいろちゃん。青と黄色のまるが主人公で，形や色のおもしろさが感じられる絵本である。

(2)　「おおきなかぶ」は，おおきなかぶを抜こうとしたおじいさんが，ひとりでは抜けないので助けを呼ぶというロシア民話である。人物や動物がひとりずつ増え，「うんとこしょどっこいしょ」とかぶを引っ張る繰り返しが

楽しい話である。

【6】(1) ア ⑥ イ ③ ウ ⑤ (2) シリウス

〈解説〉(1) 夏の大三角は,こと座のベガ(織姫星),わし座のアルタイル(彦星),はくちょう座のデネブからなる。8月中旬の午後9時頃に真上の空に見える。 (2) 地球から見える最も明るい恒星はシリウスである。日本では冬に見ることができる。地球から見える明るさは見かけの明るさで,恒星までの距離に依存している。全部の星を同じ距離から見たときいちばん明るい恒星は,はくちょう座のデネブである。

【7】(1) ④,⑦ (2) (ア) ③ (イ) ② (ウ) ①

〈解説〉(1) ナミアゲハの幼虫は,ミカンなどのかんきつ類の植物の葉を食べる。サンショウはミカン科の植物である。 (2) モンシロチョウは1年のうちに数回卵を産み,通常は産卵から成虫になるまでは2〜3週間ほどであるが,冬にさなぎになったものはさなぎのまま越冬して春に成虫になる。カブトムシは夏に卵を産み,10日ほどでふ化して,冬の間を幼虫の状態で過ごす。年を越した5月頃にさなぎとなり,6月頃成虫となる。カマキリは秋に卵を産み,卵のまま越冬して春にふ化する。

【8】(1) ⑥ (2) ⑦ (3) ① (4) ③

〈解説〉② スクラッチは色を層状に塗り重ね,鋭利なものでひっかくことで下層の色を露出させる技法。 ④ ウォッシングは絵の具などで紙に絵図を描き,乾いたのちに墨汁などを塗って水で洗い流すことで,先に描いた絵図を浮き出させる技法。 ⑤ スタンピングは版になるものに絵の具をつけて,それをスタンプとして画面に押して表す技法。 ⑧ ドリッピングは直接絵筆で描かず,絵筆から紙に絵の具を垂らす技法。

【9】ア ⑥ イ ⑨ ウ ⑪ エ ⑫ オ ② カ ①
キ ⑩ ク ③ ケ ⑦ コ ④

〈解説〉「幼児理解に基づいた評価(平成31年3月 文部科学省)」は平成29年3月の幼稚園教育要領の改訂を踏まえて刊行されたもので,幼稚園の教師が一人一人の幼児を理解し,適切な評価に基づいて保育を改善していくための基本的な考え方や方法などについて解説している。「(4) 他の教師と共有し自分の保育を見直す」の中では,教師の協働する力を高め,風通しのよい話合いが行われる風土を園の中に醸成することは,何よりも幼児の成長や発達にとって重要であるとしている。

【1】「幼稚園教育要領（平成29年3月）　第2章　ねらい及び内容」に記されている領域「環境」について，次の(1)・(2)の問いに答えなさい。

(1)　領域「環境」に記されているねらいについて，次の（　ア　）～（　オ　）に適する語句を答えなさい。

> (1)　身近な環境に親しみ，自然と触れ合う中で様々な事象に（　ア　）や（　イ　）をもつ。
>
> (2)　身近な環境に自分から関わり，（　ウ　）を楽しんだり，考えたりし，それを（　エ　）に取り入れようとする。
>
> (3)　身近な事象を見たり，考えたり，扱ったりする中で，物の（　オ　）や数量，文字などに対する感覚を豊かにする。

(2)　次の（ア）～（オ）のうち，領域「環境」の内容に記されているものを3つ選び，記号で答えなさい。

（ア）　日常生活の中で，我が国や地域社会における様々な文化や伝統に親しむ。

（イ）　共同の遊具や用具を大切にし，皆で使う。

（ウ）　いろいろな素材に親しみ，工夫して遊ぶ。

（エ）　身近な動植物に親しみをもって接し，生命の尊さに気付き，いたわったり，大切にしたりする。

（オ）　幼稚園内外の行事において国旗に親しむ。

【2】「幼稚園施設整備指針（平成30年3月文部科学省大臣官房文教施設企画部）第1章　総則」に記されている内容について，次の問いに答えなさい。

　「第1節　幼稚園施設整備の基本的方針」に記されている内容について，次の（　ア　）～（　キ　）に適する語句を，あとの語群①～⑮から選び，番号で答えなさい。

> 1　（　ア　）や人，ものとの触れ合いの中で遊びを通した（　イ　）な指導が（　ウ　）できる環境の整備
>
> 2　健康で（　エ　）に過ごせる豊かな施設環境の（　オ　）
>
> 3　（　カ　）との連携や周辺環境との（　キ　）に配慮した施設の整備

【語群】

① 確保	② 適切	③ 地域	④ 生き物	⑤ 建設
⑥ 展開	⑦ 快適	⑧ 実行	⑨ 調和	⑩ 自然
⑪ 主体的	⑫ 安全	⑬ 家庭	⑭ 柔軟	⑮ 融和

【3】 次の楽譜は，ある曲の一部です。下の(1)〜(4)の問いに答えなさい。

(1) 曲名を答えなさい。

(2) ｜ア｜ の変化記号の名称を答えなさい。

(3) ｜イ｜ に適する歌詞を答えなさい。

(4) ｜ウ｜ の旋律をニ長調に移調して五線譜に書きなさい。

【4】 野菜及びその栽培について，次の(1)・(2)の問いに答えなさい。

(1) 次の野菜の栽培に関する説明文(ア)・(イ)が示す語句を答えなさい。

(ア) 同じ場所で，同じ種類の野菜や同じ科の野菜を続けて栽培すると，生育が悪くなったり，特定の病害虫が発生したりすること。

(イ) 種まきや植え付けの前に，あらかじめ施しておく肥料のこと。

(2) 次の(ア)〜(コ)の野菜で，アブラナ科には○を，ナス科には△を，どちらにもあてはまらないものには×を付けなさい。

(ア) ダイコン　　(イ) レタス　　　　(ウ) ピーマン

(エ) キュウリ　　(オ) ブロッコリー　(カ) トマト

(キ) オクラ　　　(ク) エダマメ　　　(ケ) コマツナ

(コ) カボチャ

【5】 絵本作家 加古里子について，次の(1)〜(3)の問いに答えなさい。

(1) 作家名をひらがなで書きなさい。

(2) 次の(ア)〜(コ)のうち，加古里子の作品を5つ選びなさい。

(ア) だるまちゃんとかみなりちゃん

(イ) めがねうさぎ

（ウ）　たろうのともだち

（エ）　にんじんばたけのパピプペポ

（オ）　どろぼうがっこう

（カ）　せんたくかあちゃん

（キ）　あしのうらのはなし

（ク）　はははのはなし

（ケ）　からすのパンやさん

（コ）　10ぴきのかえる

（3）　絵本「とんぼのうんどうかい」の中に出てくる運動会種目を3つ答えなさい。

【6】折り紙について，次の問いに答えなさい。

次の図（ア）～（ウ）を折るときの途中の様子を①～③から選び，番号で答えなさい。

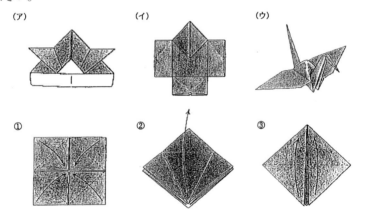

（ア）　　　　　　　（イ）　　　　　　　（ウ）

①　　　　　　　　②　　　　　　　　③

【7】色について，次の(1)・(2)の問いに答えなさい。

（1）　色の属性について，次の（　ア　）～（　エ　）に適する語句を答えなさい。

色には（　ア　），（　イ　），（　ウ　）の3つの属性があります。また，明るさだけの色を（　エ　）といい，色みのある色を有彩色といいます。

（2）　色の3原色を次の語群①～⑦から3つ選び，番号で答えなさい。

【語群】

| ① 白 | ② 赤 | ③ 黄 | ④ 黒 | ⑤ 灰 | ⑥ 青 |
| ⑦ 藍 | | | | | |

【8】「幼稚園教育要領解説（平成30年3月）　第1章　第4節　指導計画の作成
と幼児理解に基づいた評価」に記されている次の文章の（　ア　）〜（　エ　）
に適する語句を答えなさい。

　　幼児が様々な人やものとの関わりを通して，（　ア　）体験をし，心
　身の調和のとれた（　イ　）を促すようにしていくこと。その際，幼児
　の（　イ　）に即して主体的・（　ウ　）で（　エ　）が実現するようにす
　るとともに，心を動かされる体験が次の活動を生み出すことを考慮
　し，一つ一つの体験が相互に結び付き，幼稚園生活が充実するように
　すること。

解答・解説

【1】（1）ア　興味　　イ　関心　　ウ　発見　　エ　生活　　オ　性質
　　（2）（ア），（エ），（オ）

〈解説〉（1）　本資料は，平成29年3月31日告示され，平成30年4月1日から
　実施されている。これによると，幼稚園の教育課程は，心身の健康に関す
　る領域「健康」，人との関わりに関する領域「人間関係」，身近な環境との関
　わりに関する領域「環境」，言葉の獲得に関する領域「言葉」，感性と表現に
　関する領域「表現」の5領域から構成されている。領域「環境」では，「周囲の
　様々な環境に好奇心や探究心をもって関わり，それらを生活に取り入れて
　いこうとする力を養う」ことを目指している。　（2）（イ）は領域「人間関
　係」，（ウ）は領域「表現」の[内容]である。

【2】ア　⑩　　イ　⑭　　ウ　⑥　　エ　⑫　　オ　①　　カ　③
　　キ　⑨

〈解説〉「学校施設整備指針」は，学校教育を進める上で必要な施設機能を確保
　するために，計画及び設計における留意事項を文部科学省が示したもので，
　「幼稚園施設整備指針」については平成5年に作成され，その後の幼稚園施
　設を取り巻く状況の変化等を踏まえ，数次にわたる改訂が行われた。最新

の改訂（平成30年3月）では，幼稚園教育要領の改訂や学校施設を取り巻く今日的課題に対応するため，「学校施設の在り方に関する調査研究協力者会議」における検討を経て，幼児教育の場にふさわしい豊かな環境づくり，幼児教育の担い手を支え家庭や地域と連携・協働を促す環境づくり，その他の施設的配慮の観点から記述の充実が行われている。

【3】（1）　雪（ゆき）　　　（2）　フラット　　　（3）　こんこ

（4）

〈解説〉（1）　童謡「雪」は広く知られている。楽譜になじみがない人は，音符の長さを理解すると楽曲がイメージしやすい。音符の形と長さを一致させておくこと。　　（2）　♭は「フラット」と読み，音を半音下げて演奏することを意味する。変化記号としては，音を半音上げて演奏する「♯」（シャープ）についても理解しておきたい。　　（3）　調号が♭が1つのヘ長調から，♯が2つのニ長調に移調する。つまり，ヘ（ファ）の音をニ（レ）に下げる。他の音に関しても同様に考える。

【4】（1）　（ア）　連作障害(忌地)　　　（イ）　元肥(基肥)　　　（2）　（ア）　○
（イ）　×　　（ウ）　△　　（エ）　×　　（オ）　○　　（カ）　△　　（キ）　×
（ク）　×　　（ケ）　○　　（コ）　×

〈解説〉（2）　レタスはキク科，キュウリとカボチャはウリ科，オクラはアオイ科，エダマメはマメ科である。

【5】（1）　かこさとし　　　（2）　（ア），（エ），（オ），（ク），（ケ）　　　（3）　かけっこ，すずわり，つなひき

〈解説〉（1）　加古里子（かこさとし・1926〜2018）は，福井県出身の工学博士・児童文学研究者である。　　（2）　かこさとしの作品は，『だるまちゃんとかみなりちゃん』『にんじんばたけのパピプペポ』『どろぼうがっこう』『ははははのはなし』『からすのパンやさん』である。『めがねうさぎ』はせなけいこ，『たろうのともだち』は村山桂子，『せんたくかあちゃん』はさとうわきこ，『あしのうらのはなし』はやぎゅうげんいちろう，『10ぴきのかえる』は間所ひさこの作品である。　　（3）　『とんぼのうんどうかい』は，運動会でかけっこ・すずわり・つなひきで楽しく遊んだ帰り道，ギャングこうもりに捕まってしまった赤とんぼの子どもたちが，運動会で身に付けた知恵と勇気で，力を合わせてギャングこうもりをやっつけるお話である。

【6】（ア）③　（イ）①　（ウ）②

〈解説〉波線は谷折り（折り目の線が内側に隠れるように折る折り方），一点鎖線は山折り（折り目の線が外側にくる折り方）など，折り紙の記号を理解しておく。

【7】（1）ア　色相(色み)　イ　明度(明るさ)　ウ　彩度(鮮やかさ)　エ　無彩色　（2）②，③，⑥

〈解説〉（1）　色が持つ三つの属性，色相・明度・彩度を色の三属性という。色相は赤みや青みといった色みの性質，明度は色の明るさの度合い，彩度は色みの強弱の度合いのこと。有彩色はこれらすべての属性を持ち合わせているが，無彩色には明度しかない。　（2）　色の三原色には色光の三原色（加法混色）と，色料の三原色（減法混色）がある。色料の三原色は厳密には「緑みの青・赤紫・黄」だが，選択肢に色光の三原色の一色である緑がないので(色料の三原色は「〈黄みの〉赤・緑・〈紫みの〉青」)，色料の三原色に近い赤・黄・青を選択するのが妥当と思われる。

【8】ア　多様な　イ　発達　ウ　対話的　エ　深い学び

〈解説〉平成29年の幼稚園教育要領改訂では，「指導計画の作成と幼児理解に基づいた評価」については新たに，「多様な体験に関連して，幼児の発達に即して主体的・対話的で深い学びが実現するようにすること」「幼児の発達を踏まえた言語環境を整え，言語活動の充実を図ること」「幼児の実態を踏まえながら，教師や他の幼児と共に遊びや生活の中で見通しをもったり，振り返ったりするよう工夫すること」等が留意事項として盛り込まれた。しばらく新教育要領についての出題が続くことが予想されるが，出題されるのはこのような最新の改訂部分である。

【1】「幼稚園教育要領（平成29年3月）第1章　総則」に記されている内容について，次の(1)(2)の問いに答えなさい。

(1)　「第1　幼稚園教育の基本」に記されている内容について，次の（　ア　）～（　コ　）に適する語句を答えなさい。

　　幼児期の教育は，生涯にわたる（　ア　）の基礎を培う重要なものであり，幼稚園教育は，（　イ　）に規定する目的及び（　ウ　）を達成するため，幼児期の（　エ　）を踏まえ，環境を通して行うものであることを基本とする。

　　このため教師は，幼児との（　オ　）を十分に築き，幼児が（　カ　）環境に主体的に関わり，環境との関わり方や意味に気付き，これらを取り込もうとして，（　キ　）したり，考えたりするようになる幼児期の教育における（　ク　）・（　ケ　）を生かし，幼児と共によりよい教育環境を（　コ　）するように努めるものとする。

(2)　「第2　幼稚園教育において育みたい資質・能力及び『幼児期の終わりまでに育ってほしい姿』」には①～⑩の『幼児期の終わりまでに育ってほしい姿』が記されています。次の（　ア　）～（　コ　）に適する語句を答えなさい。

①　（　ア　）な心と体	②　自立（　イ　）
③　（　ウ　）性	④　道徳性・（　エ　）の芽生え
⑤　（　オ　）との関わり	⑥　（　カ　）の芽生え
⑦　自然との関わり・（　キ　）	
⑧　数量や（　ク　），標識や文字などへの関心・感覚	
⑨　言葉による（　ケ　）	⑩　豊かな感性と（　コ　）

【2】「幼稚園教育要領（平成29年3月）第2章　ねらい及び内容」に記されている領域「人間関係」について，次の(1)(2)の問いに答えなさい。

(1)　領域「人間関係」に記されているねらいについて，次の（　ア　）～（　オ　）に適する語句を答えなさい。

・　幼稚園生活を楽しみ，（　ア　）で行動することの（　イ　）を味わう。

・　身近な人と親しみ，関わりを深め，工夫したり，（　ウ　）したりして一緒に活動する楽しさを味わい，愛情や（　エ　）をもつ。

・　社会生活における望ましい（　オ　）や態度を身に付ける。

61

(2)　次の（ア）～（オ）のうち，領域「人間関係」の内容に記されているもの
には○を，記されていないものには×を付けなさい。

（ア）　先生や友達と共に過ごすことの喜びを味わう。

（イ）　自分で考え，自分で行動する。

（ウ）　先生や友達と触れ合い，安定感をもって行動する。

（エ）　自分の思ったことを相手に伝え，相手の思っていることに気付く。

（オ）　親しみをもって日常の挨拶をする。

【3】次の楽譜は「かたつむり」の一部です。次の(1)～(5)の問いに答えなさい。

(1)　アにあてはまるこの曲の調号を，五線譜に書きなさい。

(2)　イにあてはまる1番の歌詞を答えなさい。

(3)　ウにあてはまる旋律を，五線譜に書きなさい。

(4)　この曲は何分の何拍子の曲かを，次の①～④の中から選び，番号で答
えなさい。

　　①　4分の4拍子　　　②　2分の2拍子　　　③　4分の2拍子

　　④　8分の6拍子

(5)　この楽譜は，この曲の何小節目～何小節目であるかを，次の①～④の
中から選び，番号で答えなさい。

　　①　1小節目～4小節目　　　②　5小節目～8小節目

　　③　9小節目～12小節目　　　④　13小節目～16小節目

【4】「『生きる力』を育む防災教育の展開（平成25年3月文部科学省）」に記さ
れている幼稚園段階における防災教育の目標について，次の（　ア　）～
（　コ　）に適する語句を，あとの語群①～⑳から選び，番号で答えなさい。

A　知識，（　ア　）・（　イ　）

　・　教師の話や指示を注意して聞き（　ウ　）する。

　・　日常の園生活や（　エ　）発生時の安全な行動の仕方が分かる。

　・　（　オ　）の大切さが分かる。

B　危険予測・（　カ　）な行動

　・　安全・危険な場や危険を回避する行動の仕方が分かり，素早く安全

に行動する。
・ 危険な(キ)を見付けた時，身近な大人にすぐ知らせる。

<u>C　社会貢献，支援者の(ク)</u>
・ (ケ)や地域の人と関わり，自分のできることをする。
・ 友達と(コ)して活動に取り組む。

【語群】

①	災害	②	思考	③	自主的	④	保護者	⑤	きまり
⑥	状態	⑦	積極的	⑧	協働	⑨	命	⑩	適切
⑪	判断	⑫	協力	⑬	高齢者	⑭	基礎	⑮	基盤
⑯	地震	⑰	主体的	⑱	理解	⑲	避難	⑳	状況

【5】折り紙の折り方について答えなさい。

　　次の図は折り紙の折り方を示したもので，例1の折り方は山折り，例2の折り方は谷折りを示しています。（ア）〜（エ）の図の折り方を，あとの語群①〜⑧から選び，番号で答えなさい。

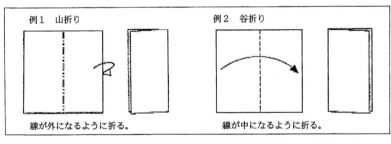

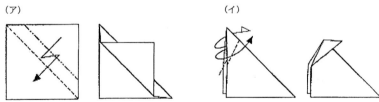

（ウ）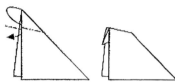　　　　　　　　（エ）

【語群】

① 引き寄せ折り	② 段折り	③ 四角折り
④ ざぶとん折り	⑤ つまみ折り	⑥ 中割り折り
⑦ 三角折り	⑧ かぶせ折り	

【6】昆虫について，次の(1)(2)の問いに答えなさい。

(1)　卵から成虫に至るまでの過程で，完全変態する昆虫には○を，そうでないものには×を付けなさい。

（ア）　カブトムシ　　（イ）　アキアカネ　　　　（ウ）　オオスズメバチ

（エ）　ナミアゲハ　　（オ）　トノサマバッタ　　（カ）　ハナアブ

(2)　次に示した昆虫は，幼虫の時に何と呼ばれているのかを答えなさい。

（ア）　アキアカネ　　（イ）　ウスバカゲロウ　　（ウ）　ヒトスジシマカ

【7】「教育基本法(平成18年12月22日法律第120号)」に記されている次の(1)(2)の内容について，下線(ア)〜(ク)の語句が正しい場合は○を，誤っている場合は×を付けなさい。

(1)　第1章　教育の目的及び理念

（教育の目的）　第1条

　教育は，(ア)人間の完成を目指し，(イ)平和で民主的な(ウ)国及び地域の形成者として必要な(エ)資質を備えた心身ともに(オ)優良な国民の育成を期して行われなければならない。

(2)　第2章　教育の実施に関する基本

（家庭教育）　第10条

　国及び地方公共団体は，家庭教育の(カ)主体性を尊重しつつ，保護者に対する(キ)研修の機会及び(ク)情報の提供その他の家庭教育を支援するために必要な施策を講ずるよう努めなければならない。

解答・解説

【1】(1) ア 人格形成　イ 学校教育法　ウ 目標　エ 特性　オ 信頼関係　カ 身近な　キ 試行錯誤　ク 見方　ケ 考え方　コ 創造　(2) ア 健康　イ 心　ウ 協同　エ 規範意識　オ 社会生活　カ 思考力　キ 生命尊重　ク 図形　ケ 伝え合い　コ 表現

〈解説〉(1)　平成29年3月31日に幼稚園教育要領が公示され，平成30年4月1日から実施されている。この改訂において「第1章　総則」の「第1　幼稚園教育の基本」の部分は大きく文言が加筆され，幼児期の教育における見方・考え方が新たに示されるとともに，計画的な環境の構成に関連して教材を工夫することが新たに書き加えられた。　(2)　平成29年の改訂において，新幼稚園教育要領のねらい及び内容に基づく活動全体を通して資質・能力が育まれている幼児の幼稚園修了時の具体的な姿であり，教師が指導を行う際に考慮するものとして，幼稚園教育において育みたい資質・能力と，「幼児期の終わりまでに育ってほしい姿」が新設された。

【2】(1) ア 自分の力　イ 充実感　ウ 協力　エ 信頼感　オ 習慣　(2) (ア) ○　(イ) ○　(ウ) ×　(エ) ○　(オ) ×

〈解説〉(1)　平成29年の幼稚園教育要領改訂において，領域「人間関係」のねらいに「工夫したり，協力したりして一緒に活動する楽しさを味わい」の文言が加筆され，諦めずにやり遂げることの達成感や，前向きな見通しをもつことなどが「内容の取扱い」に新たに示された。　(2)　(ウ)「先生や友達と触れ合い，安定感をもって行動する。」は領域「健康」の内容である。(オ)「親しみをもって日常の挨拶をする。」は領域「言葉」の内容である。

【3】(1)

(2)　あたまは
(3)

(4) ③　(5) ②

〈解説〉(1)　調号は♯×2のニ長調である。出だしの音をイメージすることが調性を判断する上で大切である。　(2)　提示されている部分の歌詞は"お

まえのあたまはどこにある"である。該当部分の正答は"あたまは"であるが，2番の"めだまは"と混同しないように注意しよう。 （3） 提示されている楽譜は曲の途中から始まっていることに注意して記譜しよう。 （4） 4分の2拍子とは4分音符が1小節に2つまで入る拍子である。 （5） "でんでんむしむしかたつむり"の部分が前小節であり，ここまでが4小節分あるから5小節目〜である。

【4】ア　②　　イ　⑪　　ウ　⑱　　エ　①　　オ　⑤　　カ　⑰
キ　⑳　　ク　⑮　　ケ　⑬　　コ　⑫

〈解説〉文部科学省は，東日本大震災を契機として，平成10年に作成した防災教育のための参考資料「『生きる力』を育む防災教育の展開」を平成25年3月に改訂のうえ，全国の学校に配布し，各学校園が児童生徒等の発達段階や地域の実情に応じた効果的な防災教育の実践を行えるようにしている。その中で示されている幼稚園段階における防災教育の目標は「安全に生活し，緊急時に教職員や保護者の指示に従い，落ち着いて素早く行動できる幼児」である。

【5】（ア）　②　　（イ）　⑧　　（ウ）　⑥　　（エ）　④

〈解説〉②の段折りは谷折りと山折りを段になるように平行に折る折り方。⑥の中割り折りは表と裏の紙の間に，角を割り入れるように折る折り方。これとは逆に角を裏返しかぶせるように折るのが⑧のかぶせ折り。④のざぶとん折りは正方形の4つの角を中心へ向けて折る折り方。

【6】（1）（ア）　○　　（イ）　×　　（ウ）　○　　（エ）　○　　（オ）　×
（カ）　○　（2）（ア）　ヤゴ　　（イ）　アリジゴク　　（ウ）　ボウフラ

〈解説〉（1）　完全変態とは，幼虫がさなぎを経て成虫になる現象のことであり，さなぎから成虫になる昆虫を区別すればよい。　（2）　昆虫の中には幼虫の時にその名前と異なる呼び方がされるものがある。出題された昆虫は，公園や身近な森林などでも見かけることができるものであるため覚えておきたい。

【7】（1）（ア）　×　　（イ）　○　　（ウ）　×　　（エ）　○　　（オ）　×
（2）（カ）　×　　（キ）　×　　（ク）　○

〈解説〉重要なので，用語などもしっかり覚えておきたい。

平成30年度

【1】 文部科学省の「幼稚園，小学校，中学校，高等学校及び特別支援学校の
学習指導要領等の改善及び必要な方策等について（答申）（平成28年12月）
第2部　第1章　1.幼児教育」に記されている内容について，次の(1)(2)
の問いに答えなさい。

(1)　幼児教育において育みたい資質・能力の3つの柱について，次の（　ア　）
～（　ウ　）に適する語句を答えなさい。

A　（　ア　）・技能の基礎

B　思考力・判断力・表現力等の基礎

C　（　イ　）に向かう力・（　ウ　）等

(2)　次の（　エ　）～（　コ　）に適する語句を，あとの語群①～⑯から選
び，番号で答えなさい。

A　近年，国際的にも忍耐力や自己抑制，（　エ　）といった社会情動的
スキルやいわゆる（　オ　）といったものを幼児期に身に付けることが，
大人になってからの生活に大きな差を生じさせるという研究成果をは
じめ，幼児期における語彙数，多様な運動経験などがその後の学力，
（　カ　）に大きな影響を与えるという調査結果などから，幼児教育の
重要性への認識が高まっている。

B　幼児教育において育みたい資質・能力の実現に向けては，幼稚園等
において，子供の姿や地域の実情等を踏まえつつ，どのような教育課
程を編成し，実施・評価し改善していくのかという（　キ　）を確立す
ることが求められる。

C　現在，（　ク　），幼保連携型認定こども園（　ケ　）の改訂の検討が
進められているが，これらの改訂に当たっては，（　コ　）の改訂の方
向性と内容の整合性の確保が図られるとともに，幼稚園，保育所，幼
保連携型認定こども園と小学校との円滑な接続が一層推進されること
が望まれる。

【語群】

① 体力	② 自己肯定感	③ 非認知的能力
④ 教育・保育要領	⑤ 保育所保育指針	⑥ 技能
⑦ 運動機能	⑧ コーディネーター	⑨ 運動能力
⑩ 認知的能力	⑪ 自尊心	
⑫ カリキュラム・マネジメント		⑬ 学習指導要領
⑭ 教育課程	⑮ キャリア教育	⑯ 幼稚園教育要領

【2】「幼稚園教育指導資料第3集　幼児理解と評価（平成22年7月改訂）第1章
2．よりよい保育をつくり出すために」に，新しい発達観，保育観に立って
幼児を理解し保育を展開するためには，どのような視点から何をとらえる
ことが必要かについて，基本的におさえておきたいことが5つ記されてい
ます。次の(1)〜(5)のうち，あてはまるものには○を，あてはまらないも
のには×を付けなさい。

 (1)　幼児を客観的にみる　　(2)　活動の方法を理解する

 (3)　発達する姿をとらえる　　(4)　集団と個の関係をとらえる

 (5)　保育を計画する

【3】幼児の「表現活動」について，次の(1)〜(3)の問いに答えなさい。

 (1)　　次の楽譜は，ある歌の曲の1小節目から4小節目です。（ア）（イ）の曲
名を答えなさい。

 (2)　　(1)の（ア）（イ）の曲の ⬚ 部分の1番の歌詞を答えなさい。

 (3)　「幼稚園教育要領（平成20年3月）」には，「表現」という領域の中に3つ
のねらい及び内容の一部が次のように記されています。次の①〜⑨に適
する語句を答えなさい。

```
1 ねらい
  (1) いろいろなものの（ ① ）などに対する豊かな（ ② ）をもつ。
  (2) （ ③ ）ことや（ ④ ）ことを自分なりに表現して楽しむ。
  (3) 生活の中で（ ⑤ ）を豊かにし，様々な表現を楽しむ。
2 内容
  (1) 生活の中で様々な（ ⑥ ），（ ⑦ ），（ ⑧ ），（ ⑨ ），動
      きなどに気付いたり，感じたりするなどして楽しむ。
```

【4】 次の(1)〜(5)のうち，幼児の運動遊びの中の鬼遊びにあてはまるものに
　　は○を，あてはまらないものには×を付けなさい。

　　(1)　ハンカチ落とし　　　　(2)　ねことねずみ

　　(3)　ひらいたひらいた　　　(4)　ゆうびんやさん

　　(5)　フルーツ・バスケット

【5】 絵本「ぐりとぐら」について，次の(1)〜(3)の問いに答えなさい。

　　(1)　次の文は，絵本「ぐりとぐら」の一節です。（ ア ）（ イ ）に適す
　　る語句を答えなさい。

　　　「ぼくらのなまえはぐりとぐら　このよでいちばんすきなのは
　　　（ ア ）こと（ イ ）こと」

　　(2)　絵本「ぐりとぐら」の作者の氏名を答えなさい。

　　(3)　次の(ア)〜(オ)のうち，絵本「ぐりとぐら」と同じ作者の書籍にあては
　　まるものには○を，あてはまらないものには×を付けなさい。

　　　(ア)　こぎつねコンチ　　　(イ)　ぐるんぱのようちえん

　　　(ウ)　とんことり　　　　　(エ)　たんたのたんけん

　　　(オ)　いやいやえん

【6】 日本の幼稚園教育の変遷について，次の(1)(2)の問いに答えなさい。

　　(1)　「学制百年史（昭和47年　文部省）」に記されている幼稚園の創設につ
　　いて，次の（ ア ）〜（ ウ ）に適する語句を，あとの語群①〜⑧から
　　選び，番号で答えなさい。

　　　幼児教育施設として最も早いものには，明治8年12月京都上京第三十

区第二十七番組小学校 (のちの柳池小学校) に開設された「(ア)」がある。次いで明治9年11月に (イ) が開設され，これによってわが国の幼稚園は発足し，その後の発達の基礎がおかれた。

明治12年9月に公布された「(ウ)」は，幼稚園を学校と区別して取り扱い，学校・幼稚園・書籍館等は公立私立の別なくすべて文部卿の監督内にあるものと定めた。

【語群】

①　教育基本法　　②　学校教育法
③　東京女子師範学校付属幼稚園　　④　学制　　⑤　愛珠幼稚園
⑥　幼稚遊嬉場　　⑦　大阪府立模範幼稚園　　⑧　教育令

(2) 「幼稚園教育要領解説 (平成20年10月)」に記されている幼稚園教育要領改訂の経過について，次の(エ)～(ク)に適する語句を答えなさい。

昭和31年に作成された幼稚園教育要領では，幼稚園の保育内容について(エ)との一貫性をもたせるようにした。

昭和39年に公示された幼稚園教育要領では，幼稚園教育の意義と独自性を明確にし，その本来の目的を達成するようにした。

平成元年に公示された幼稚園教育要領では，幼稚園教育は，幼児期の特性を踏まえ (オ) を通して行うものであることが幼稚園教育の基本であると明示した。

平成10年に公示された幼稚園教育要領では，(カ) を中心とした生活を通して，一人一人に応じた (キ) な指導を行うという幼稚園教育の基本的考え方を引き続き充実発展させることとした。

平成20年の幼稚園教育要領の改訂は，生きる力の基礎を育成すること，豊かな心と (ク) な体を育成することを基本的なねらいとして行った。

【7】「子どもの心のケアのために (平成22年7月　文部科学省)」に記されている災害や事件・事故発生時における心のケアの基本的理解について，次の(ア)～(コ)に適する語句を，あとの語群①～⑳から選び，番号で答えなさい。

A　災害や事件・事故発生時に求められる心のケアは，その種類や内容により異なるが，心のケアを (ア) に行うためには，子どもに現れるストレス症状の特徴や(イ)的な対応を理解しておくことが必要である。

B　災害等に遭遇すると，(ウ)や喪失体験などの心理的ストレスに

よって，心の症状だけでなく身体の症状も現れやすいことが子どもの特徴である。また，症状は心理的ストレスの種類・内容，ストレスを受けてからの（　エ　）によって変化する。そのようなストレス症状には，情緒不安定，体調不良，（　オ　）障害など（　カ　）を問わず見られる症状と，（　キ　）段階によって異なる症状が含まれる。

　幼稚園から小学校低学年までは，腹痛，嘔吐，食欲不振，（　ク　）などの身体症状が現れやすく，それら以外にも（　ケ　），混乱などの情緒不安定や，行動上の異変（（　コ　）がなくなる，理由なくほかの子どもの持ち物を隠す等）などの症状が出現しやすい。

【語群】

①	恐怖	②	緊張	③	適切	④	落ち着き	⑤	安心
⑥	興奮	⑦	基本	⑧	睡眠	⑨	支障	⑩	生活
⑪	年齢	⑫	健康	⑬	時期	⑭	発達	⑮	変化
⑯	骨折	⑰	意識	⑱	頭痛	⑲	体力	⑳	トラウマ

解答・解説

【1】(1)　ア　知識　　イ　学び　　ウ　人間性　　(2)　エ　⑪　　オ　③
カ　⑨　　キ　⑫　　ク　⑤　　ケ　④　　コ　⑯

〈解説〉(1)　中央教育審議会は平成28年12月21日の第109回総会において，「幼稚園，小学校，中学校，高等学校及び特別支援学校の学習指導要領等の改善及び必要な方策等について（答申）」を取りまとめ，それに基づき平成29年3月31日に新幼稚園教育要領が告示され，平成30年4月より全面実施されている。平成29年の幼稚園教育要領の改訂の基本方針は，幼稚園教育において育みたい資質・能力の明確化，小学校教育との円滑な接続，現代的な諸課題を踏まえた教育内容の見直しの3点である。　(2)　「保育所保育指針」は，保育所における一定の保育水準を保持するために，各保育所が行うべき保育の内容等に関する全国共通の枠組みとして保育の基本的事項を定めたものであり，昭和40年に制定されその後平成2年，平成11年と2回の改定を経た後，平成20年度の改定に際して告示化された。この保育所保育指針も新幼稚園教育要領と同時に約10年ぶりに改定され，平成30年4月に施行されている。「幼保連携型認定こども園教育・保育要領」は，子育てを巡る課題の解決を目指す「子ども・子育て支援新制度」の一環として創設

された幼保連携型認定こども園の教育課程その他の教育及び保育の内容を策定したものであり，認定こども園法において，「幼稚園教育要領及び保育所保育指針との整合性の確保や小学校における教育との円滑な接続に配慮しなければならない」とされている。

【2】(1)　×　　(2)　×　　(3)　○　　(4)　○　　(5)　×

〈解説〉文部科学省は平成21年1月の幼稚園幼児指導要録の改善を踏まえ，「幼稚園教育指導資料第3集　幼児理解と評価」の内容をリニューアルし，平成22年に改訂版を刊行した。その中では，幼稚園教員が一人一人の幼児を理解し，適切な評価に基づいて保育を改善していくための基本的な考え方や方法などについて，実践事例を取り上げながら解説している。(1)については「幼児を肯定的にみる」，(2)については「活動の意味を理解する」，(5)については「保育を見直す」とされている。

【3】(1)　(ア)　みずあそび　　(イ)　ちょうちょう　　(2)　(ア)　くんできて　(イ)　なのはにとまれ　　(3)　①　美しさ　　②　感性　　③　感じた　　④　考えた　　⑤　イメージ　　⑥　音　　⑦　色　　⑧　形　　⑨　手触り

〈解説〉(1)・(2)　(ア)の楽譜は「みずあそび」(東くめ　作詞・滝廉太郎　作曲)で，歌詞は「水をたくさんくんできて　水鉄砲であそびましょう　1234しゅっしゅっしゅっ」である。(イ)の楽譜は「ちょうちょう」である。

　(3)　「幼稚園教育要領」(平成20年3月)の「第2章　ねらい及び内容」の「表現」の項では，「感じたことや考えたことを自分なりに表現することを通して，豊かな感性や表現する力を養い，創造性を豊かにする。」とあり，続いてねらいと内容，内容の取扱いについて書かれている。

【4】(1)　○　　(2)　○　　(3)　×　　(4)　×　　(5)　○

〈解説〉鬼遊びとは，オニを決め，そのオニが交代していく遊びである。「ハンカチ落とし」「ねことねずみ」「フルーツ・バスケット」は，オニがいて，オニがつかまえた人が次のオニになる，鬼遊びである。一方，「ひらいたひらいた」は手をつないで輪になって遊び，「ゆうびんやさん」は，なわとびを跳びながら遊ぶ。代表的な遊びについては把握しておきたい。

【5】(1)　ア　おりょうりする　　イ　たべる　　(2)　中川李枝子
　(3)　(ア)　○　　(イ)　×　　(ウ)　×　　(エ)　○　　(オ)　○

〈解説〉『ぐりとぐら』は，主人公のふたごのねずみ，ぐりとぐらが大きな卵で大きなかすてらをつくる話である。作者の中川李枝子の作品は，『こぎつね

コンチ』『たんたのたんけん』『いやいやえん』のほか，『そらいろのたね』や
『ももいろのきりん』などがある。なお，『ぐるんぱのようちえん』の作者は
西内ミナミ，『とんことり』の作者は筒井頼子である。

【6】(1)　ア　⑥　　イ　③　　　ウ　⑧　　　(2)　エ　小学校　　オ　環境
　カ　遊び　　キ　総合的　　ク　健やか

〈解説〉(1)　「幼稚遊嬉場」はドイツのフレーベル流の幼稚園を模範として設
　けられたものであるが，1年半ほどで廃止された。東京女子師範学校では，
　明治9年に，同じくフレーベルの幼稚園を模範として「東京女子師範学校付
　属幼稚園」を開校させた。開校の翌年には幼稚園規則を制定し，保育の科目
　のほか時間表も定められている。「教育令」は明治12年に公布された学校教
　育制度に関する法令で，教育に関する地方の権限を大幅に認め，また初め
　て義務教育を法文化したが，翌年全面的に改正された。　(2)　幼稚園教育
　要領についてそれぞれの改訂のポイントを把握しておくこと。本問は平成
　20年改訂までについての出題であるが，この経緯を経て，平成29年3月31
　日に新幼稚園教育要領が告示され，平成30年4月より全面実施されている。
　今回の改訂のポイントについては【1】(1)の解説を参照されたい。

【7】ア　③　　イ　⑦　　ウ　①　　エ　⑬　　オ　⑧　　カ　⑪
　キ　⑭　　ク　⑱　　ケ　⑥　　コ　④

〈解説〉近年，地震，豪雨などの自然災害や，子どもが犯罪に巻き込まれる事
　件・事故などが発生しており，子どもが災害等に遭遇して強い恐怖や衝撃
　を受けた場合，その後の成長や発達に大きな障害となることがあるため，
　子どもの心のケアが重要な課題となっている。このような状況のもと文部
　科学省は，災害や事件・事故発生時における子どもの心のケア，子どもの
　心のケアの体制づくり，危機発生時における健康観察の進め方に加え，対
　処方法等について参考事例を通して理解が深められるように構成した「子ど
　もの心のケアのために―災害や事件・事故発生時を中心に―」を平成22年
　に作成した。文部科学省のホームページでも公開されているので目を通し
　ておこう。

━━━━━ 🔖 **平成29年度** ━━━━━

【1】「学校教育法」に記されている「第3章　幼稚園　第22条」について，次の（　ア　）〜（　オ　）に適する語句を，下の語群①〜⑫から選び，番号で答えなさい。

> 幼稚園は，（　ア　）及びその後の教育の（　イ　）を培うものとして，幼児を保育し，幼児の（　ウ　）成長のために（　エ　）環境を与えて，その（　オ　）の発達を助長することを目的とする。

【語群】

① 基盤	② 著しい	③ 義務教育	④ 学力
⑤ 基礎	⑥ 適切な	⑦ 健やかな	⑧ 初等教育
⑨ 適当な	⑩ 順調な	⑪ 心身	⑫ 身体

【2】「幼稚園教育要領（平成20年3月）」に記されている「第3章　指導計画及び教育課程に係る教育時間の終了後等に行う教育活動などの留意事項　第1　指導計画の作成に当たっての留意事項」について，次の（　ア　）〜（　オ　）に適する語句を，下の語群①〜⑫から選び，番号で答えなさい。

> 幼児の行う活動は，個人，（　ア　），学級全体などで（　イ　）に展開されるものであるが，いずれの場合にも，幼稚園全体の教師による（　ウ　）をつくりながら，一人一人の幼児が（　エ　）や（　オ　）を十分に満足させるよう適切な援助を行うようにすること。

【語群】

① 思い	② 欲求	③ 多様	④ 一斉	⑤ 協力体制
⑥ 友達	⑦ 興味	⑧ 適切	⑨ 連携	⑩ 気持ち
⑪ 柔軟	⑫ グループ			

【3】「幼稚園教育要領（平成20年3月）」に記されている「第2章　ねらい及び内容」について，次の（　ア　）〜（　ケ　）に適する語句を答えなさい。

> この章に示すねらいは，幼稚園（　ア　）までに育つことが期待される（　イ　）の基礎となる（　ウ　），（　エ　），（　オ　）などであり，内容は，ねらいを達成するために指導する事項である。これらを幼児の発達の側面から，心身の健康に関する領域「健康」，人とのかかわりに関する領域

「（　カ　）」，（　キ　）環境とのかかわりに関する領域「環境」，言葉の（　ク　）に関する領域「言葉」及び（　ケ　）と表現に関する領域「表現」としてまとめ，示したものである。

【4】 文部科学省が示している「幼児期運動指針（平成24年3月）」の「4　幼児期の運動の在り方(1) 運動の発達の特性と動きの獲得の考え方」に，幼児期において獲得しておきたい基本的な動きとして「体のバランスをとる動き」「体を移動する動き」「用具などを操作する動き」が記されています。これらの3種類の動きにあてはまる動きとして示されているものを，次の語群①〜⑨から選び，番号で答えなさい。

【語群】

① 押す	② はねる	③ ぶら下がる	④ よける
⑤ 運ぶ	⑥ 座る	⑦ 積む	⑧ 寝ころぶ
⑨ はう			

【5】 幼児の表現活動について，次の(1)〜(3)の問いに答えなさい。

(1) 次の楽譜は，ある歌の曲の始まり部分です。（ア）（イ）の曲名を答えなさい。

(2) (1)の（ア）（イ）の曲の┌┈┈┐部分の1番の歌詞を答えなさい。

(3) 次の（ア）〜（エ）は，伝承遊びの遊び方の一例を示したものです。それぞれの名称をあとの語群①〜⑧から選び，最もあてはまるものを番号で答えなさい。

（ア） 二人で向かい合い，歌の後半で自分の両手を合わせる，合わせた両手を膨らませる，両手首をつけたまま指を開く，最後にジャンケンをする。

（イ） 二人で向かい合い，両手をつないだまま，体を裏返し，二人で背

75

中合わせになる。

（ウ）　二人で向かい合い，歌の最後のフレーズでにらめっこをして相手
　　を笑わせ，笑った人が負けになる。

（エ）　二人で向かい合い，自分の手を打ち，相手とひら手合わせをする
　　ことを3回繰り返し，ジャンケンをする。勝った人は両手を挙げて喜
　　び，負けた人は泣きまねをしたりお辞儀をしたりする。あいこのと
　　きは両手を腰にあてる。

【語群】

①	だるまさん	②	おちたおちた
③	おちゃらか（ほい）	④	ひらいたひらいた
⑤	とおりゃんせ	⑥	ちゃちゃつぼ
⑦	おてらのおしょうさん	⑧	なべなべそこぬけ

【6】行事や風習，季節を表すことばについて，次の(1)(2)の問いに答えなさ
い。

(1)　次の(ア)～(エ)について，関連するものとして最も適切なものを，下
　の語群①～⑧から1つ選び，番号で答えなさい。

（ア）　端午の節句　　（イ）　正月　　（ウ）　桃の節句　　（エ）　節分

【語群】

①	月見	②	菱餅	③	ゆず湯	④	豆まき
⑤	鏡餅	⑥	こいのぼり	⑦	七五三	⑧	笹飾り

(2)　次の(ア)(イ)に説明されている内容に，最も適切なものを，下の語
　群①～⑦から1つ選び，番号で答えなさい。

（ア）　春分の日と秋分の日を中日として，それぞれの前後3日間を合わ
　　せた7日間のこと。この期間は昼と夜の長さがほぼ同じになる。

（イ）　二十四節気の1つで，土の中で冬眠をしていた虫たちが目覚める
　　頃のこと。

【語群】

①	お盆	②	土用干し	③	十五夜	④	彼岸
⑤	重陽の節句	⑥	立春	⑦	啓蟄		

【7】 生き物の飼育活動について，次の(1)(2)の問いに答えなさい。

(1) 次の(ア)～(オ)は，ヒキガエルが卵からカエルに成長する過程について述べています。内容が適切なものには○を，適切でないものには×を付けなさい。

(ア) 卵のかたまりは，泡状になっている。

(イ) 丸い卵がだんだんオタマジャクシの形になる。

(ウ) 始めの頃のオタマジャクシには，ひらひらした手がある。

(エ) しっぽの根本から前足が生えてくる。

(オ) 後ろ足ができると前足が片方ずつ伸びてくる。

(2) 次の(ア)～(エ)の内容に最もあてはまる生き物を，下の語群①～⑧から選び，番号で答えなさい。

(ア) 卵から成虫になるまで，脱皮を繰り返しながら成長する。鳴くのはオスだけで，はねをこすり合わせて音を出す。

(イ) 昆虫の仲間で，卵から成虫になるまで10か月から1年ほどかかる。幼虫を飼うときは，腐葉土を入れる。腐葉土が乾いたら霧吹きでしめらせる。

(ウ) 卵はミカンやカラタチなどの葉に産み付ける。幼虫は4回皮を脱いで成長し，5回目の皮を脱いで，さなぎになる。また，幼虫をつつくとつのを出し，独特のにおいを出す。

(エ) 貝の仲間で，雌雄同体である。湿った場所を好み，ガラスの上をはわせるとはった後ねばねばした液が残る。

【語群】

① ダンゴムシ	② カタツムリ	③ アゲハチョウ
④ カブトムシ	⑤ モンシロチョウ	⑥ アブラゼミ
⑦ タニシ	⑧ スズムシ	

【8】 日本学校保健会が取りまとめた「学校のアレルギー疾患に対する取り組みガイドライン(平成20年3月)」について，次の(1)(2)の問いに答えなさい。

(1) ガイドラインに記された食物アレルギーについて，次の(ア)(イ)に適する語句を答えなさい。

〈定 義〉
一般的には特定の食物を摂取することによって，(ア)・呼吸器・消化器あるいは(イ)に生じるアレルギー反応のことをいいます。

(2) ガイドラインに記された，アレルギー疾患に対する取り組みのポイントを3つ答えなさい。

解 答・解 説

【1】ア ③ イ ⑤ ウ ⑦ エ ⑨ オ ⑪

〈解説〉幼稚園の教育目的を定めた第22条からの出題は頻出である。これを受け，第23条では幼稚園の教育目標として，「健康，安全で幸福な生活のために必要な基本的な習慣を養い，身体諸機能の調和的発達を図ること」「集団生活を通じて，喜んでこれに参加する態度を養うとともに家族や身近な人への信頼感を深め，自主，自律及び協同の精神並びに規範意識の芽生えを養うこと」など，5点が定められている。

【2】ア ⑫ イ ③ ウ ⑤ エ ⑦ オ ②

〈解説〉幼稚園教育要領解説第3章第1第2節5では，幼稚園全体の教師による協力体制を高めるための具体的なあり方としてティーム保育の導入を示し，「複数の教師が共同で保育を行い，また，幼児理解や保育の展開について情報や意見を交換することによって，一人一人の様子を広い視野からとらえ，きめ細かい援助を行うことが可能になる」と述べている。

【3】ア 修了 イ 生きる力 ウ 心情 エ 意欲 オ 態度
カ 人間関係 キ 身近な ク 獲得 ケ 感性

〈解説〉本設問は平成20年3月告示の要領からの出題であるが，次回，平成30年の改訂実施に向けて，平成29年3月に新要領が公示されている。新要領では，第2章は現行通り5つの領域に分けられている。「環境」(6)で「日常生活の中で，我が国や地域社会における様々な文化や伝統に親しむ」が加えられ，その他，第1章総則第2については，「幼稚園教育において育みたい資質・能力及び『幼児期の終わりまでに育ってほしい姿』」としている。現要領との違いを確認しておこう。

【4】「体のバランスをとる動き」…③・⑥・⑧ 「体を移動する動き」…②・④・⑨ 「用具などを操作する動き」…①・⑤・⑦

〈解説〉子どもの体力の現状について，走る，跳ぶ，投げるといった基本的な運動能力の低下が指摘されているなか，文部科学省は，平成19年～21年度に「体力向上の基礎を培うための幼児期における実践活動の在り方に関する調査研究」を行った。幼児期に獲得しておくことが望ましい基本的な動き，生活習慣や運動習慣を身に付けるための効果的な取組などについての

実践研究である。この成果を踏まえ「幼児期運動指針」が取りまとめられた。本問で示した以外に，体のバランスをとる動きは，立つ，起きる，回る，転がる，渡る，体を移動する動きは，歩く，走る，跳ぶ，登る，下りる，すべる，用具などを操作する動きは，投げる，捕る，転がす，蹴る，こぐ，掘る，引くが示されている。

【5】(1)（ア）まつぼっくり　　（イ）どんぐりころころ　　(2)（ア）あったとさ　　（イ）どんぶりこ　　(3)（ア）⑦　　（イ）⑧　　（ウ）①（エ）③

〈解説〉(1)・(2)　幼稚園教育要領第2章表現2内容(6)で「音楽に親しみ，歌を歌ったり，簡単なリズム楽器を使ったりなどする楽しさを味わう」と示されている。童謡の曲名，歌詞は覚えておくこと。　　(3)　正答以外の「おちたおちた」「ひらいたひらいた」「とおりゃんせ」「ちゃちゃつぼ」についての遊び方も理解しておくとよい。

【6】(1)（ア）⑥　　（イ）⑤　　（ウ）②　　（エ）④　　(2)（ア）④（イ）⑦

〈解説〉(1)　こいのぼりをあげる端午の節句は5月5日，ひな人形や菱餅を飾る桃の節句は3月3日，豆まきをする節分は立春の前日。その他，月見は9月中旬から10月上旬の十五夜。ゆず湯は冬至(12月22日頃)に入る。七五三は11月15日。笹飾りは七夕に飾る。　　(2)（ア）は彼岸。（イ）は3月6日頃。その他，お盆は一般には8月13日～16日，土用干しは立秋前の夏の土用である18日間に行う。重陽の節句は9月9日，立春は2月4日頃である。

【7】(1)（ア）×　　（イ）○　　（ウ）×　　（エ）×　　（オ）○(2)（ア）⑧　　（イ）④　　（ウ）③　　（エ）②

〈解説〉(1)　ヒキガエルは，ひも状の卵塊を産む。オタマジャクシは最初は四肢がなく，尻尾の根本から生えてくるのは後ろ足である。前足は一度に左右から生えてくるのではなく，片方ずつである。　　(2)　アゲハチョウの幼虫は，刺激を受けると敵を威嚇し退けるために臭角を出す。

【8】(1)（ア）皮膚　　（イ）全身性　　(2)　・各疾患の特徴をよく知ること。　　・個々の園児の症状等の特徴を把握すること。　　・症状が急速に変化しうることを理解し，日頃から緊急時の対応への準備を行っておくこと。

〈解説〉(1)　本資料では，実際に学校給食で起きた食物アレルギー発症事例の原因食物は，エビ，カニなど甲殻類と果物類（特にキウイフルーツ）が多

いとある。症状は，じんましんのような軽い症状からアナフィラキシーショックのような命にかかわる重い症状まで様々である。平成16年の文部科学省調査から，児童生徒の食物アレルギーの有病率は1〜3％の範囲内にあるとされている。食物アレルギーの約10％がアナフィラキシーショックにまで進んでいる点に注意したい。　（2）　アレルギーの症状は疾患により異なるため，それぞれの特徴を把握し，それを踏まえた取り組みを行うことが重要となる。同じ疾患の児童生徒でも症状が異なる点にも注意したい。その違いは，疾患の病型や原因，重症度として表される。疾患によっては症状が急速に悪化するものもあるため，日頃から緊急時の対応への準備をしておく必要がある。

平成28年度

【1】 幼児期から児童期について，次の(1)(2)の問いに答えなさい。

(1) 文部科学省における調査研究協力者会議の報告書「幼児期の教育と小学校教育の円滑な接続の在り方について(報告)」(平成22年11月11日)に記されている幼児期(特に幼児期の終わり)における学びの基礎力の育成において，重要であるとされる「三つの自立」を答えなさい。

(2) 「学校教育法第30条第2項」について，次の(ア)〜(カ)に適する語句を下の語群①〜⑮から選び，番号で答えなさい。

> 前項の場合においては，生涯にわたり学習する基盤が培われるよう，基礎的な知識及び技能を習得させるとともに，これらを活用して(ア)を解決するために必要な(イ)，(ウ)，(エ)その他の能力をはぐくみ，(オ)的に学習に取り組む(カ)を養うことに，特に意を用いなければならない。

【語群】

①	課題	②	全体	③	意欲	④	主体	⑤	精神力
⑥	態度	⑦	実行力	⑧	生活	⑨	問題	⑩	心
⑪	思考力	⑫	具体	⑬	判断力	⑭	表現力	⑮	考察力

【2】 幼児の表現活動について，次の(1)(2)の問いに答えなさい。

(1) 次の楽譜は，あるわらべうたの一部です。次の(ア)(イ)の問いに答えなさい。

(ア) この曲名を答えなさい。

(イ) この楽譜の2小節目の歌詞を答えなさい。

(2) 幼児が歌を歌ったり，簡単なリズム楽器を使ったりなどして，音楽の楽しさを味わうための教師の援助について，「幼稚園教育要領解説(平成20年10月)」に記されている「第2章 ねらい及び内容」の中で大切だと考えられているものを，次の①〜③から全て選び，番号で答えなさい。

① 正しい音程で歌うことや楽器を上手に演奏することができるようにすること。

② 教師が幼児の音楽にかかわる活動を受け止め，認めること。

③ 音楽に親しみ楽しめるような環境を工夫すること。

【3】「幼稚園教育要領解説（平成20年10月）」に記されている「第3章　指導計画及び教育課程に係る教育時間の終了後等に行う教育活動などの留意事項　第1　指導計画の作成に当たっての留意事項　第3節　特に留意する事項　2　障害のある幼児の指導」について，次の（　ア　）〜（　カ　）に適する語句を答えなさい。

> 幼稚園において障害のある幼児を指導する場合には，幼稚園教育の機能を十分生かして，幼稚園生活の場の特性と（　ア　）を大切にし，その幼児の発達を（　イ　）的に促していくことが大切である。そのため，幼稚園では，幼児の障害の種類や（　ウ　）などを的確に把握し，個々の幼児の障害の状態などに応じた指導内容・（　エ　）の工夫について検討し，適切な指導を行う必要がある。その際，教師は，（　オ　）の幼児の姿を受け止め，幼児が（　カ　）し，ゆとりをもって周囲の環境と十分にかかわり，発達していくようにすることが大切である。

【4】次の（ア）〜（オ）は，ある絵本の冒頭の抜粋です。それぞれの絵本の題名を答えなさい。

（ア）　いずみがもりは，からすのまちでした。いずみがもりには，おおきなきがにひゃっぽん，ちゅうくらいのきがよんひゃっぽん，ちいさいきがはっぴゃっぽんありました。

（イ）　ぐるんぱは，とってもおおきなぞう。ずうっとひとりぽっちでくらしてきたので，すごくきたなくてくさーいにおいもします。

（ウ）　とけいがなります　ボンボンボン……　こんなじかんにおきてるのはだれだ？

（エ）　うさぎさんがちいさないすをつくりました。うさぎさんがつくったしるしにいすにみじかいしっぽをつけました。

（オ）　きょうはいいてんき。ぞうくんはごきげん。「どれどれ，さんぽにでかけよう」

【5】身近な自然と触れ合うための環境について，次の(1)〜(3)の問いに答えなさい。

(1)　次の①～⑦の草花について，球根植物には○を，球根植物でないものには×を付けなさい。

> ①　アサガオ　　②　サルビア　　③　ヒヤシンス　　④　ユリ
> ⑤　スイセン　　⑥　ヤグルマギク　　⑦　クロッカス

(2)　次の(ア)～(ウ)は，水栽培について述べています。内容が適切なものには○を，適切でないものには×を付けなさい。

(ア)　水栽培の球根は，なるべく大きいものを選ぶようにする。

(イ)　発根前，球根の下部がわずかにひたる程度に水を入れる。

(ウ)　根が伸びるまでは，明るい場所を選んで置く。

(3)　「幼稚園教育要領（平成20年3月）」に記されている「第2章　ねらい及び内容」の領域「環境」のねらいを1つ答えなさい。

【6】幼児の健康について，次の(1)(2)の問いに答えなさい。

(1)　「学校保健安全法施行規則」では学校において予防すべき感染症の種類を第一種から第三種に分けて規定しています。次の①～⑥の感染症を，第一種，第二種，第三種に分類して番号で答えなさい。

> ①　流行性耳下腺炎　　②　エボラ出血熱　　③　コレラ
> ④　流行性角結膜炎　　⑤　麻しん　　⑥　細菌性赤痢

(2)　「学校において予防すべき感染症の解説（平成25年3月）」に記されている感染症に関する基本的理解について，次の（　ア　）～（　ウ　）に適する語句を答えなさい。

> 　感染予防の対策として，消毒や殺菌等により感染源をなくすこと，手洗いや食品の衛生管理など周囲の環境を衛生的に保つことにより感染経路を遮断すること，栄養バランスがとれた（　ア　），規則正しい（　イ　），適度な（　ウ　），予防接種などをして体の抵抗力を高める（感受性対策）ことが，感染症対策の重要な手段となる。

【7】「子ども・子育て支援法第2条」について，次の（　ア　）～（　コ　）に適する語句をあとの語群①～⑳から選び，番号で答えなさい。

> 第2条　子ども・子育て支援は，父母その他の（　ア　）が子育てについての（　イ　）責任を有するという基本的認識の下に，家庭，（　ウ　），

地域, 職域その他の社会のあらゆる分野における全ての構成員が, 各々の（　エ　）を果たすとともに,（　オ　）に協力して行われなければならない。

2　子ども・子育て支援給付その他の子ども・子育て支援の内容及び水準は, 全ての子どもが（　カ　）に成長するように支援するものであって,（　キ　）かつ（　ク　）なものでなければならない。

3　子ども・子育て支援給付その他の子ども・子育て支援は, 地域の（　ケ　）に応じて, 総合的かつ（　コ　）に提供されるよう配慮して行われなければならない。

【語群】

①	実態	②	施設	③	健やか	④	役割	⑤	養育者
⑥	上質	⑦	学校	⑧	実情	⑨	責務	⑩	第一義的
⑪	適切	⑫	穏やか	⑬	積極的	⑭	良質	⑮	人道的
⑯	相互	⑰	合理的	⑱	保護者	⑲	必要	⑳	効率的

解答・解説

【1】(1)　学びの自立　　生活上の自立　　精神的な自立

(2)　ア　①　　イ　⑪　　ウ　⑬　　エ　⑭　　オ　④　　カ　⑥

〈解説〉文部科学省は発達と学びの連続性を踏まえた幼児期の教育と小学校教育の円滑な接続の在り方を検討するため幼児期の教育と小学校教育の円滑な接続の在り方に関する調査研究協力者会議を設置し, 同会議は平成22年11月に報告をとりまとめた。その中で, ほとんどの地方公共団体で幼小接続の重要性を認識している一方で, 幼小接続の取組は十分実施されているとはいえない状況を大きな課題と認識し, 幼児期の教育と小学校教育の関係を「連続性・一貫性」で捉える考え方, 幼児期と児童期の教育活動をつながりで捉える工夫, 幼小接続の取組を進めるための方策（連携・接続の体制づくり等）を示した。なお「三つの自立」うち「学びの自立」とは「自分にとって興味・関心があり, 価値があると感じられる活動を自ら進んで行うとともに, 人の話などをよく聞いて, それを参考にして自分の考えを深め, 自分の思いや考えなどを適切な方法で表現すること」,「生活上の自立」とは「生活上必要な習慣や技能を身に付けて, 身近な人々, 社会及び自然と適切にかかわり, 自らよりよい生活を創り出していくこと」,「精神的な自立」と

は「自分のよさや可能性に気付き，意欲や自信をもつことによって，現在及び将来における自分自身の在り方に夢や希望をもち，前向きに生活していくこと」である。　(2)　出題の学校教育法第30条第2項は同法第4章の小学校教育について定めた部分であり，同法第29条の「小学校は，心身の発達に応じて，義務教育として行われる普通教育のうち基礎的なものを施すことを目的とする」，第30条第1項の「小学校における教育は，前条に規定する目的を実現するために必要な程度において第21条各号に掲げる目標を達成するよう行われるものとする」を受けるものである。

【2】(1)　(ア)　ずいずいずっころばし　　(イ)　ごまみそずい　　(2)　②　③

〈解説〉(1)　楽譜はわらべうた「ずいずいずっころばし」の冒頭部分である。歌詞は「ずいずいずっころばし　ごまみそずい　ちゃつぼにおわれて　とっぴんしゃん　ぬけたらどんどこしょ　たわらのねずみが　こめくってちゅう　ちゅうちゅうちゅう　おっとさんがよんでも　おっかさんがよんでも　いきっこなし(よ)　いどのまわりで　おちゃわんかいたのだあれ」，指で遊びながら歌ったりする。　(2)　「幼稚園教育要領解説(平成20年10月)　第2章　第2節　5(6)」で，「…大切なことは，正しい音程で歌うことや楽器を上手に演奏することではなく，幼児自らが音や音楽で十分遊び，表現する楽しさを味わうことである。」とあるので，①は正しくない。これに続けて，教師の援助としては，②③の内容が書かれている。

【3】(ア)　人間関係　　(イ)　全体　　(ウ)　程度　　(エ)　指導方法
(オ)　ありのまま　　(カ)　安心

〈解説〉「幼稚園教育要領解説」はこの留意事項にかかわる具体的な例として，「例えば，弱視の幼児がぬり絵をするときには輪郭を太くするなどの工夫をしたり，難聴の幼児に絵本を読むときには教師が近くに座るようにして声がよく聞こえるようにしたり，肢体不自由の幼児が興味や関心をもって進んで体を動かそうとする気持ちがもてるように工夫したりするなど，その幼児の障害の種類や程度に応じた配慮をする必要がある。また，障害のある幼児とない幼児が一緒に遊ぶときには，幼児同士がかかわりながら，それぞれの幼児が遊びを楽しめるように適切な援助をする必要がある」と示している。

【4】(ア)　からすのパンやさん　　(イ)　ぐるんぱのようちえん
(ウ)　ねないこだれだ　　(エ)　どうぞのいす　　(オ)　ぞうくんのさんぽ

〈解説〉（ア）『からすのパンやさん』かこさとし（作・絵）　（イ）『ぐるんぱのようちえん』西内ミナミ（作）・堀内誠一（絵）　（ウ）『ねないこだれだ』せなけいこ（作・絵）　（エ）『どうぞのいす』香山美子（作）・柿本幸造（絵）（オ）『ぞうくんのさんぽ』なかのひろたか（作・絵）

【5】（1）① ×　② ×　③ ○　④ ○　⑤ ○　⑥ ×　⑦ ○　（2）（ア）○　（イ）○　（ウ）×　（3）「・身近な環境に親しみ，自然と触れ合う中で様々な事象に興味や関心をもつ。　・身近な環境に自分からかかわり，発見を楽しんだり，考えたりし，それを生活に取り入れようとする。　・身近な事象を見たり，考えたり，扱ったりする中で，物の性質や数量，文字などに対する感覚を豊かにする。」のうち1つ。

〈解説〉（1）ヒヤシンス，ユリ，スイセン，クロッカスは球根を植えて育てる植物である。アサガオ，サルビア，ヤグルマギクは種子を蒔いて育てる植物である。　（2）水栽培では，球根はなるべく大きいものを使うとよい。また，球根が水に浸かりすぎると腐ってしまうので，水は球根の下部がわずかにひたる程度でよい。そして，根が伸びるまでは，暗く涼しいところに置くようにする。　（3）「幼稚園教育要領（平成20年3月）　第2章」の「環境」のねらいは3つある。そのうち1つを答える。

【6】（1）第一種の感染症：②　　第二種の感染症：①，⑤　　第三種の感染症：③，④，⑥　　（2）ア　食事　イ　生活習慣　ウ　運動

〈解説〉（1）学校保健安全法施行規則によると，第一種の感染症はエボラ出血熱，クリミア・コンゴ出血熱，痘そう，南米出血熱，ペスト，マールブルグ病，ラッサ熱，急性灰白髄炎，ジフテリア，重症急性呼吸器症候群（病原体がコロナウイルス属SARSコロナウイルスであるものに限る。）及び鳥インフルエンザ（病原体がインフルエンザウイルスA属インフルエンザAウイルスであつてその血清亜型がH五N一であるものに限る）とされており，「感染症の予防及び感染症の患者に対する医療に関する法律」の一類感染症と結核を除く二類感染症を規定している。出席停止期間の基準は，「治癒するまで」である。第二種の感染症は，インフルエンザ（鳥インフルエンザ（H五N一）を除く），百日咳，麻しん，流行性耳下腺炎，風しん，水痘，咽頭結膜熱，結核及び髄膜炎菌性髄膜炎で，空気感染又は飛沫感染するもので，児童生徒等のり患が多く，学校において流行を広げる可能性が高い感染症を規定している。出席停止期間の基準は，感染症ごとに個別に定められて

いる。ただし，病状により学校医その他の医師において感染のおそれがないと認めたときは，この限りではない。第三種の感染症はコレラ，細菌性赤痢，腸管出血性大腸菌感染症，腸チフス，パラチフス，流行性角結膜炎，急性出血性結膜炎，その他の感染症で，学校教育活動を通じ，学校において流行を広げる可能性がある感染症を規定している。出席停止期間の基準は，病状により学校医その他の医師が感染のおそれがないと認めるまでである。　　　(2)　学校は，児童生徒等が集団生活を営む場であり，感染症が発生した場合，大きな影響を及ぼすこととなり，感染症の流行を予防することは教育の場・集団生活の場として望ましい学校環境を維持するとともに，児童生徒等が健康な状態で教育を受けるためにも重要であるとの認識のもと，文部科学省は平成11年に発行した「学校において予防すべき伝染病の解説」において学校における感染症対策を示してきたが，その後の医療の進歩や，疾病の流行状況の変化等を踏まえ，感染症対策にかかる指導参考資料「学校において予防すべき感染症の解説」を平成25年3月に作成した。その中で感染症が発生するには，その原因となる病原体の存在，病原体が宿主に伝播する感染経路，そして病原体の伝播を受けた宿主に感受性があることが必要であり，この感染症成立のための三大要因である病原体，感染経路，感受性宿主に対する対策が大切であるとの認識のもと，出題の栄養バランスがとれた食事，規則正しい生活習慣，適度な運動を感染症予防の具体的手段として示している。

【7】ア ⑱　イ ⑩　ウ ⑦　エ ④　オ ⑯　カ ③
　　キ ⑭　ク ⑪　ケ ⑧　コ ⑳

〈解説〉「子ども・子育て支援法」（平成24年）は，子ども・子育て関連3法のうちの一つである。問題文の「第一章　総則　第2条」では，基本理念について書かれている。「子ども・子育て支援は，父母その他の保護者が子育てについての第一義的責任を有するという基本的認識の下に，家庭，学校，地域，職場その他の社会のあらゆる分野における全ての構成員が，各々の役割を果たすとともに，養育者に協力して行わなければならない。」「…，全ての子どもが健やかに成長するように支援するものであって，良質かつ適切なものでなければならない。」「…，地域の実情に応じて，総合的かつ効率的に提供されるよう配慮して行わなければならない。」となっている。

【1】「教育基本法第10条，第11条」について，（　ア　）～（　ケ　）に適する語句を下の①～⑳の語群から選び，番号で答えなさい。

第10条　父母その他の（　ア　）は，（　イ　）の教育について（　ウ　）を有するものであって，生活のために必要な習慣を身に付けさせるとともに，（　エ　）を育成し，（　オ　）の調和のとれた発達を図るよう努めるものとする。

（第2項略）

第11条　幼児期の教育は，生涯にわたる（　カ　）の基礎を培う重要なものであることにかんがみ，国及び（　キ　）は，幼児の健やかな成長に資する良好な（　ク　）の整備その他適当な方法によって，その（　ケ　）に努めなければならない。

【語群】

①　知識　　②　環境　　③　保護者　　④　人間関係
⑤　心身　　⑥　市町村　⑦　自立心　⑧　精神
⑨　義務　　⑩　振興　　⑪　子　　　⑫　人格形成
⑬　養育者　⑭　自尊心　⑮　家庭　　⑯　地方公共団体
⑰　施設　　⑱　第一義的責任　⑲　充実　⑳　発展

【2】「幼稚園教育要領（平成20年3月）」の第2章では，「ねらい及び内容」について，幼児の発達の側面からまとめて5つの領域に分けて示しています。次の(1)～(3)の問いに答えなさい。

(1)　心身の健康に関する領域「健康」では，3つのねらいが記されています。

・（　①　）

・自分の（　②　）を十分に動かし，（　③　）運動しようとする。

・健康，（　④　）な生活に必要な習慣や態度を身に付ける。

（ア）　領域「健康」に記されているねらい①を答えなさい。

（イ）　領域「健康」のねらいについて，上の②～④に適する語句を答えなさい。

(2)　次の(ア)～(エ)は，幼稚園教育要領のねらいに記されているものです。このうち，人とのかかわりに関する領域「人間関係」に記されているものすべてを選び，記号で答えなさい。

（ア）　幼稚園生活を楽しみ，自分の力で行動することの充実感を味わう。

（イ）　人の言葉や話などをよく聞き，自分の経験したことや考えたこと
　　　を話し，伝え合う喜びを味わう。

（ウ）　身近な人と親しみ，かかわりを深め，愛情や信頼感をもつ。

（エ）　社会生活における望ましい習慣や態度を身に付ける。

（3）　「健康」「人間関係」以外の3つの領域をすべて答えなさい。

【3】次の楽譜（曲の一部）について，下の(1)～(4)の問いに答えなさい。

（1）　この曲の題名を次の①～③の中から選び，番号で答えなさい。

　　①　とんぼのめがね　　②　まつぼっくり　　③　むすんでひらいて

（2）　（ア）の旋律を下の五線譜に書きなさい。

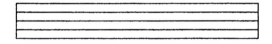

（3）　（イ）の部分の1番の歌詞を答えなさい。

（4）　この曲は何分の何拍子か，次の①～④の中から選び，番号で答えなさ
　　い。

　　①　4分の4拍子　　②　4分の2拍子　　③　8分の6拍子

　　④　2分の2拍子

【4】幼児の表現活動について，次の(1)(2)の問いに答えなさい。

（1）　次の（ア）～（エ）は，絵画技法を述べたものです。技法名として適する
　　ものを，あとの①～⑧の語群から選び，番号で答えなさい。

（ア）　凹凸のある物に紙をのせてクレヨンでこすると，表面の凹凸がき
　　　れいに浮きでてくる。

（イ）　油えのぐを水に浮かべて紙にうつしとると，磨いた大理石のよう
　　　なきれいな模様が作れる。

（ウ）　パスでかいた絵の上に水彩えのぐをぬると，えのぐをはじいて，
　　　面白い効果が得られる。

（エ）　溶いたえのぐを筆にたっぷりふくませて，紙の上にえのぐのしぶ
　　　きを散らせる。

【語群】
　　①　ドリッピング　　②　ステンシル　　③　フロッタージュ
　　④　デカルコマニー　　⑤　バチック　　　⑥　ウオッシング
　　⑦　マーブリング　　⑧　スクラッチ

（2）　次の3つの特徴をもつ粘土を，下の①〜⑤の中から1つ選び，番号で
　　答えなさい。
　　・強度があり，自在に造形できる。
　　・大量に使え，無臭で極めて安全である。
　　・ダイナミックな造形と大型作品に向く。
　　①　油粘土　　②　小麦粉粘土　　③　土粘土　　④　紙粘土
　　⑤　樹脂系粘土

【5】次の（ア）〜（エ）の人物に関係の深いものを，下の①〜⑥の語群から選
　　び，番号で答えなさい。
　（ア）　倉橋惣三
　（イ）　モンテッソーリ
　（ウ）　ジョン・ロック
　（エ）　フレーベル

【語群】
　　①　著書「学校と社会」　　②　著書「一般教育学」
　　③　「子どもの家」の開設　　④　遊具「恩物」
　　⑤　著書「子どもの教育」　　⑥　著書「育ての心」

【6】「幼稚園教育要領解説（平成20年7月）」に記されている「第3章第1第3節
　　特に留意する事項　5　小学校との連携」について（　ア　）〜（　オ　）に適
　　する語句を答えなさい。

　　　幼稚園では（　ア　）に環境を構成し，（　イ　）を中心とした生活を通
　　して体験を重ね，一人一人に応じた（　ウ　）な指導を行っている。一方，
　　小学校では，時間割に基づき，各教科の内容を教科書などの（　エ　）を
　　用いて学習している。このように，幼稚園と小学校では，子どもの生活
　　や教育方法が異なる。このような生活の変化に子どもが対応できるよう

になっていくことも学びの一つとしてとらえ，教師は適切な指導を行うことが必要である。しかし，生活の変化が大きすぎると，子どもはその生活の変化にうまく適応できないこともある。子どもは小学校入学と同時に突然違った存在になるのではなく，子どもの発達と学びは（　オ　）していることから，幼稚園教育と小学校教育の円滑な接続のため，連携を図るようにすることが大切である。

【7】 認定こども園について，次の(1)(2)の問いに答えなさい。

(1)　認定こども園には，地域の実情に応じて4つのタイプがあります。そのうち，「幼保連携型」「幼稚園型」「地方裁量型」以外の認定こども園を答えなさい。

(2)　平成26年4月30日に「幼保連携型認定こども園教育・保育要領」を公示した，国の行政機関3つを答えなさい。

解 答・解 説

【1】 ア ③　イ ⑪　ウ ⑱　エ ⑦　オ ⑤　カ ⑫
キ ⑯　ク ②　ケ ⑩

〈解説〉教育基本法第10条第1項は家庭教育について，第11条は，幼児期の教育について定めたものである。教育基本法は頻出であるので，第1条（教育の目的）及び第2条（教育の目標）とともに，正しく覚えておくこと。また，平成18年の全文改正前の条文が誤答の選択肢として出てくることがあるので，おさえておくとよいだろう。

【2】 (1)　(ア)　明るく伸び伸びと行動し，充実感を味わう。
(イ)　② 体　③ 進んで　④ 安全　(2)　(ア)(ウ)(エ)
(3)　「環境」「言葉」「表現」

〈解説〉「幼稚園教育要領」は昭和31年に作成されて以降4度にわたり改訂を重ね，現行のものは平成20年3月に告示されたものである。「幼稚園教育要領」（平成20年3月告示）についての理解を深めるためには，幼稚園教育要領解説（平成20年7月）にも必ず目を通しておくこと。　(1)　領域「健康」の目標は「健康な心と体を育て，自ら健康で安全な生活をつくり出す力を養う」であり，本問で取り上げた3つのねらいは，この目標の意図を示したものである。　(2)　(イ)は「言葉」のねらいである。　(3)　5つの領域名は正確に覚えて必ず書けるようにしておくこと。

【3】 (1) ①　　(2) 　　(3) おそらを
(4) ②
〈解説〉(1) 「とんぼのめがね」は，額賀誠志作詞・平井康三郎作曲の童謡で
ある。　(2) 幼稚園で多く歌われる歌については，作詞者，作曲者，歌詞
の内容や言葉の特性，長調・短調の響き，旋律の特徴などの基本的な要素
をしっかりおさえておくこと。　(3) 「とんぼのめがね」の歌詞は3番まで
ある。何番の歌詞が問われても答えられるようにしておきたい。
(4) 4分の2拍子とは，1小節に4分音符が2つ入る拍子である。童謡ではほ
かに，「かたつむり」「ちょうちょ」「森のくまさん」などが4分の2拍子である。
【4】 (1) (ア) ③　(イ) ⑦　(ウ) ⑤　(エ) ①　(2) ③
〈解説〉(1) (ア) のフロッタージュは「こすり出し」ともいう。(イ) は大理石
(英語でマーブル)のような模様を作ることからマーブリングとよばれる。
(ウ) のバチックは，パスのほかにも油えのぐやロウでかいた絵でもできる。
(エ) のドリッピングのように紙の上にしぶきを散らす技法には，網をブラ
シでこするスパッタリングもある。なお，②は型染め，④は転写絵，⑥は
全面墨を塗ってから洗い落とす技法，⑧はひっかき絵のことである。
(2) ①は強度があり造形しやすく，あまり硬くならないが，匂いがあり，
使用後に手指を清潔にする必要がある。②は大量に使え，無臭で安全，ダ
イナミックな造形に向くが，保存が難しい。④は上質パルプでできており，
着色しやすい。小型作品に向く。⑤も小型作品に向く。110～130℃のオー
ブンで焼くと保存できる。アクリルえのぐで彩色をする。
【5】 (ア) ⑥　(イ) ③　(ウ) ⑤　(エ) ④
〈解説〉①の『学校と社会』は，ジョン・デューイの著書，②の『一般教育学』は
ヘルバルトの著書。　(ア) 倉橋惣三 (1882－1955) は日本の幼児教育研究
者で，実践も行った。『育ての心』は，1936年の著書。　(イ) モンテッソー
リ (1870－1952) はイタリア初の女性医師，幼児教育者。子どもの自発的活
動を重視するモンテッソーリ教育を「子どもの家」で実施した。　(ウ) ジョ
ン・ロック (1632－1704) はイギリスの哲学者，政治学者。『子どもの教育』は
1693年の著作。　(エ) フレーベル (1782－1852) はドイツの教育学者で，
幼稚園の祖と呼ばれる。教育のための20種類の遊具「恩物」を考案した。
【6】 ア 計画的　イ 遊び　ウ 総合的　エ 教材　オ 連続
〈解説〉「幼稚園教育要領(平成20年3月告示)」の「第3章第1」では，幼児期にふ
さわしい生活が展開され，適切な指導が行われるようにするため特に留意

する事項として，安全に関する指導，障害のある幼児の指導，障害のある
幼児との活動を共にする機会，行事の指導，小学校との連携をあげている。
一般的な留意事項とあわせて理解しておくこと。

【7】(1)　保育所型　　(2)　内閣府，文部科学省，厚生労働省

〈解説〉(1)　認定こども園は地域の実情に応じて，「幼保連携型」(幼稚園的機
能と保育所的機能の両方の機能をあわせ持つ単一の施設)，「幼稚園型」(認
可幼稚園が保育所的機能を備える)，「保育所型」(認可保育所が幼稚園的な
機能を備える)，「地方裁量型」(いずれの認可もない地域の教育・保育施設
が認定こども園の機能を果たす)の4つのタイプがある。　　(2)　「幼保連携
型認定こども園教育・保育要領」は，子育てを巡る課題の解決を目指す「子
ども・子育て支援新制度」の一環として創設された幼保連携型認定こども
園の教育課程その他の教育及び保育の内容を策定したもので，幼保連携型
認定こども園以外の認定こども園においても，教育・保育要領を踏まえる
こととされている。認定こども園は，幼稚園及び保育所の機能を併せ持ち，
保護者の就労状況及びその変化等によらず柔軟に子どもを受け入れられる
施設であるので，幼保連携型認定こども園では，保育教諭が必置となって
いる。保育教諭は，「幼稚園教諭免許状」と「保育士資格」の両方の免許・資
格を有していることを前提としている。

平成26年度

【1】「学校教育法第23条」について，（　ア　）～（　コ　）に適する語句を答えなさい。

幼稚園における教育は，前条に規定する目的を実現するため，次に掲げる目標を達成するよう行われるものとする。

1　健康，安全で幸福な生活のために必要な（　ア　）を養い，身体諸機能の（　イ　）発達を図ること。

2　集団生活を通じて，喜んでこれに参加する態度を養うとともに家族や身近な人への（　ウ　）を深め，自主，自律及び（　エ　）の精神並びに（　オ　）意識の芽生えを養うこと。

3　身近な社会生活，生命及び自然に対する（　カ　）を養い，それらに対する正しい理解と態度及び（　キ　）の芽生えを養うこと。

4　日常の会話や，絵本，（　ク　）等に親しむことを通じて，言葉の使い方を正しく導くとともに，相手の話を理解しようとする態度を養うこと。

5　音楽，（　ケ　）による表現，造形等に親しむことを通じて，豊かな（　コ　）と表現力の芽生えを養うこと。

【2】幼稚園教育要領解説（平成20年7月）には，「幼稚園で展開される生活や指導の在り方は幼児期の特性にかなったものでなければならない。」と書かれている。このようなことから，幼稚園教育の基本に関連して特に重視しなければならないことを3つ答えなさい。

【3】幼児が身近な自然に興味や関心をもち，親しむようになるために幼稚園でできる教師の援助と環境の構成についてそれぞれ2つずつ答えなさい。

【4】幼稚園における安全教育について答えなさい。

(1)　安全教育について（　ア　）～（　オ　）に適する語句を答えなさい。

幼稚園教育要領（平成20年3月）の領域「健康」では，「健康な心と体を育て，自ら健康で安全な生活をつくり出す力を養う。」とし，ねらいとして「健康，安全な生活に必要な（　ア　）や（　イ　）を身に付ける。」ことが示されている。その内容としては，「危険な（　ウ　），危険な（　エ　），（　オ　）などの行動の仕方が分かり，安全に気を付けて行動する。」ことが挙げられている。

(2) 安全に滑り台で遊ぶために必要な教師の配慮について2つ答えなさい。

【5】ロシア民話「おおきなかぶ」の絵本に出てくる登場する人物と動物をすべて答えなさい。

【6】手遊びについて答えなさい。

(1) 学級全体の活動で手遊びをする時の教師の配慮について3つ答えなさい。

(2) 次の曲は手遊びに使われる曲の楽譜の一部です。曲名を答えなさい。

①

②

③

【7】子育て支援について答えなさい。

(1) 次の文章は，文部科学省が作成した「幼稚園における子育て支援活動及び預かり保育の事例集（平成21年3月）」からの抜粋です。（　ア　）～（　ウ　）について適する語句を下の①～⑫の語群の中から選び，記号で答えなさい。

　　保護者は子育ての喜びや生きがいを感じている一方，子育てに対する不安やストレスも感じている。幼稚園は保護者の子育てに対する（　ア　）を引き出し，その（　イ　）力が向上するよう，「親と子が共に育つ」という観点から子育て支援を実施し，子どものよりよい（　ウ　）が実現するようにすることが大切である。

【語群】
①　関心　　②　生活　　③　知識　　④　自信　　⑤　意欲
⑥　教育　　⑦　包容　　⑧　発達　　⑨　育ち　　⑩　理解
⑪　技術　　⑫　将来

(2) 預かり保育は，教育課程に係る教育時間の終了後等に行う教育活動です。預かり保育を実施するにあたってどのようなことに留意すればよいか2つ答えなさい。

【8】 幼稚園教育要領解説（平成20年7月）の言葉の獲得に関する領域「言葉」の[内容の取扱い]について（　ア　）～（　コ　）に適する語句を下の①～⑳の語群から選び，記号で答えなさい。

(1) 言葉は，身近な人に親しみをもって接し，自分の（　ア　）や意志などを伝え，それに相手が（　イ　）し，その言葉を聞くことを通して次第に獲得されていくものであることを考慮して，幼児が教師や他の幼児とかかわることにより（　ウ　）ような体験をし，言葉を交わす喜びを味わえるようにすること。

(2) 幼児が自分の思いを言葉で伝えるとともに，教師や（　エ　）などの話を興味をもって注意して聞くことを通して次第に話を理解するようになっていき，言葉による（　オ　）ができるようにすること。

(3) 絵本や物語などで，その内容と自分の（　カ　）とを結び付けたり，想像を巡らせたりするなど，楽しみを十分に味わうことによって，次第に豊かな（　キ　）をもち，言葉に対する（　ク　）が養われるようにすること。

(4) 幼児が日常生活の中で，（　ケ　）などを使いながら思ったことや考えたことを（　コ　）喜びや楽しさを味わい，（　ケ　）に対する興味や関心をもつようにすること。

【語群】

① 感覚　　② 言葉　　③ イメージ　　④ 伝える
⑤ 心を動かす　⑥ 応答　　⑦ 想像　　⑧ 文字
⑨ 経験　　⑩ 他の幼児　⑪ 形にする　⑫ 友達
⑬ 知識　　⑭ 感情　　⑮ 正確さ　　⑯ 反応
⑰ 考え　　⑱ 感性　　⑲ 書く　　⑳ 伝え合い

解　答・解　説

【1】ア　基本的な習慣　イ　調和的　ウ　信頼感　エ　協同
オ　規範　カ　興味　キ　思考力　ク　童話　ケ　身体
コ　感性

〈解説〉学校教育法（平成23年6月3日法律第61号）第3章，第22条～第28条は，

幼稚園に関する規定である。第23条の，幼稚園の教育目標は全文を理解し，覚えるとよい。第23条のポイントは，「健康」「人間関係」「環境」「言葉」「表現」の5領域を踏まえていることである。なお，法規の条文の空欄補充では，正確に書くことが必要である。あやふやな記憶ではなく，正しく理解しておくこと。

【2】・幼児期にふさわしい生活が展開されるようにすること　・遊びを通しての総合的な指導が行われるようにすること　・一人一人の特性に応じた指導が行われるようにすること

〈解説〉幼稚園教育要領解説の「第1章　総説」「第1節　幼稚園教育の基本」の「3　幼稚園教育の基本に関連して重視する事項」に挙げられている。解説では，「これらの事項を重視して教育を行わなければならないが，その際には，同時に，教師が幼児一人一人の行動の理解と予想に基づき，計画的に環境を構成すべきこと及び教師が幼児の活動の場面に応じて様々な役割を果たし，幼児の活動を豊かにすべきことを踏まえなければならない。」としている。

【3】教師の援助…・教師自身が動植物に愛情と慈しみの心をもってかかわるようにする　・動植物に接するときには，それぞれの特性を踏まえ，触れたり世話をしたりしながら命の大切さに気付くように配慮する　など　環境の構成…・幼児の身近な環境に花壇，雑草園，野菜園等を設置する　・園内に自然を取り入れ，それらを生かした遊びの場をつくり出す　など

〈解説〉「身近な自然に…」とあるので，環境領域について，教師の援助と環境構成を考えること。動植物に接し，世話をしたりする時は，教師自身の動植物への愛情，慈しみとともに，命の大切さに気付くような配慮が欠かせないことを記す。また，環境の構成としては，身近に自然を感じられるよう，園内に自然環境を取り入れたりすることや，それらを生かした遊びの工夫がいることなどを記述できればよい。このほかに，遊びの場面の援助，環境設定など，さまざまな教師の対応を考えておく。

【4】(1)　ア　習慣　イ　態度　ウ　場所　エ　遊び方　オ　災害時　(2)　・上からすべり降りる子どもがいるときに，逆のぼりをしないようにさせる。　・おどり場に，大勢の子どもがとどまらないようにさせる。

〈解説〉(1)　安全教育は，健康の領域で取り上げられているが，生命の保持，危険回避，災害時の対応など，非常に重要な事項である。幼稚園教育要領

「健康」の項をしっかり把握すること。 (2) 「安全に」と，「遊ぶために」と「教師の配慮」の3点を求められている設問である。ここでは，設置基準，園庭環境の設問ではないので，保育の中で安全に遊ぶための配慮を記すことがポイントである。すべり台そのものの安全性や，教師の目の届かない時間がないようにするなどは，ここで求められている解答ではないので注意する。

【5】1 おじいさん 2 おばあさん 3 まご 4 いぬ 5 ねこ
6 ねずみ

〈解説〉ロシア民話「おおきなかぶ」は，A.トルストイ再話，内田莉莎子訳，佐藤忠良画，福音館書店で，初出は，「こどものとも74号」(1962年5月) である。教科書にも採用されている。

【6】(1) ・一人一人と遊ぶつもりで視線を合わせたり声をかけたりする ・幼児の手や指の発達に合わせて，簡単に楽しめる手遊びから取り上げる ・向き合って遊ぶときには，左右が逆になることを意識して動く など (2) ① 一匹ののねずみが ② パンダ・うさぎ・コアラ ③ たまご たまご

〈解説〉(1) 学級全体の活動については，幼稚園教育要領の第3章第1の1 (6) にある，「幼児の行う活動は，個人，グループ，学級全体などで多様に展開されるものであるが，いずれの場合にも，幼稚園全体の教師による協力体制をつくりながら，一人一人の幼児が興味や欲求を十分に満足させるよう適切な援助を行うようにすること。」が参考になる。学級全体の活動においても，一人一人が生かされることが必要であることを念頭に記述するとよい。 (2) ① 手遊びの歌詞はいろいろあるが，一例をあげると「一匹ののねずみが」は，「いっぴきののねずみがあなぐらに (ほらあなに) 落っこちてチュッチュチュッチュ チュールッチュ，チュッチュチュッチュ チュールッチュ，チュッチュチュッチュ チュールッチュ大騒ぎ」からはじまり，二匹の…三匹の…と順に五匹まで増やし，次は四匹，三匹と減らしていく。 ② 「パンダ・うさぎ・コアラ」は，高田ひろお作詞，乾裕樹作曲で，NHK「おかあさんといっしょ」で神崎ゆう子・坂田おさむによって歌われた。歌詞は，「おいでおいでおいでおいでパンダ パンダ おいでおいでおいでおいでうさぎ うさぎ おいでおいでおいでおいでコアラ コアラ パンダウサギコアラ…」である。 ③ 「たまご たまご」は，「たまごたまごが (まあるいたまごが) パチンとわれて中からひよこがピヨッピヨッ

ピヨ，まあかわいいピヨッピヨッピヨ…」である。

【7】(1) ア ⑤　　イ ⑥　　ウ ⑨　　(2) ・幼児の心身の負担が少なく，無理なく過ごせるように配慮する。　・教育課程に基づく活動との連携に考慮する。

〈解説〉(1)　文部科学省は平成20年，幼児教育支援方策検討会議に，幼児教育の改善・充実のために必要な事項についての調査研究を委託した。同検討会議の協力によって文部科学省初等中等教育局幼児教育課では，平成21年3月「幼稚園における子育て支援活動及び預かり保育の事例集」を発行した。この事例集の冒頭で，文部科学省は幼稚園における子育て支援の基本的な考え方として，「保護者は子育ての喜びや生きがいを感じている一方，子育てに対する不安やストレスも感じている。幼稚園は保護者の子育てに対する意欲を引き出し，その教育力が向上するよう，「親と子が共に育つ」という観点から子育て支援を実施し，子どものよりよい育ちが実現するようにすることが大切である」としたほか，「幼稚園は，幼児の家庭や地域での生活を含めた生活全体を豊かにし，健やかな成長を確保していくため，地域の実態や保護者及び地域の人々の要請等を踏まえ，地域における幼児期の教育のセンターとしてその施設や機能を開放し，子育て支援に努めていく必要がある」とも述べている。　(2)　幼稚園教育要領の第3章の「第2　教育課程に係る教育時間の終了後等に行う教育活動などの留意事項」に，「幼児の心身の負担に配慮すること」とし，さらに「教育課程に基づく活動を考慮し，幼児期にふさわしい無理のないものとなるようにすること。その際，教育課程に基づく活動を担当する教師と緊密な連携を図るようにすること。」などに留意することを述べている。これらを踏まえて，簡潔に記述するとよい。

【8】ア ⑭　　イ ⑥　　ウ ⑤　　エ ⑩　　オ ⑳　　カ ⑨
キ ③　　ク ①　　ケ ⑧　　コ ④

〈解説〉「幼稚園教育要領解説」（平成20年7月）の「第2章　ねらい及び内容」の「言葉」の「3　内容の取扱い」に関する設問である。空欄の語句はいずれもキーワードなので，選択式でなくても正確に書けるようにしておくことが大切である。また，5つの領域すべての，「ねらい」「内容」「内容の取扱い」をしっかり理解し，文章もきちんと覚えておくこと。

平成 25 年度

【1】「幼稚園教育要領（平成20年3月）第1章 総則 第1 幼稚園教育の基本」について，（ 1 ）～（ 8 ）に適する語句を下の（ア）～（セ）の語群から選び，記号で答えなさい。

　　幼児期における教育は，生涯にわたる（ 1 ）形成の基礎を培う重要なものであり，幼稚園教育は，学校教育法第22条に規定する目的を達成するため，幼児期の特性を踏まえ，（ 2 ）を通して行うものであることを基本とする。

　　このため，教師は幼児との（ 3 ）関係を十分に築き，幼児と共によりよい教育環境を創造するように努めるものとする。これらを踏まえ，次に示す事項を重視して教育を行わなければならない。

1　幼児は安定した情緒の下で自己を十分に発揮することにより発達に必要な体験を得ていくものであることを考慮して，幼児の（ 4 ）な活動を促し，幼児期にふさわしい生活が展開されるようにすること。

2　幼児の（ 5 ）な活動としての遊びは，（ 6 ）の調和のとれた発達の基礎を培う重要な学習であることを考慮して，（ 7 ）を通しての指導を中心として第2章に示すねらいが総合的に達成されるようにすること。

3　幼児の発達は，心身の諸側面が相互に関連し合い，多様な経過をたどって成し遂げられていくものであること，また，幼児の生活経験がそれぞれ異なることなどを考慮して，幼児一人一人の特性に応じ，（ 8 ）の課題に即した指導を行うようにすること。

【語群】

（ア）　自発的	（イ）　性格	（ウ）　遊び	（エ）　人間
（オ）　発達	（カ）　情緒	（キ）　人格	（ク）　生活
（ケ）　環境	（コ）　発展的	（サ）　活動	（シ）　心身
（ス）　信頼	（セ）　主体的		

【2】文部科学省の「非常災害時における子どもの心のケアのために」には，幼稚園の特徴を考慮に入れた対応方針が示されています。次の3つの項目について，正しいものには○を，間違っているものには×を付けなさい。

（1）　行動観察の必要性について

①　災害の被害を受けたことによる影響は行動や身体的症状よりも言葉の表現として現れやすい傾向がある。

②　災害後の急性期及び回復期にあっては，子どもの行動や身体の状況

の観察を注意深く行う必要がある。

(2) 学級単位の活動について

 ① フィットネスやリラクゼーション等，身体を用いた楽しめる活動を多く取り入れる。

 ② 災害自体を取り扱う場合にも，劇や紙芝居等の媒体を用いる等の工夫が求められる。

(3) 担任の役割の重要性について

 ① 子どもの年齢が低いほど，信頼できる大人の状態が子どもに与える影響の度合いが大きくなるので，担任が安定した状態にあることが特に必要である。

 ② 子どもが不安定な状態に陥った場合，担任は子どもへの直接的なかかわりは避け，見守ることが大切である。

【3】次の(1)～(8)の絵本・童話・民話は，どこの国や地域が舞台となっている作品であるのか，下の(ア)～(セ)の語群から選び，記号で答えなさい。

(1) 三びきのやぎのがらがらどん   (2) てぶくろ

(3) ピーターラビットの絵本   (4) じごくのそうべい

(5) げんきなマドレーヌ   (6) スーホの白い馬

(7) 西遊記   (8) ハイジ

【語群】

(ア) モンゴル   (イ) スイス   (ウ) インド

(エ) カナダ   (オ) イギリス   (カ) 北欧

(キ) アメリカ   (ク) 韓国   (ケ) 中国

(コ) フランス   (サ) ウクライナ   (シ) 日本

(ス) イタリア   (セ) ウズベキスタン

【4】感染症について，以下の問いに答えなさい。

(1) 次の(ア)～(ウ)の感染症ではどのような症状や特徴が表れるか，下の①～⑥から選びなさい。

 (ア) 咽頭結膜熱(プール熱)   (イ) マイコプラズマ肺炎

 (ウ) 水痘(水ぼうそう)

 ① 発熱・全身倦怠などのかぜ症状で始まり，次第に咳がひどくなるのが特徴。熱が下がってからもひどい咳がしばらく続く。胸痛の訴えや

発疹が出ることもある。

② 口内炎がたくさんできる。手のひら，足，膝，臀部にぷつぷつとした丘疹，小水疱ができる。熱は微熱が出る程度。

③ 両側の頬が赤くなり，腕や太ももにもレース状や網目状の赤い発疹が見られる。顔がりんごのように赤くなる。熱は出ても微熱程度。

④ 皮膚症状は赤い発疹で始まり，中心に水を持った水疱になり，かさぶたになって終わる。発熱は発疹と同時に約7割の患者に見られる。

⑤ 発熱，咽頭炎，結膜炎，鼻炎などの症状がある。4～5日間高熱が続く。

⑥ 突然の高熱，のどの痛み，物を飲み込むのがつらくなる。のどにぷつぷつとした水疱と潰瘍ができる。

(2) 飛沫感染・接触感染による感染症の拡大を防ぐために幼児に指導すること，教師として環境面で留意することを，それぞれ2つずつ書きなさい。

【5】幼稚園でよく飼育されるものの1つにアメリカザリガニがあります。飼育していく上で幼児に伝えたいことや気を付けることについて，（ 1 ）～（ 8 ）に適する語句を下の(ア)～(ソ)の語群から選び，記号で答えなさい。

飼育上の注意点として，とも食いを避けるために，1つの水槽に入れるザリガニの数を制限したり，（ 1 ）のザリガニや（ 2 ）のザリガニは別の水槽で飼うようにする。また，ザリガニの数に適した大きさの水槽で飼育し，直射日光が（ 3 ）ところに置く。えさには（ 4 ）等を与え，飼育水は（ 5 ）を使用し，適宜取り換える。アメリカザリガニのオスとメスは，（ 6 ）や（ 7 ）で見分け，ザリガニを持つときは，（ 8 ）を軽く持つ。

【語群】

(ア) プラスティック製品 (イ) 脱皮直後

(ウ) 当たらない (エ) オスとメス

(オ) 背中 (カ) ゆでた菜っ葉

(キ) 汲み置きの水 (ク) からだの色

(ケ) 腹脚の長さ (コ) 尾

(サ) 海水 (シ) 当たる

(ス) はさみの大きさ (セ) 孵化した直後

(ソ) 触角

【6】 動物の表現をする遊びについて，以下の問いに答えなさい。

(1) 次の(ア)〜(ウ)の楽譜は，どの動物の表現を引き出すのに適していると考えますか。

下の①〜⑥の語群から選び，記号で答えなさい。

① おおかみ　② へび　③ ぞう　④ うさぎ
⑤ ねずみ　⑥ ゴリラ

(2) 動物の表現を引き出したり表現することを幼児に楽しませたりするために，教師が留意することを3つ書きなさい。

【7】 幼稚園教育と小学校教育の接続について，(1)〜(6)に適する語句をあとの(ア)〜(コ)の語群から選び，記号で答えなさい。

教師は，幼児が教師や友達と生活を共にする中で活動し，そこで成り立つ(1)が小学校以降の生活や(2)として培っていけるようにすることで，(3)の基盤となるようにすることが大切です。

そのためには教師は(4)の多様性を確保しつつ，幼児の(5)から様々な方向へ学びが展開する様子を見いだすとともに，幼稚園での幼児の(6)に根ざした学びをつくり出していくことが大切です。

【語群】

(ア) 学習の芽生え　　(イ) 遊び　　　　　(ウ) 義務教育

(エ) 勉強　　　　　　(オ) 小学校教育　　(カ) 集団行動

(キ) 生活　　　　　　(ク) 教育内容　　　(ケ) 教科

(コ) 学び

【8】 砂遊びについて(1)〜(3)の問いに答えなさい。

(1) 砂遊びのために整備しておくとよい遊具や用具を4つ書きなさい。

(2) 砂遊びの特性について2つ書きなさい。

(3) 安全面や衛生面で留意すべきことを2つ書きなさい。

解答・解説

【1】(1)(キ)　(2)(ケ)　(3)(ス)　(4)(セ)　(5)(ア)
(6)(シ)　(7)(ウ)　(8)(オ)

〈解説〉「幼稚園教育要領　第1章　総則」は，基本中の基本である。教育基本法第11条および学校教育法第22条に根拠を置き，文部科学省が示す，幼稚園教育課程編成時ならびに指導計画作成時の基準である。幼稚園教育要領は，昭和22年「保育要領」として作成され，昭和31年度から「幼稚園教育要領」として改訂されて以降，平成に入ってからも平成元年，平成11年を経て平成20年に改訂され，現在に至っている。

　この問題は，毎年必ずどこかの自治体で出題されている。空欄を含むキーワード，「生涯にわたる人格形成の基礎」「環境を通して行うもの」「幼児との信頼関係」「幼児の主体的な活動」「幼児の自発的な活動」「心身の調和のとれた発達」「遊びを通しての指導」「発達の課題に即した指導」は，そのいずれもが必ず覚えておくべき事項である。この他の部分も自分で暗記用のシートなどを利用して，どの語句が欠けても適切に答えられるよう，繰り返し練習することが大切である。

【2】(1) ① ×　② ○　(2) ① ○　② ○　(3) ① ○
② ×

〈解説〉「次の3つの項目について」とあるが，質問は6つ。あわてないように。
「非常災害時における子どもの心のケアのために」は，平成7年に発生した阪神・淡路大震災などの自然災害を発端とする外傷性ストレス障害（PTSD）とされる症状の懸念から，子どもの心の健康問題について検討したもので，

平成10年3月文部省(当時)によって作成された。その後，文部科学省によって改訂を重ね，平成22年7月には，「新潟県中越沖地震，岩手・宮城内陸地震，中国・九州北部豪雨などの自然災害や，子どもが犯罪に巻き込まれる事件・事故などが発生している」ことから改訂され，さらに平成25年2月には「東日本大震災の被災地における子どもの心のケアについて　～学校教育関係～」が作成されている。問題の，(1)①の災害の被害を受けたことによる影響は，言葉よりも身体症状や行動に現れやすい。また，(3)②の子どもが不安定な状態に陥った場合，担任の子どもへの直接的なかかわりで精神的安定を取り戻すものである。従って，(1)①と(3)②が×となる。

【3】(1)　(カ)　　(2)　(サ)　　(3)　(オ)　　(4)　(シ)　　(5)　(コ)

　　(6)　(ア)　　(7)　(ケ)　　(8)　(イ)

〈解説〉「記号で」を国や地域名で答えないこと。保育に携わる者なら知っていて当然の基本作品である。　　(1)　三びきのやぎのがらがらどん…北欧民話とされていたが，近年ノルウェーの昔話と表記されるようになった。(2)　てぶくろ…ロシアの昔話で，ウクライナ地方の話，ロシアの絵本作家ラチョフによる再話である。ちなみに登場する動物の衣装はウクライナの各民族衣装である。　　(3)　ピーターラビットの絵本…イギリスの絵本作家ビアトリクス・ポターの作品で，主人公のウサギのピーターラビットが擬人化された，シリーズの絵本である。日本での初版は1902年の『ピーターラビットのおはなし』である。　　(4)　じごくのそうべい…日本の絵本作家，田島征彦の作品である。1978年の刊行以来シリーズとなっている。

(5)　げんきなマドレーヌ…フランス・パリの寄宿舎に住むアメリカ生まれのマドレーヌが主人公の絵本。作者はオーストリア生まれの絵本作家，ルドウィッヒ・ベーメルマンスである。　　(6)　スーホの白い馬…モンゴルの昔話，モンゴルの伝統楽器，モリンホール(馬頭琴)の由来にまつわる話。

(7)　西遊記…中国の四大奇書と呼ばれる。7世紀の玄奘三蔵による仏教経典取得の旅を記した『大唐西域記』に民間説話が加わったもの。　　(8)　ハイジ…スイスの作家ヨハンナ・スピリの作品で，日本では『アルプスの少女ハイジ』として知られている。

【4】(1)　(ア)　⑤　　(イ)　①　　(ウ)　④　　(2)　幼児…・丁寧な手洗い，うがいの仕方を習慣づける。　　・せきが出るときはマスクを着用させる。　　教師…・嘔吐物の処理は迅速に行う。　　・人が触る場所・ドアノブ・扉・蛇口などを消毒・殺菌する。

〈解説〉(1)　(ア)　咽頭結膜熱（プール熱）…発熱，咽頭炎，結膜炎，鼻炎の症状。アデノウイルスが原因，夏に流行し，プールで感染することが多いことから「プール熱」とも呼ばれる。　　(イ)　マイコプラズマ肺炎…発熱・全身倦怠などのかぜ症状で始まり，次第に咳がひどくなるのが特徴。熱が下がってもひどい咳がしばらく続く。胸痛や発疹が出ることもある。マイコプラズマという微生物で，細菌やウイルスとは異なり，ヒトの細胞外でも増殖する。主に気道に感染。乳幼児では風邪症状で済むが，学童期だと肺炎を起こす。　　(ウ)　水痘（水ぼうそう）…皮膚症状は赤い発疹で始まり，中心に水を持った水疱になり，かさぶたになって終わる。発熱は発疹と同時に約7割の患者に見られる。ウイルス感染症のひとつ。第2類学校感染症に分類されている。ちなみに，②は「手足口病」，③は「りんご病」，⑥は夏期に流行する急性ウイルス性咽頭炎である「ヘルパンギーナ」である。

(2)　特に手洗いの励行は大切である。日本小児科学会　予防接種・感染対策委員会「学校，幼稚園，保育所において予防すべき感染症の解説」では「きちんとした手洗いとは，手首の上まで，できれば肘まで，石鹸を泡立てて，流水下で洗浄する。手を拭くのは布タオルではなくペーパータオルが望ましい。布タオルを使用する場合は個人持ちとして共用は避ける。」としている。

【5】(1)　(イ)　　(2)　(セ)　　(3)　(ウ)　　(4)　(カ)　　(5)　(キ)　　(6)　(ケ)　　(7)　(ス)　　(8)　(オ)

〈解説〉・ザリガニは共食いをする。脱皮直後や孵化直後は，甲羅も硬さがなく，動きも遅いため，別の水槽に移す。　　・水槽は，急激な環境変化，水質水温変化を起こさないよう，直射日光は避け，一つの水槽で飼育するには，30cm水槽で2匹，45cm水槽で3，4匹にとどめる。　　・ザリガニは雑食であるが，えさは，デトリタス（落ち葉が堆積して腐敗したもの）を主食としているが，水槽の腐敗を防ぐためにゆでた菜っ葉などを与えるとよい。　　・飼育水は汲み置きの水とすることで，カルキ分を中和させる。適宜取り替えることで，水の腐敗を防ぐ。　　・オスとメスの見分け方は，腹脚で見分ける。メスは第1腹脚だけ小さく，第2から第5脚までが大きい。これは，抱卵のためである。また，はさみの大きさでは，オスのはさみが大きく，細長い。また閉じたときの隙間がオスのほうが大きい。　　・ザリガニを持つときは背中を持つと，はさみが届かない。　　なお，この解答記述にはないが，水槽には必ずふたをすること。ホースなどをよじ登って逃げるケースが多いためである。

【6】(1) (ア) ③　(イ) ⑤　(ウ) ④　(2)　・その子なりに表現
している姿を認め，楽しい気持ちに共感する。　　・教師もそのものにな
りきって幼児と共に動く。　　・動きの特徴をイメージしやすいような曲
をかける。

〈解説〉(1)　(ア)　ぞう…4分音符で構成され，右手が4分休符のとき，左
手で4分音符を弾く楽譜である。Adagio（ゆっくりと）の記号が付加さ
れてもよいと思われる。4分の4拍子。ぞうの重厚さが表現できる。
(イ)　ねずみ…Allegro（快速に）の記号が付加されている。4分の2拍子で，
右手は16分音符＋8分音符＋8分休符が2回，16分音符＋16分音符，そし
て16分音符＋8分音符＋8分休符が1回でスラー（音を結びつける記号）が
ついており，左手の演奏はすべてスタッカート（音を切り離して）の記号が
ついている。ねずみのちょこちょことした動きを表現できるものである。
(ウ)　うさぎ…3音のあとに，スラーがついていることから，うさぎの跳ぶ
様子を表現できるものである。　　(2)　『幼稚園教育要領解説』には，表現
については，「表現する過程を大切にして，自己表現を楽しめるように工夫
すること」とあるので，過程を大切にすること，自己表現を楽しめるように
すること，その工夫が書ければよい。解答例の「その子なりに表現している
姿を認め，楽しい気持ちに共感する。」は，身体を動かす表現の得意な子も，
わずかな表現しかしない子も，周囲の子が動いているのを見て楽しむ子も
いるので，それぞれが，その子なりに楽しんでいることをしっかり受け止
める。「教師もそのものになりきって幼児と共に動く。」は，教師が表現方法
を提案する一つの例として示し，声かけをしたり，一緒に動いたりするこ
とで，幼児の気持ちに寄り添い，子どもからでてきた表現を全体にフィー
ドバックするなど子どもたちと，一緒に動くことを大切にする。　　「動き
の特徴をイメージしやすいような曲をかける。」は，動物の主な特徴を捉え
た曲を選ぶ，とぶ，跳ねる，重低音が響く，軽やかなステップなど，様々
なイメージを表現できるようにすること。

【7】(1) (コ)　(2) (ア)　(3) (オ)　(4) (ク)　(5) (イ)
(6) (キ)

〈解説〉問題にある文章は，文部科学省が平成22年7月に改訂した，「幼稚園教
育指導資料第3集　幼児理解と評価」の第1章1の「(2)　発達や学びの連続
性を確保するための視点」にある「○幼稚園教育を小学校教育へつなげる」の
一部である。各幼稚園で幼稚園幼児指導要録の作成の参考となるよう編集

したものであるが，認定こども園こども要録や保育所児童保育要録の作成
の際にも参考になるものである。なお，文部科学省，初等中等教育局幼児
教育課では，幼稚園教育と小学校教育の接続について，「幼児期の教育と小
学校教育の円滑な接続の在り方に関する調査研究協力者会議」をかさねて，
平成22年11月には，「幼児期の教育と小学校教育の円滑な接続の在り方に
ついて(報告)」が示されているので，必ず学習しておこう。

【8】(1) シャベル，バケツ，ふるい，型抜き 　　(2) ・砂に水を加えるこ
とにより自由に形を作ったり変えたりできる(可塑性がある)。 　　・砂を
掘ったり積んだり，水を運んだり流したりして，全身を使って意欲的に遊
ぼうとする気持ちを引き出すことができる。 　　(3) ・木片や小石などを
取り除く。 　　・猫や犬の糞尿などによる汚染を防ぐ。

〈解説〉(1) シャベル，バケツ，ふるい，型抜きの他に，熊手，じょうろな
ども挙げられる。熊手は，金属製のものは避けたほうがよい。 　　(2) 砂
遊びの特性については，可塑性(水を加えることで，自由に形が変わる)・
可変性が挙げられる。また，砂を掘る，積む，水を運ぶ，ままごと，山つ
くり遊び，穴掘り遊び，ダム作り遊び，それらを複合した遊びなどを通じ
て，全身を使って意欲的に遊ぼうとする気持ちを引出すことができる。
(3)「木片や小石などを取り除く。」については，子どもがはだしで遊ぶこ
とを考えると，木片や小石でけがをする可能性がある。「猫や犬の糞尿など
による汚染を防ぐ。」については，砂場は，犬猫の糞尿などによる様々な菌
の温床となりやすい。そうした汚染を防ぐ必要がある。

平成24年度

【1】幼稚園教育要領（平成20年3月告示）第3章　指導計画及び教育課程に係る教育時間の終了後等に行う教育活動などの留意事項　第1　指導計画の作成に当たっての留意事項について，下記の（　1　）～（　8　）に適する語句を下の（ア）～（セ）の語群から選び，記号で答えなさい。

　　幼稚園教育は，幼児が自ら意欲をもって（　1　）とかかわることによりつくり出される（　2　）な活動を通して，その（　3　）の達成を図るものである。

　　幼稚園においてはこのことを踏まえ，幼児期にふさわしい（　4　）が展開され，適切な指導が行われるよう，次の事項に留意して調和のとれた（　5　），（　6　）な指導計画を作成し，幼児の（　7　）に沿った（　8　）な指導を行わなければならない。

【語群】

（ア）　具体的	（イ）　組織的	（ウ）　指導	（エ）　生活
（オ）　環境	（カ）　目標	（キ）　興味	（ク）　ねらい
（ケ）　柔軟	（コ）　発展的	（サ）　活動	（シ）　様々
（ス）　遊び	（セ）　計画的		

【2】世界の童話について答えなさい。

(1)　アンデルセン，グリム，イソップの作品を，次の（ア）～（シ）の語群から4つずつ選び，記号で答えなさい。

【語群】

（ア）　おやゆび姫	（イ）　おおかみと七ひきの子やぎ
（ウ）　北風と太陽	（エ）　はだかの王さま
（オ）　町のねずみといなかのねずみ	（カ）　白雪姫
（キ）　赤ずきん	（ク）　ライオンとねずみ
（ケ）　人魚姫	（コ）　うさぎとかめ
（サ）　金のがちょう	（シ）　マッチ売りの少女

(2)　グリム童話「ブレーメンの音楽隊」について答えなさい。

①　話の中に登場する4匹の動物名を書きなさい。

②　4匹の動物がブレーメンを目指し，音楽家になろうとした理由を書きなさい。

③　ブレーメンに行く途中でどろぼうの住みかを見つけます。4匹の動物は最初に，どのような方法でどろぼうを追い払ったのかを書きなさい。

【3】幼稚園幼児指導要録は「学籍に関する記録」と「指導に関する記録」で構成されていますが，「指導に関する記録」における指導要録の役割を3つ書きなさい。

【4】ブランコ遊びについて答えなさい。
 （1） ブランコ遊びで，幼児はどのようなことが経験できたり身についたりするかを3つ書きなさい。
 （2） ブランコ遊びを指導するときに配慮すべき事項を3つ書きなさい。

【5】プランターできゅうりの栽培をする際に，苗を植える前，苗を植える時，苗を植えた後の各過程において，注意することや必要な作業を3つずつ書きなさい。

【6】音楽的活動について答えなさい。
 （1） 次の楽譜は「とんとんとんとんひげじいさん」の一部です。2小節目には音符を，4小節目には歌詞を書き加えなさい。

 （2） 歌を歌ったり簡単なリズム楽器を使って遊んだりする中で，幼児に育てたい心情，意欲，態度を2つ書きなさい。

【7】幼児の発達過程はそれぞれの年齢において特徴があります。次の (1) ～ (9) の中から「おおむね4歳」について書かれているものを4つ選び，番号で答えなさい。
 （1） 基本的な運動機能が伸び，それに伴い，食事，排泄，衣類の着脱などもほぼ自立できるようになる。
 （2） 想像力が豊かになり，目的を持って行動し，つくったり，かいたり，試したりするようになるが，自分の行動やその結果を予測して不安になるなどの葛藤も経験する。
 （3） 他人の役に立つことを嬉しく感じたりして，仲間の中の一人としての自覚が生まれる。
 （4） 基本的な生活習慣が身に付き，運動能力はますます伸び，喜んで運動

遊びをしたり，仲間と共に活発に遊ぶ。

(5) 感情が豊かになり，身近な人の気持ちを察し，少しずつ自分の気持ちを抑えられたり，我慢ができるようになってくる。

(6) 大人の行動や日常生活において経験したことをごっこ遊びに取り入れたり，象徴機能や観察力を発揮して，遊びの内容に発展性が見られるようになる。

(7) 自我がよりはっきりしてくるとともに，友達との関わりが多くなるが，実際には，同じ遊びをそれぞれ楽しんでいる平行遊びであることが多い。

(8) 全身のバランスをとる能力が発達し，体の動きが巧みになる。

(9) 自然など身近な環境に積極的に関わり，様々な物の特性を知り，それらとの関わり方や遊び方を体得していく。

【8】5歳児のクラスで，相手に対して気に入らないことがあるとたたいたり乱暴な言葉を繰り返したり，また，自分の思い通りにならないことがあると，物を投げたり作りかけの遊びを壊したりといった衝動的な行動をとる幼児がいます。次の問いに答えなさい。

(1) その幼児が衝動的な行動をとったときに，先生はどのようなかかわりをしますか。2つ書きなさい。

(2) このような衝動的な行動を起こす幼児に対して，日ごろからどのような配慮をしていくとよいか，2つ書きなさい。

███ 解答・解説 ███

【1】(1) (オ)　　(2) (ア)　　(3) (カ)　　(4) (エ)　　(5) (イ)
(6) (コ)　　(7) (サ)　　(8) (ケ)

〈解説〉当該資料は，幼稚園教育について端的に記している。重要な語句が多く含まれている文であるから，しっかり覚えること。また，「幼稚園教育要領解説」（平成20年7月　文部科学省）では当該資料について，「1　幼児の主体性と指導の計画性」「2　教育課程と指導計画」「3　指導計画と具体的な指導」に分けて詳述している。その中で「具体的な指導は指導計画によって方向性をもちながらも，幼児の生活に応じて柔軟に行うものであり，指導計画は幼児の生活に応じて常に変えていくものである」「具体的な指導においては，一人一人の幼児が発達に必要な経験を得られるようにするために，個々の幼児の発達や内面の動きなどを的確に把握して，それぞれの幼

児の興味や欲求を十分満足させるようにしなければならない」としている。「幼稚園教育要領解説」についてもしっかり学習しておこう。

【2】(1) アンデルセン：(ア) (エ) (ケ) (シ)　グリム：(イ) (カ) (キ) (サ)　イソップ：(ウ) (オ) (ク) (コ)　(2) ① ろば いぬ　ねこ　おんどり（にわとり）　② 年をとって働けなくなり，用なしになって命の危険を感じたから。　③ ろばの上にいぬ・ねこ・おんどりが順に乗り，一斉に大声で鳴いてどろぼうを驚かせた。

〈解説〉(1)　アンデルセン（ハンス・クリスチャン・アンデルセン，1805〜75年）はデンマークの詩人・文学者。1833〜34年に国外遊学をし，イタリアでの印象と体験を綴った「即興詩人」を著して，作家として認められる。主な作品には，「童話集」「おやゆび姫」「はだかの王さま」「人魚姫」「マッチ売りの少女」などがあり，創作童話が多い。死後，アンデルセンの功績を称えるため，「国際アンデルセン賞」が設けられ，優れたこどもの本の作家と画家に与えられている。

　　グリム兄弟（兄：ヤーコプ，1785〜1863年，弟：ヴィルヘルム，1786〜1859年）はドイツの文学者。兄は言語学者でもあり「ドイツ語文法」を著した。グリム童話は，民話を再話したものが多く「子どもと家庭の童話」という童話集に収められ，「おおかみと七ひきの子やぎ」「白雪姫」「赤ずきん」「金のがちょう」「ブレーメンの音楽隊」など200以上の作品がある。

　　イソップ（アイソーポスともいう，B.C.619〜B.C.564）は古代ギリシアの寓話作家。ヘロドトスの「歴史」に，歴史上の人物として記述がある。作品には「北風と太陽」「町のねずみといなかのねずみ」「ライオンとねずみ」「うさぎとかめ」などがある。

(2)　「ブレーメンの音楽隊」は「子どもと家庭の童話」の27番に当たる。ドイツにあるメルヘン街道の終点，ブレーメン旧市街の市庁舎横に，ろば，いぬ，ねこ，おんどりのブロンズ像が立っている。

【3】①　次年度のその幼児に対するよりよい指導を生み出す資料となる。
　②　幼児理解を基にして展開する保育を改善するための評価の視点となる。
　③　幼児が小学校においても適切な指導の下で学習に取り組めるようにするための橋渡しとなる。

〈解説〉①は，1年間の具体的な幼児の発達の姿であり，教師の指導する力を高めるために役立つものである。②は，幼児期にふさわしい教育は，その幼児の育とうとしているところや可能性を見つけて，支えることによって成

り立つものであるから，一人一人のよさや可能性を積極的に評価し，持ち味を大切にして発達を促す観点から記録する。③は，小学校の立場からその幼児の発達する姿が具体的に読み取れるようにし，自己実現に向かうために必要な事項を簡潔に読みやすく表現することが必要である。

「幼稚園教育指導資料第3集　幼児理解と評価」(平成22年7月　文部科学省)の第2章3の「(2)指導要録の役割」に本問についての詳しい記述がある。また，この資料からは本問以外の内容の出題もされているので，十分理解しておこう。なお，幼稚園から小学校には，すでに幼稚園幼児指導要録が送付されていたが，幼稚園幼児指導要録の趣旨を保育所と小学校との連携にも生かすため，「保育所保育指針」の改訂(平成20年3月告示，平成21年4月施行　厚生労働省)以降は，保育所児童保育要録・認定こども園こども要録が小学校に送付されることとなった。

【4】(1)・自然に体の揺れる心地よさを味わうことができる(体の動きを誘発する)。　・挑戦する気持ちを味わうことができる(意欲・態度をはぐくむ)。　・順番を待つことを経験することができる(規範意識の芽生え)。

(2)・使っているブランコの前後を通らないように指導する(安全に対する配慮)。　・譲り合って使うことを知らせる(ルールに対する配慮)。　・試したり挑戦したりできる時間を確保する(意欲や楽しさを引き出すための配慮)。

〈解説〉ブランコは揺動系遊具と呼ばれ，前後の振り子運動を楽しみ，そのリズムや心地よい速度やゆったりした感覚を楽しめる遊具である。揺れの心地よさから身体的なコントロールも身に付く。身体の動きの誘発にもつながる。また，どうすれば止まらないか，また足の裏でけって速度を落とす工夫などチャレンジ精神が生まれ，意欲・態度が身に付く。また，順番を待つことを学ぶので，規範意識すなわち社会性が身に付く。

ブランコは，昭和31年の「幼稚園設置基準」では，施設及び設備等の第10条に，備えなければならない園具及び教具として，滑り台，砂遊び場とともに具体的に示されていた。しかし安全性への憂慮や，画一的にならず独自な遊具の設置が望ましいとして，園具・教具に関する規定が大綱化されたことなどから，現在，ブランコ等は備えなければならないものとしては，明記されていない。ブランコは安全に対する配慮を徹底した上で，ルールを守って遊ぶよう指導し，意欲や楽しさを引出すことが重要となる。

【5】苗を植える前：・耕す（土に関する事柄）。　・移植ゴテやジョウロなどの道具を用意する（物に関する事柄）。　・堆肥を入れる（肥料に関する事柄）。　苗を植える時：・苗と苗の間隔をあける（苗の植え方や扱い方）。・十分に水をやる（植え付け時の水分）。　・植え付けの適期に植える（時期）。苗を植えた後：・支柱を立てる（株の保持）。　・おかしな葉や枯れた葉は取る（病害虫対策）。　・日当たりをよくする（成長の促進）。

〈解説〉プランターでの植物栽培は，「幼稚園教育要領　第2章　ねらい及び内容」にある5領域のなかの，「環境」の「周囲の様々な環境に好奇心や探究心をもってかかわり，それらを生活に取り入れていこうとする力を養う」学習の一環である。その「内容」の(5)で「身近な動植物に親しみをもって接し，生命の尊さに気付き，いたわったり，大切にしたりする。」とある。きゅうりの栽培は比較的育てやすいが，手順と注意すべき点については，よく使われるアサガオ，ミニトマトなどと比較しながらまとめておくとよい。

【6】(1)

(2)　・自分の気持ちを込めて表現する楽しさ。　・音楽に親しむ態度。

〈解説〉(1)　「とんとんとんとんひげじいさん」は，幼稚園・保育園でよく使われている手遊びうたで，作詞不詳・作曲玉山英光である。この楽譜の場合は調号♯が2つなのでニ長調となっている。4分の4拍子であるが四分休符があるので，歌詞に合わせて八分音符♪4つと四分音符♩1つを入れる。音階は1，2小節と3，4小節を対比してレミファミレとなる。　　(2)　「幼稚園教育要領」の「第2章　ねらいと内容」の，5領域のうちの領域「表現」についての出題である。「幼稚園教育要領」のねらいは，「幼稚園修了までに育つことが期待される生きる力の基礎となる心情，意欲，態度など」であり，意欲とは，物事に対して自らが積極的にかかわろうとする心や気持ちである。「表現」のねらいは，「①いろいろなものの美しさなどに対する豊かな感性をもつ。②感じたことや考えたことを自分なりに表現して楽しむ。③生活の中でイメージを豊かにし，様々な表現を楽しむ。」である。幼児自身の表現しようとする意欲を受け止め，幼児が生活の中で様々な表現を楽しむことができるようにすることが大切である。

【7】 (2)　　(5)　　(8)　　(9)

〈解説〉改訂された「保育所保育指針」では，第2章の2.発達過程において，おおむね6か月未満からおおむね6歳までを8段階に分けて，その特徴を列挙している。おおむね4歳の発達では，「全身のバランス」「身近な環境への関わり」「想像力の広がり」「葛藤の経験」「自己主張と他者の受容」がキーワードである。因みに，おおむね3歳では，「運動機能の高まり」「基本的生活習慣の形成」「友達との関わり」「ごっこ遊びと社会性の発達」などがキーワードで，選択肢は(1)(6)(7)，おおむね5歳では，「基本的生活習慣の確立」「運動能力の高まり」「仲間の中の一人としての自覚」などがキーワードで，選択肢は(3)(4)である。個人差があることに注意しよう。

【8】 (1)　・本人の気持ちを十分に受け止め，落ち着くまで冷静に待つ(本人へのかかわり)。　　・動揺しないように安心させる言葉をかける(周りの幼児へのかかわり)。　　(2)　・自分ひとりで気持ちを落ち着ける場をつくっておく。　　・できたことは具体的にほめ，成功体験の機会を増やす。

〈解説〉設問の幼児はADHD(注意欠陥・多動性障害)が疑われる。ADHDとは，自分の感情が抑えられず，思い通りにならない時や興奮した時に，叫んだり友だちをたたいたり衝動的な行動をしてしまうことで，常に自分のペースで動き，思いついたらすぐ行動に移すためトラブルが多い。要因としては，自分の感情や行動をコントロールする力が弱いこと，先のことが予想しにくいこと，言語理解や対人関係が十分でなく周りの状況を理解することが難しい等が考えられる。ここでの対処は，先ず感情のたかぶりや気持ちが落ち着くまで冷静に待つこと，周囲の幼児に対しても動揺しないように安心させること等があげられる。日ごろからの配慮としては，保育室の一角に気持ちを落ち着かせる場所を作る，何かを我慢する等，達成可能な目標を作り，できたことをすぐ具体的にほめて達成感を持たせ，成功体験の機会を増やすこと等があげられる。達成感を繰り返し持つことで自尊感情・自己肯定感を高めていくことが必要である。

　平成19年4月より学校教育法等の一部改正が施行され，従来の障害児教育が対象としてきた児童生徒はもちろん，通常の学級に在籍する特別な支援を必要とする児童生徒に対し，その一人一人の教育的ニーズに応じた適切な指導及び必要な支援を行うことが明記された。これにより，特別支援教育の実践は，学校全体でしかもすべての教員が行う通常の学級でもできる指導・支援とされた。

第3章

専門試験
幼稚園教育要領

1 幼稚園教育要領(平成 29 年 3 月告示)についての記述として正しいものを，次の①～⑤から 1 つ選びなさい。　　　　　　　　　(難易度■■□□□)

① 幼稚園教育要領は，平成 29 年 3 月に改訂され，このときはじめて文部科学省告示として公示され，教育課程の基準としての性格が明確になった。

② 幼稚園教育要領については，学校教育法において「教育課程その他の保育内容の基準」として規定されている。

③ 幼稚園教育要領は第 1 章「総則」，第 2 章「ねらい及び内容」，第 3 章「教育課程に係る教育時間の終了後等に行う教育活動などの留意事項」，の全 3 章からなる。

④ 「指導計画の作成と幼児理解に基づいた評価」は，第 2 章「ねらいおよび内容」に書かれている。

⑤ 新幼稚園教育要領は，旧幼稚園教育要領(平成 20 年 3 月告示)が重視した「生きる力」という理念を継承しているわけでない。

2 平成 29 年 3 月に告示された幼稚園教育要領の「前文」に示されている内容として誤っているものを，次の①～⑤から 1 つ選びなさい。

　　　　　　　　　　　　　　　　　　　　　　　　(難易度■■■□□)

① これからの幼稚園には，学校教育の始まりとして，こうした教育の目的及び目標の達成を目指しつつ，一人一人の幼児が，将来，自分のよさや可能性を認識するとともに，あらゆる他者を価値のある存在として尊重し，多様な人々と協働しながら様々な社会的変化を乗り越え，豊かな人生を切り拓き，持続可能な社会の創り手となることができるようにするための基礎を培うことが求められる。

② 教育課程を通して，これからの時代に求められる教育を実現していくためには，よりよい学校教育を通してよりよい社会を創るという理念を学校と社会とが共有し，それぞれの幼稚園において，幼児期にふさわしい生活をどのように展開し，どのような資質・能力を育むようにするのかを教育課程において明確にしながら，社会との連携及び協働によりその実現を図っていくという，社会に開かれた教育課程の実現が重要となる。

③　幼稚園においては，学校教育法第24条に規定する目的を実現するための教育を行うほか，幼児期の教育に関する各般の問題につき，保護者及び地域住民その他の関係者からの相談に応じ，必要な情報の提供及び助言を行うなど，家庭及び地域における幼児期の教育の支援に努める。

④　各幼稚園がその特色を生かして創意工夫を重ね，長年にわたり積み重ねられてきた教育実践や学術研究の蓄積を生かしながら，幼児や地域の現状や課題を捉え，家庭や地域社会と協力して，幼稚園教育要領を踏まえた教育活動の更なる充実を図っていくことも重要である。

⑤　幼児の自発的な活動としての遊びを生み出すために必要な環境を整え，一人一人の資質・能力を育んでいくことは，教職員をはじめとする幼稚園関係者はもとより，家庭や地域の人々も含め，様々な立場から幼児や幼稚園に関わる全ての大人に期待される役割である。

3　次の文は幼稚園教育要領(平成29年3月告示)の第1章「総則」第1「幼稚園教育の基本」である。空欄(　A　)〜(　E　)に当てはまる語句を語群から選ぶとき，正しい組み合わせを，あとの①〜⑤から1つ選びなさい。　　　　　　　　　　　　　　　　　　　(難易度■■■■□)

幼児期の教育は，生涯にわたる(　A　)の基礎を培う重要なものであり，幼稚園教育は，(　B　)に規定する目的及び目標を達成するため，幼児期の特性を踏まえ，(　C　)を通して行うものであることを基本とする。

このため教師は，幼児との信頼関係を十分に築き，幼児が身近な(　C　)に(　D　)に関わり，環境との関わり方や意味に気付き，これらを取り込もうとして，試行錯誤したり，考えたりするようになる幼児期の教育における見方・考え方を生かし，幼児と共によりよい教育(　C　)を(　E　)するように努めるものとする。これらを踏まえ，次に示す事項を重視して教育を行わなければならない。

〔語群〕

ア	労働意欲	イ	人間形成	ウ	人格形成
エ	日本国憲法	オ	学校教育法	カ	幼稚園教育要領
キ	状況	ク	環境	ケ	概念
コ	主体的	サ	積極的	シ	協同的
ス	形成	セ	構築	ソ	創造

① A－ア　　B－エ　　C－ク　　D－サ　　E－ス
② A－ア　　B－カ　　C－ケ　　D－コ　　E－セ
③ A－イ　　B－オ　　C－キ　　D－シ　　E－ス
④ A－ウ　　B－オ　　C－ク　　D－コ　　E－ソ
⑤ A－ウ　　B－エ　　C－ク　　D－サ　　E－ソ

4 次は幼稚園教育要領の第1章「総則」の第1「幼稚園教育の基本」にある重視すべき3つの事項についての記述である。A～Cに続く記述をア～ウから選ぶとき，正しい組み合わせを，あとの①～⑤から1つ選びなさい。

(難易度■■■■□)

A　幼児は安定した情緒の下で自己を十分発揮することにより発達に必要な体験を得ていくものであることを考慮して，

B　幼児の自発的な活動としての遊びは，心身の調和のとれた発達の基礎を培う重要な学習であることを考慮して，

C　幼児の発達は，心身の諸側面が相互に関連し合い，多様な経過をたどって成し遂げられていくものであること，また，幼児の生活経験がそれぞれ異なることなどを考慮して，

　ア　幼児一人一人の特性に応じ，発達の課題に即した指導を行うようにすること。

　イ　幼児の主体的な活動を促し，幼児期にふさわしい生活が展開されるようにすること。

　ウ　遊びを通しての指導を中心として第2章に示すねらいが総合的に達成されるようにすること。

① A－ア　　B－イ　　C－ウ
② A－イ　　B－ウ　　C－ア
③ A－イ　　B－ア　　C－ウ
④ A－ウ　　B－ア　　C－イ
⑤ A－ウ　　B－イ　　C－ア

5 次は幼稚園教育要領(平成29年3月告示)の第1章「総則」の第3「教育課程の役割と編成等」にある事項である。空欄（　A　）～（　E　）に当てはまる語句を語群から選ぶとき，正しい組み合わせを，あとの①～⑤から1つ選びなさい。

(難易度■■□□□)

1　……特に，（　A　）が芽生え，他者の存在を意識し，自己を（　B　）しようとする気持ちが生まれる幼児期の発達の特性を踏まえ，入園から修了に至るまでの長期的な視野をもって充実した生活が展開できるように配慮するものとする。

2　幼稚園の毎学年の教育課程に係る教育週数は，特別の事情のある場合を除き，（　C　）週を下ってはならない。

3　幼稚園の1日の教育課程に係る教育時間は，（　D　）時間を標準とする。ただし，幼児の心身の発達の程度や（　E　）などに適切に配慮するものとする。

〔語群〕

ア　自立　　　　イ　依存　　　ウ　自我
エ　主張　　　　オ　抑制　　　カ　調整
キ　38　　　　　ク　39　　　　ケ　40
コ　4　　　　　サ　5　　　　　シ　6
ス　習慣　　　　セ　家庭環境　ソ　季節

① A－ア　　B－エ　　C－ク　　D－サ　　E－ス
② A－ア　　B－カ　　C－ケ　　D－コ　　E－セ
③ A－イ　　B－オ　　C－キ　　D－シ　　E－ス
④ A－ウ　　B－オ　　C－ク　　D－コ　　E－ソ
⑤ A－ウ　　B－エ　　C－ク　　D－サ　　E－ソ

6 次の文は幼稚園教育要領（平成29年3月告示）の第1章「総則」の第2「幼稚園教育において育みたい資質・能力及び『幼児期の終わりまでに育ってほしい姿』」である。文中の下線部のうち誤っているものを，文中の①～⑤から1つ選びなさい。　　　　　　　　　（難易度■■□□□）

1　幼稚園においては，①生きる力の基礎を育むため，この章の第1に示す幼稚園教育の基本を踏まえ，次に掲げる資質・能力を一体的に育むよう努めるものとする。

(1)　②様々な経験を通じて，感じたり，気付いたり，分かったり，できるようになったりする「③知識及び技能の基礎」

(2)　気付いたことや，できるようになったことなどを使い，考えたり，試したり，工夫したり，表現したりする「④思考力，判断力，表現力等の基礎」

(3) ⑤心情，意欲，態度が育つ中で，よりよい生活を営もうとする「学びに向かう力，人間性等」

7 幼稚園教育要領(平成29年3月告示)の第1章「総則」の第2「幼稚園教育において育みたい資質・能力及び『幼児期の終わりまでに育ってほしい姿』」3では，10点の幼児期の終わりまでに育ってほしい姿があげられている。その内容として正しいものを，次の①～⑤から1つ選びなさい。　　　　　　　　　　　　　　　　　　　　　　(難易度■■■□□)

① (1) 豊かな心／ (2) 自立心

② (3) 協調性 ／ (4) 道徳性・規範意識の芽生え

③ (5) 社会生活との関わり ／ (6) 創造力の芽生え

④ (7) 自然との関わり・生命尊重

　　(8) 数量や図形，標識や文字などへの関心・感覚

⑤ (9) 非言語による伝え合い ／ (10) 豊かな感性と表現

8 幼稚園教育要領(平成29年3月告示)の第1章「総則」の第3「教育課程の役割と編成等」の内容として正しいものを，次の①～⑤から1つ選びなさい。　　　　　　　　　　　　　　　　　　　　　　(難易度■■□□□)

① 教育課程の編成に当たっては，幼稚園教育において育みたい資質・能力を踏まえつつ，各幼稚園の教育目標を明確にするとともに，教育課程の編成についての基本的な方針が家庭や地域とも共有しなければならない。

② 幼稚園生活の全体を通して第2章に示すねらいが総合的に達成されるよう，教育課程に係る教育期間や幼児の生活経験や発達の過程などを考慮して具体的なねらいと内容を保護者に示さなければならない。

③ 自我が芽生え，他者の存在を意識し，自己を抑制しようとする気持ちが生まれる幼児期の発達の特性を踏まえ，入園から修了に至るまでの長期的な視野をもって充実した生活が展開できるように配慮する。

④ 幼稚園の毎学年の教育課程に係る教育週数は，特別の事情のある場合を除き，35週を下ってはならない。

⑤ 幼稚園の1日の教育課程に係る教育時間は，3時間を標準とする。ただし，幼児の心身の発達の程度や季節などに適切に配慮するものとする。

9 次の文は幼稚園教育要領(平成 29 年 3 月告示)の第 1 章「総則」の第 5「特別な配慮を必要とする幼児への指導」の「1 障害のある幼児などへの指導」である。文中の下線部のうち誤っているものを，文中の①〜⑤から 1 つ選びなさい。 (難易度■■■□□)

　　障害のある幼児などへの指導に当たっては，集団の中で生活することを通して①<u>全体的な発達</u>を促していくことに配慮し，②<u>医療機関</u>などの助言又は援助を活用しつつ，個々の幼児の障害の状態などに応じた指導内容や指導方法の工夫を③<u>組織的かつ計画的</u>に行うものとする。また，家庭，地域及び医療や福祉，保健等の業務を行う関係機関との連携を図り，④<u>長期的な視点</u>で幼児への教育的支援を行うために，個別の教育支援計画を作成し活用することに努めるとともに，個々の幼児の実態を的確に把握し，個別の指導計画を作成し⑤<u>活用することに努めるものとする</u>。

10 幼稚園教育要領(平成 29 年 3 月告示)の第 2 章「ねらい及び内容」について正しいものを，次の①〜⑤から 1 つ選びなさい。 (難易度■■■□□)

① ねらいは，幼稚園教育において育みたい資質・能力であり，内容は，ねらいを達成するために指導する事項を幼児の生活する姿から捉えたものである。

② 領域は「健康」「人間関係」「環境」「言葉」「表現」の 5 つからなり，「人間関係」では「他の人々と協調し，支え合って生活するために，情操を育て，人と関わる力を育てる」とされている。

③ 各領域に示すねらいは，小学校における教科の展開と同様にそれぞれに独立し，幼児が様々な体験を積み重ねる中で個別的に次第に達成に向かうものである。

④ 各領域に示す内容は，幼児が環境に関わって展開する具体的な活動を通して総合的に指導されるものである。

⑤ 幼稚園教育要領は「教育課程その他の保育内容の基準」という性格から，幼稚園教育要領に示した内容に加えて教育課程を編成，実施することはできない。

11 次は幼稚園教育要領(平成 29 年 3 月告示)の領域「環境」の「内容の取扱い」にある文章である。空欄(A)〜(E)に当てはまる語句を語群

から選ぶとき，正しい組み合わせを，あとの①～⑤から１つ選びなさい。

(難易度■■■■□)

○幼児が，(**A**)の中で周囲の環境と関わり，次第に周囲の世界に好奇心を抱き，その意味や操作の仕方に関心をもち，物事の(**B**)に気付き，自分なりに考えることができるようになる過程を大切にすること。また，他の幼児の考えなどに触れて新しい考えを生み出す喜びや楽しさを味わい，自分の(**C**)をよりよいものにしようとする気持ちが育つようにすること。

○身近な事象や動植物に対する(**D**)を伝え合い，共感し合うことなどを通して自分から関わろうとする意欲を育てるとともに，様々な関わり方を通してそれらに対する親しみや畏敬の念，(**E**)を大切にする気持ち，公共心，探究心などが養われるようにすること。

〔語群〕

ア	活動	イ	生活	ウ	遊び	エ	真理
オ	法則性	カ	不思議	キ	考え	ク	発想
ケ	意見	コ	愛情	サ	感動	シ	慈しみ
ス	生命	セ	自然	ソ	環境		

① A－ウ　B－オ　C－キ　D－サ　E－ス
② A－ウ　B－エ　C－キ　D－コ　E－ソ
③ A－ア　B－エ　C－ケ　D－コ　E－ス
④ A－イ　B－オ　C－ク　D－コ　E－セ
⑤ A－イ　B－カ　C－ケ　D－シ　E－ソ

12 幼稚園教育要領(平成29年3月告示)の第1章「総則」の第4「指導計画の作成と幼児理解に基づいた評価」の内容として正しいものを，次の①～⑤から1つ選びなさい。

(難易度■■■■□)

① 指導計画は，幼児が集団による生活を展開することにより，幼児期として必要な発達を得られるよう，具体的に作成する必要がある。

② 指導計画の作成に当たっては，幼児の具体的な活動は，生活の流れの中で一定の方向性をもっていることに留意し，それを望ましい方向に向かって自ら活動を展開していくことができるように必要な援助を行うことに留意する。

③ 長期的に発達を見通した年，学期，月などにわたる長期の指導計画に

ついては，幼児の生活のリズムに配慮し，幼児の意識や興味の連続性の
ある活動が相互に関連して幼稚園生活の自然な流れの中に組み込まれる
ようにする。

④　行事の指導に当たっては，それぞれの行事においてはその教育的価値
を十分検討し，適切なものを精選し，幼児の負担にならないようにする
ことにも留意する。

⑤　幼児一人一人の発達の理解に基づいた評価の実施に当たっては，評価
の客観性や連続性が高められるよう，組織的かつ計画的な取組を推進す
る。

13 幼稚園教育要領(平成 29 年 3 月告示)についての記述として適切なもの
を，次の①〜⑤から 1 つ選びなさい。　　　　　　(難易度■■■□□)

①　幼稚園教育要領については，学校教育法に，「教育課程その他の保育内
容の基準として文部科学大臣が別に公示する幼稚園教育要領によるもの
とする」と規定されている。

②　学校教育法施行規則には，「幼稚園の教育課程その他の保育内容に関す
る事項は，文部科学大臣が定める」と規定されている。

③　幼稚園教育要領は教育課程，保育内容の基準を示したものであり，国
公立幼稚園だけでなく私立幼稚園においてもこれに準拠する必要がある。

④　保育所保育指針，幼稚園教育要領はともに平成 29 年 3 月に改定(訂)さ
れたが，保育所保育指針は厚生労働省雇用均等・児童家庭局長の通知で
あるのに対し，幼稚園教育要領は文部科学大臣の告示である。

⑤　幼稚園教育要領は平成 29 年 3 月に改訂され，移行措置を経て平成 31
年度から全面実施された。

14 幼稚園教育要領(平成 29 年 3 月告示)に関する記述として正しいものを，
次の①〜⑤から 1 つ選びなさい。　　　　　　(難易度■■□□□)

①　幼稚園教育要領の前身は昭和 23 年に刊行された「保育要領」であり，
これは保育所における保育の手引き書であった。

②　幼稚園教育要領がはじめて作成されたのは昭和 31 年であり，このとき
の領域は健康，社会，自然，言語，表現の 5 つであった。

③　幼稚園教育要領は昭和 31 年 3 月の作成後，平成 29 年 3 月の改訂まで，
4 回改訂されている。

④ 幼稚園教育要領は幼稚園における教育課程の基準を示すものであり，文部科学省告示として公示されている。

⑤ 平成29年3月に改訂された幼稚園教育要領では，健康，人間関係，環境，言葉，表現に新たに音楽リズムの領域が加わった。

15 幼稚園教育要領(平成29年3月告示)第1章「総則」に関する記述として正しいものを，次の①〜⑤から1つ選びなさい。　　(難易度■■■□□)

① 従来，幼稚園教育の基本としてあげられていた「幼児期における教育は，生涯にわたる人格形成の基礎を培う重要なもの」とする記述は，改正教育基本法に明記されたことから，幼稚園教育要領からは削除されている。

② 幼稚園教育の基本について，教師は，幼児の主体的な活動が確保されるよう幼児の集団としての行動の理解と予想に基づき，計画的に環境を構成しなければならないことがあげられている。

③ 幼稚園教育の目標の1つとして，健康，安全で幸福な生活のための基本的な生活習慣・態度を育て，健全な心身の基礎を培うようにすることがあげられている。

④ 教育課程について，各幼稚園においては，教育課程に基づき組織的かつ計画的に各幼稚園の教育活動の質の向上を図っていくことに努めるものとされている。

⑤ 毎学年の教育週数は，特別の事情のある場合を除き，39週を下ってはならないこと，また1日の教育時間は，4時間を標準とすることが明記されている。

16 幼稚園教育要領(平成29年3月告示)第1章「総則」の第1「幼稚園教育の基本」においてあげている重視すべき事項として，適切ではないものを，次の①〜⑤から1つ選びなさい。　　(難易度■■■□□)

① 幼児期にふさわしい生活が展開されるようにすること。

② 施設設備を工夫し，物的・空間的環境を構成すること。

③ 幼児の自発的な活動としての遊びは，遊びを通しての指導を中心とすること。

④ 一人一人の特性に応じた指導が行われるようにすること。

⑤ 幼児一人一人の行動の理解と予想に基づき，計画的に環境を構成すること。

17 幼稚園教育要領(平成29年3月告示)の第2章「ねらい及び内容」について，適切なものを，次の①〜⑤から1つ選びなさい。

(難易度■■■□□)

① 「ねらい」は，幼稚園教育において育みたい資質・能力を幼児の遊ぶ姿から捉えたものである。

② 「内容」は，「ねらい」を達成するために指導する事項であり，幼児が環境に関わって展開する具体的な活動を通して個別的に指導される。

③ 「ねらい」は，幼稚園における生活の全体を通じ，幼児が様々な体験を積み重ねる中で相互に関連をもちながら次第に達成に向かうものである。

④ 幼稚園の教育における領域は，小学校の教科にあたるものであり，領域別に教育課程を編成する。

⑤ 特に必要な場合は，各領域のねらいが達成できるようであれば，具体的な内容についてこれを指導しないことも差し支えない。

18 幼稚園教育要領(平成29年3月告示)の第2章「ねらい及び内容」について，領域「健康」の中の「2　内容」のうち，平成29年3月告示の幼稚園教育要領において改訂された項目を，次の①〜⑤から1つ選びなさい。

(難易度■■■■■)

① 先生や友達と触れ合い，安定感をもって行動する。

② いろいろな遊びの中で十分に体を動かす。

③ 進んで戸外で遊ぶ。

④ 様々な活動に親しみ，楽しんで取り組む。

⑤ 先生や友達と食べることを楽しみ，食べ物への興味や関心をもつ。

19 幼稚園教育要領(平成29年3月告示)の第1章「総則」の第4「指導計画の作成と幼児理解に基づいた評価」における「指導計画の作成上の基本的事項」として，適切ではないものを，次の①〜⑤から1つ選びなさい。

(難易度■■■□□)

① 指導計画は，幼児の発達に即して一人一人の幼児が幼児期にふさわしい生活を展開し，必要な体験を得られるようにするために，具体的に作成するものとする。

② 具体的なねらい及び内容は，幼稚園生活における幼児の発達の過程を見通し，幼児の生活の連続性，季節の変化などを考慮して，幼児の興味

や関心，発達の実情などに応じて設定する。

③ 環境は，具体的なねらいを達成するために適切なものとなるように構成し，幼児が自らその環境にかかわることにより様々な活動を展開しつつ必要な体験を得られるようにする。

④ 幼児は環境をつくり出す立場にはないことから，教師は幼児の生活する姿や発想を大切にし，常にその環境が適切なものとなるようにする。

⑤ 幼児の行う具体的な活動は，生活の流れの中で様々に変化するものであり，幼児が望ましい方向に向かって自ら活動を展開していくことができるよう必要な援助を行う。

20 幼稚園教育要領(平成29年3月告示)の第1章「総則」の第4「指導計画の作成と幼児理解に基づいた評価」について，「指導計画の作成上の留意事項」として適切なものを，次の①〜⑤から1つ選びなさい。

(難易度■■■□□)

① 長期的に発達を見通した長期の指導計画を作成する際は，幼児の生活のリズムに配慮し，幼児の意識や興味の連続性のある活動が相互に関連して幼稚園生活の自然な流れの中に組み込まれるようにする必要がある。

② 幼児の行う活動は，個人，グループ，学級全体などで多様に展開されるが，一人一人の幼児が興味や欲求を満足させるため，特に個人の活動については幼稚園全体の教師による協力体制をつくり，援助していかなければならない。

③ 幼児の主体的な活動を促すためには，教師は多様な関わりをもつが，基本は共同作業者ではなく，理解者としての役割を果たすことを通して，幼児の発達に必要な豊かな体験が得られるよう適切な指導を行うようにする。

④ 言語に関する能力の発達と思考力の発達が関連していることを踏まえ，幼稚園生活全体を通して，幼児の発達を踏まえた言語環境を整え，言語活動の充実を図る。

⑤ 視聴覚教材やコンピュータなど情報機器を活用する際には，幼稚園生活で体験したことの復習に用いるなど，幼児の体験との関連を考慮する。

21 幼稚園教育要領(平成29年3月告示)の第3章「教育課程に係る教育時間の終了後等に行う教育活動などの留意事項」について，適切でないも

のを，次の①〜⑤から１つ選びなさい。　　　　（難易度■■■□□）
①　教育課程に基づく活動との連続を考慮し，幼児期にふさわしい無理の
　　ないものとなるようにする。
②　家庭や地域での幼児の生活も考慮し，教育課程に係る教育時間の終了
　　後等に行う教育活動の計画を作成するようにする。
③　家庭との緊密な連携を図るようにする。
④　地域の実態や保護者の事情とともに幼児の生活のリズムを踏まえつつ，
　　例えば実施日数や時間などについて，弾力的な運用に配慮する。
⑤　適切な責任体制と指導体制を整備した上で行うようにする。

22　次は幼稚園教育要領（平成29年3月告示）の第3章「教育課程に係る教
育時間の終了後等に行う教育活動などの留意事項」について，幼稚園の
運営に当たっての留意事項に関する文章である。空欄（　А　）〜（　С　）
に当てはまる語句を語群から選ぶとき，語句の組み合わせとして正しい
ものを，あとの①〜⑤から１つ選びなさい。　　　（難易度■■■□□）

　幼稚園の運営に当たっては，（　А　）のために保護者や地域の人々に機能
や施設を開放して，園内体制の整備や関係機関との連携及び協力に配慮し
つつ，幼児期の教育に関する相談に応じたり，情報を提供したり，幼児と
保護者との登園を受け入れたり，保護者同士の交流の機会を提供したりす
るなど，幼稚園と家庭が一体となって幼児と関わる取組を進め，地域にお
ける幼児期の教育の（　В　）としての役割を果たすよう努めるものとする。
その際，心理や（　С　）の専門家，地域の子育て経験者等と連携・協働しな
がら取り組むよう配慮するものとする。

〔語群〕
ア　情報提供　　　　イ　保護者の交流　　ウ　子育ての支援
エ　保健　　　　　　オ　医療　　　　　　カ　福祉
キ　情報発信の場　　ク　センター　　　　ケ　相談・援助機関
①　А−イ　　В−ケ　　С−カ
②　А−ウ　　В−ク　　С−エ
③　А−ア　　В−キ　　С−オ
④　А−ア　　В−ク　　С−エ
⑤　А−ウ　　В−ケ　　С−オ

23 以下の幼稚園教育要領(平成29年3月告示)における指導計画の作成上の留意事項について，空欄(A)〜(C)にあてはまる語句として適切なものの組み合わせを，あとの①〜⑤から1つ選びなさい。

(難易度■■■■□)

○行事の指導に当たっては，幼稚園生活の自然の流れの中で生活に変化や潤いを与え，幼児が(A)に楽しく活動できるようにすること。なお，それぞれの行事についてはその(B)価値を十分検討し，適切なものを精選し，幼児の負担にならないようにすること。

○幼児期は(C)な体験が重要であることを踏まえ，視聴覚教材やコンピュータなど情報機器を活用する際には，幼稚園生活では得難い体験を補完するなど，幼児の体験との関連を考慮すること。

ア 主体的 　イ 保育的 　ウ 具体的 　エ 文化的
オ 積極的 　カ 直接的 　キ 能動的 　ク 教育的
ケ 双方的

① A-ア 　B-イ 　C-ウ
② A-オ 　B-イ 　C-カ
③ A-キ 　B-ク 　C-ケ
④ A-ア 　B-ク 　C-カ
⑤ A-オ 　B-エ 　C-ウ

24 幼稚園教育要領解説(平成30年2月，文部科学省)の第1章「総説」第3節「教育課程の役割と編成等」に関する記述として適切でないものの組み合わせを，あとの①〜⑤から1つ選びなさい。　(難易度■■■■□)

ア 幼稚園は，法令と幼稚園教育要領の示すところに従い，創意工夫を生かし，幼児の心身の発達と幼稚園及び地域の実態に即応した適切な教育課程を編成するものとする。

イ 幼稚園生活の全体を通して幼稚園教育要領第2章に示すねらいが総合的に達成されるよう，教育期間や幼児の生活経験や発達の過程などを考慮して具体的なねらいと内容を組織しなければならない。

ウ 幼稚園では，自我が芽生え，他者の存在を意識し，他者を抑制しようとする気持ちが生まれる幼児期の発達の特性を矯正する教育が達成できるよう配慮しなければならない。

エ 幼稚園の毎学年の教育週数は，特別の事情のある場合を除き，40週を

下ってはならない。

オ　幼稚園の１日の教育課程に係る教育時間は，幼児の心身の発達の程度や季節などに適切に配慮しながら，４時間を標準とする。

① ア，ウ，オ　　② イ，ウ　　③ ウ，エ　　④ イ，エ，オ
⑤ ウ，オ

25 幼稚園教育要領解説(平成30年２月，文部科学省)の第１章「総説」の第１節「幼稚園教育の基本」にある「環境を通して行う教育」に関する記述として，適切なものの組み合わせを，あとの①〜⑤から１つ選びなさい。

(難易度■■■■□)

ア　幼児が自ら周囲に働き掛けてその幼児なりに試行錯誤を繰り返し，自ら発達に必要なものを獲得しようとするようになる姿は，いろいろな活動を教師が計画したとおりに，全てを行わせることによって育てられる。

イ　活動の主体は幼児であり，教師は活動が生まれやすく，展開しやすいように意図をもって環境を構成していく。

ウ　幼児が何を体験するかは幼児の活動にゆだねるほかはないのであり，「幼児をただ遊ばせている」だけでも，幼児の主体的活動を促すことになる。

エ　環境を通して行う教育は，教師の支えを得ながら文化を獲得し，自己の可能性を開いていくことを大切にした教育である。

オ　幼児の周りに遊具や用具，素材を配置し，幼児の動くままに任せることによって，その対象の潜在的な学びの価値を引き出すことができる。

① ア，イ　　② ア，ウ，オ　　③ イ，エ　　④ ウ，エ，オ
⑤ エ，オ

26 幼稚園教育要領解説(平成30年２月，文部科学省)で重視されている「計画的な環境の構成」に関する記述として適切なものを，次の①〜⑤から１つ選びなさい。　　(難易度■■□□□)

① 幼児は常に積極的に環境に関わって遊び，望ましい方向に向かって発達していくので，教師は児童が遊ぶのを放っておいてよい。

② 幼児が望ましい方向に発達していくために，環境の構成については十分見通しをもって計画を立てる必要があり，構成したあともなるべく見

131

直しがないようにする。

③ 幼児の周りにある様々な事物や生き物，他者，事象が幼児にとってどのような意味をもつのか教師自身がよく理解する必要がある。

④ 教師は適切な環境を構成する必要があるが，教師自身は環境の一部にはなり得ないことに留意する必要がある。

⑤ 幼児が積極的に環境に関わり，活動を展開できるように，1つの活動に没頭して取り組むよりは，なるべく様々な形態の活動が行われるように環境を構成する。

27 幼稚園教育要領解説(平成 30 年 2 月，文部科学省)が「幼稚園教育の基本」で述べている「教師の役割」として適切なものを，次の①〜⑤から 1 つ選びなさい。　　　　　　　　　　　　　　(難易度■■□□□)

① 教師は幼児の自発的な活動としての遊びを生み出すために必要な教育環境を整える役割があるが，それは幼児と共につくり出されるものではない。

② 重要なことは，幼児一人一人が主体的に取り組んでいるかどうかを見極めることであり，そのため状況を判断して，適切な関わりをその時々にしていく必要がある。

③ 入園当初や学年の始めは不安を抱き緊張しているため，主体的な活動ができないことが多いが，時機をみて援助していけばよい。

④ 友達との葛藤が起こることは幼児の発達にとって妨げとなるので，それが起きないように常に援助を行っていく必要がある。

⑤ 年齢の異なる幼児間の関わりは，互いの緊張感を生み出しやすいので，環境の構成にあたっては，異年齢の幼児の交流の機会はなるべくもたないように配慮する。

28 幼稚園教育要領解説(平成 30 年 2 月，文部科学省)で幼稚園の適切な教育課程の編成としてあげられている内容として，適切でないものはどれか，次の①〜⑤から 1 つ選びなさい。　　　　　　　(難易度■■■□□)

① 幼児の調和のとれた発達を図るという観点から，幼児の発達の見通しなどをもつ。

② 特に，教職員の構成，遊具や用具の整備状況などについて分析し，教育課程の編成に生かす。

③　近隣の幼稚園・認定こども園・保育所・小学校，図書館などの社会教育施設，幼稚園の教育活動に協力することのできる人などの実態を考慮し，教育課程を編成する。

④　保護者や地域住民に対して幼稚園の教育方針，特色ある教育活動や幼児の基本的な情報を積極的に提供する。

⑤　地域や幼稚園の実態及び保護者の養護の基本方針を十分に踏まえ，創意工夫を生かし特色あるものとする。

29 幼稚園教育要領解説(平成30年2月，文部科学省)で示されている幼稚園の教育課程の編成として，適切なものはどれか，次の①～⑤から1つ選びなさい。　　　　　　　　　　　　　　　　　　(難易度■■■□□)

①　ねらいと内容を組織する際は，幼稚園教育要領に示されている「ねらい」や「内容」をそのまま教育課程における具体的な指導のねらいや内容とする。

②　教育目標の達成を図るには，入園から修了までをどのように指導しなければならないかを，各領域に示す事項を参考に明らかにしていく。

③　幼児期は自己を表出することが中心の生活から，次第に他者の存在を理解し，同年代での集団生活を円滑に営むことができるようになる時期へ移行するので，これらの幼児の発達の特性を踏まえる必要がある。

④　発達の各時期にふさわしい具体的なねらいや内容は，各領域に示された「ねらい」や「内容」の関係部分を視野に入れるとともに，幼児の生活の中で，それらがどう相互に関連しているかを十分に考慮して設定していく。

⑤　教育課程はそれぞれの幼稚園において，全教職員の協力の下に各教員がそれぞれの責任において編成する。

30 次のア～オは幼稚園教育要領解説(平成30年2月，文部科学省)で幼稚園の教育課程の編成の実際としてあげられている編成手順の参考例の内容である。それぞれを編成の手順として順を追って並べたとき，適切なものを，あとの①～⑤から1つ選びなさい。ただし，アは最初，オは最後にくる。　　　　　　　　　　　　　　　　　　(難易度■■■□□)

ア　編成に必要な基礎的事項についての理解を図る。

イ　幼児の発達の過程を見通す。

ウ　具体的なねらいと内容を組織する。

エ　各幼稚園の教育目標に関する共通理解を図る。

オ　教育課程を実施した結果を評価し，次の編成に生かす。

① 　ア→イ→ウ→エ→オ

② 　ア→イ→エ→ウ→オ

③ 　ア→ウ→イ→エ→オ

④ 　ア→ウ→エ→イ→オ

⑤ 　ア→エ→イ→ウ→オ

31 幼稚園教育要領解説(平成30年2月，文部科学省)で説明されている教育週数，教育時間について，正しいものを，次の①～⑤から1つ選びなさい。　　　　　　　　　　　　　　　　　　　　　　(難易度■■■□□)

① 　毎学年の教育課程に係る教育週数は，特別の事情のある場合を除き，39週を上回ってはならない。

② 　教育週数から除く特別の事情がある場合とは，主として幼児の疾病の場合のことである。

③ 　教育課程に係る時間は幼児の幼稚園における教育時間の妥当性，家庭や地域における生活の重要性を考慮して，最長4時間とされている。

④ 　幼稚園における教育時間は，保育所の整備が進んでいるかどうかはかかわりなく定める必要がある。

⑤ 　幼稚園において教育が行われる時間は登園時刻から降園時刻までである。

32 幼稚園教育要領解説(平成30年2月，文部科学省)で述べられている「教育課程の編成」について，適切なものはどれか。次の①～⑤から1つ選びなさい。　　　　　　　　　　　　　　　　　　　　　　(難易度■■□□□)

① 　幼稚園教育要領に示されている「ねらい」や「内容」をそのまま教育課程における具体的な指導のねらいや内容とする。

② 　幼稚園生活の全体を通して，幼児がどのような発達をするのか，どの時期にどのような生活が展開されるのかなどの発達の節目を探り，短期的に発達を見通す。

③ 　教育課程の改善の手順として，一般的には改善案を作成することと，評価の資料を収集し，検討することは同時に行われる。

④ 　教育課程の改善については，指導計画で設定した具体的なねらい

や内容などは比較的直ちに修正できるものである。

⑤ 教育課程は，全て幼稚園内の教職員や設置者の努力によって改善すべきである。

33 次は幼稚園教育要領解説(平成30年2月，文部科学省)で，幼稚園教育要領(平成29年3月告示)の第2章「ねらい及び内容」の領域「表現」について述べている文章である。空欄(A)〜(D)に当てはまる語句を語群から選ぶとき，語句の組み合わせとして正しいものを，あとの①〜⑤から1つ選びなさい。　　　　　　　　(難易度■■■■□)

豊かな感性や自己を表現する(A)は，幼児期に自然や人々など身近な(B)と関わる中で，自分の感情や体験を自分なりに(C)する充実感を味わうことによって育てられる。したがって，幼稚園においては，日常生活の中で出会う様々な事物や事象，文化から感じ取るものやそのときの気持ちを友達や教師と共有し，表現し合うことを通して，豊かな(D)を養うようにすることが大切である。

〔語群〕

ア	態度	イ	意欲	ウ	習慣	エ	事象
オ	生き物	カ	環境	キ	表現	ク	表出
ケ	開放	コ	感性	サ	感覚	シ	心

① A-ア　B-エ　C-キ　D-シ
② A-イ　B-カ　C-ク　D-シ
③ A-イ　B-カ　C-キ　D-コ
④ A-ウ　B-オ　C-ケ　D-サ
⑤ A-ウ　B-エ　C-ク　D-コ

34 次は幼稚園教育要領解説(平成30年2月，文部科学省)の中で，人格形成の基礎を培うことの重要性を示したものである。(A)〜(C)に当てはまるものをア〜クから選ぶとき，正しい組み合わせを，あとの①〜⑤から1つ選びなさい。　　　　　　　　(難易度■■■■□)

幼児一人一人の(A)な可能性は，日々の生活の中で出会う環境によって開かれ，環境との(B)を通して具現化されていく。幼児は，環境との(B)の中で，体験を深め，そのことが幼児の心を揺り動かし，次の活動を引き起こす。そうした体験の連なりが幾筋も生まれ，幼児の将来へとつ

ながっていく。

　そのため，幼稚園では，幼児期にふさわしい生活を展開する中で，幼児の遊びや生活といった直接的・具体的な体験を通して，人と関わる力や思考力，感性や表現する力などを育み，人間として，（　C　）と関わる人として生きていくための基礎を培うことが大切である。

　　ア　相互作用　　イ　本質的　　ウ　共生　　エ　社会　　オ　家庭
　　カ　出会い　　　キ　幼稚園　　ク　潜在的

①　A－イ　　　B－ウ　　　C－エ
②　A－イ　　　B－カ　　　C－オ
③　A－ク　　　B－カ　　　C－キ
④　A－ク　　　B－ア　　　C－エ
⑤　A－イ　　　B－ウ　　　C－オ

35 次は幼稚園教育要領解説（平成30年2月，文部科学省）の中の「人間関係」についての記述である。文中の（　A　）～（　E　）に当てはまる語句をア～シの中から選ぶとき，正しい組み合わせを，あとの①～⑤から1つ選びなさい。　　　　　　　　　　　　　　　　　　　（難易度■■■□□）

　幼児期においては，幼児が友達と関わる中で，自分を主張し，自分が受け入れられたり，あるいは（　A　）されたりしながら，自分や相手に気付いていくという体験が大切である。このような過程が（　B　）の形成にとって重要であり，自分で考え，自分の力でやってみようとする態度を育てる指導の上では，幼児が友達との（　C　）の中で自分と異なったイメージや（　D　）をもった存在に気付き，やがては，そのよさに目を向けることができるように援助しながら，一人一人の幼児が（　E　）をもって生活する集団の育成に配慮することが大切である。

　　ア　存在感　　　イ　考え方　　ウ　道徳心　　エ　承諾
　　オ　達成感　　　カ　共感　　　キ　自立心　　ク　自我
　　ケ　自己主張　　コ　葛藤　　　サ　拒否　　　シ　動機

①　A－サ　　　B－ク　　　C－コ　　　D－イ　　　E－ア
②　A－エ　　　B－イ　　　C－カ　　　D－シ　　　E－ウ
③　A－ケ　　　B－ク　　　C－サ　　　D－イ　　　E－コ
④　A－カ　　　B－キ　　　C－オ　　　D－ア　　　E－ク
⑤　A－サ　　　B－オ　　　C－ケ　　　D－ク　　　E－カ

36 次は文部科学省が示した幼稚園教育要領解説(平成30年2月,文部科学省)の中の「一人一人の発達の特性に応じた指導」の記述に挙げられた例である。これを読んで,教師の注意すべき事柄として望ましいものをア～オの中から選ぶとき,適切なものはどれか,正しい組み合わせを,あとの①～⑤から1つ選びなさい。　(難易度■■■■□)

　幼児数人と教師とで鬼遊びをしているとする。ほとんどの幼児が逃げたり追いかけたり,つかまえたりつかまえられたりすることを楽しんでいる中で,ある幼児は教師の仲立ちなしには他の幼児と遊ぶことができないことがある。その幼児はやっと泣かずに登園できるようになり,教師を親のように慕っている。教師と一緒に行動することで,その幼児にとって教師を仲立ちに他の幼児と遊ぶ楽しさを味わうという体験にしたいと教師は考える。

　ア　子どもたちの中に入っていけるように,幼児に鬼遊びのルールを教えてやる。

　イ　子どもたちに,この幼児を仲間に入れるよう指導する。

　ウ　幼児の内面を理解し,幼児の求めに即して必要な経験を得られるよう援助する。

　エ　幼児の発達の特性に応じた集団を作り出すことを考える。

　オ　幼児が子どもたちと遊ぶことができるまで,そっと見守る。

①　ア,オ　　②　イ,エ　　③　ウ,オ　　④　ア,エ

⑤　ウ,エ

37 次は幼稚園教育要領解説(平成30年2月,文部科学省)の「障害のある幼児などへの指導」の記述の一部である。(A)～(E)にあてはまる語句をア～コから選ぶとき,正しい組み合わせを,あとの①～⑤から1つ選びなさい。　(難易度■■■□□)

　幼稚園は,適切な(A)の下で幼児が教師や多くの幼児と集団で生活することを通して,幼児一人一人に応じた(B)を行うことにより,将来にわたる(C)の基礎を培う経験を積み重ねていく場である。友達をはじめ様々な人々との出会いを通して,家庭では味わうことのできない多様な体験をする場でもある。

　これらを踏まえ,幼稚園において障害のある幼児などを指導する場合には,幼稚園教育の機能を十分生かして,幼稚園生活の場の特性と(D)を

大切にし，その幼児の障害の状態や特性および発達の程度等に応じて，発達を(E)に促していくことが大切である。

ア 信頼関係	イ 生きる力	ウ 指導	エ 総合的
オ 人格形成	カ 環境	キ 配慮	ク 全体的
ケ 人間関係	コ 支援		

① A－ウ　B－コ　C－オ　D－ケ　E－ク

② A－カ　B－コ　C－イ　D－ア　E－ク

③ A－カ　B－ウ　C－イ　D－ケ　E－ク

④ A－キ　B－ウ　C－オ　D－ケ　E－エ

⑤ A－キ　B－コ　C－オ　D－ア　E－エ

38 幼稚園教育要領解説(平成 30 年 2 月，文部科学省)から，幼稚園の教育課程と指導計画について適切でないものを，次の①〜⑤から 1 つ選びなさい。　　　　　　　　　　　　　　　　　　　　(難易度■■□□□)

① 教育課程は，幼稚園における教育期間の全体を見通したものであり，幼稚園の教育目標に向かってどのような筋道をたどっていくかを明らかにした全体的計画である。

② 幼稚園において実際に指導を行うため，それぞれの幼稚園の教育課程に基づいて幼児の発達の実情に照らし合わせながら，具体的な指導計画が立てられる。

③ 指導計画では，教育課程に基づき具体的なねらいや内容，環境の構成，教師の援助などの内容や方法が明らかにされる。

④ 指導計画は，教育課程という全体計画を具体化したものであり，教育課程が変更されない限りは，忠実にそれに従って展開していく必要がある。

⑤ 計画的な指導を行うためには，発達の見通しや活動の予想に基づいて環境を構成するとともに，幼児一人一人の発達を見通して援助することが重要である。

39 次は幼稚園教育要領解説(平成 30 年 2 月，文部科学省)の第 3 章「教育課程に係る教育時間の終了後等に行う教育活動などの留意事項の 2」である。(A)〜(E)にあてはまる語句をア〜コから選ぶとき，正しい組み合わせを，あとの①〜⑤から 1 つ選びなさい。　　　　　(難易度■■■■□)

　　幼稚園の運営に当たっては，子育ての支援のために保護者や地域の人々に（　A　）や施設を開放して，園内体制の整備や関係機関との連携及び協力に配慮しつつ，幼児期の（　B　）に関する相談に応じたり，（　C　）を提供したり，幼児と保護者との登園を受け入れたり，保護者同士の交流の機会を提供したりするなど，幼稚園と家庭が一体となって幼児と関わる取組を進め，地域における幼児期の教育の（　D　）としての役割を果たすよう努めるものとする。その際，（　E　）や保健の専門家，地域の子育て経験者等と連携・協働しながら取り組むよう配慮するものとする。

　　ア　リーダー　　イ　情報　　ウ　教育　　エ　医療
　　オ　支援　　　　カ　機能　　キ　用具　　ク　心理
　　ケ　センター　　コ　子育て

① A－ウ　　B－コ　　C－オ　　D－ケ　　E－ク
② A－カ　　B－コ　　C－イ　　D－ア　　E－ク
③ A－カ　　B－ウ　　C－イ　　D－ケ　　E－ク
④ A－キ　　B－ウ　　C－オ　　D－ケ　　E－エ
⑤ A－キ　　B－コ　　C－オ　　D－ア　　E－エ

40 幼稚園教育要領（平成29年3月告示）における領域の組み合わせとして正しいものを，次の①～⑤から1つ選びなさい。　（難易度■■□□□）

① 健康・人間関係・自然
② 人間関係・環境・言葉
③ 社会・環境・言語
④ 健康・言語・表現
⑤ 人間関係・環境・遊び

41 次は幼稚園教育要領解説（平成30年2月，文部科学省）における領域の捉え方についての記述である。正しいものの組み合わせを，あとの①～⑤から1つ選びなさい。　（難易度■■■■□）

ア　幼稚園教育を，小学校の「教科科目」に準じて区切ったものである。
イ　幼稚園教育が何を意図して行われるかを明確にしたものである。
ウ　幼稚園教育の目標を達成するために教師が指導し，幼児が身に付けていくことが望まれるものを「内容」としたものである。
エ　幼稚園教育に適した環境づくりを具体的に示したものである。

オ　幼稚園教育の目標を達成するため，教師の指導方法を示したものである。
　　①　ア，ウ　　②　ア，エ　　③　ウ，オ　　④　イ，オ
　　⑤　イ，ウ

42 次は幼稚園教育要領(平成29年3月告示)の第2章「ねらい及び内容」に
ある文章である。空欄(**A**)～(**E**)に当てはまる語句を語群から選
ぶとき，正しい組み合わせを，あとの①～⑤から1つ選びなさい。

(難易度■■■■□)

　この章に示すねらいは，幼稚園教育において育みたい(**A**)を幼児の生活
する姿から捉えたものであり，内容は，ねらいを達成するために指導する事項
である。各領域は，これらを幼児の発達の側面から，心身の健康に関する領域
「健康」，人との関わりに関する領域「(**B**)」，身近な環境との関わりに関する
領域「環境」，言葉の獲得に関する領域「言葉」及び(**C**)と表現に関する領域
「表現」としてまとめ，示したものである。内容の取扱いは，幼児の発達を踏ま
えた指導を行うに当たって留意すべき事項である。

　各領域に示すねらいは，幼稚園における生活の全体を通じ，幼児が様々
な体験を積み重ねる中で相互に関連をもちながら次第に達成に向かうもの
であること，内容は，幼児が環境に関わって展開する(**D**)な活動を通し
て(**E**)に指導されるものであることに留意しなければならない。

〔語群〕
　ア　道徳性・規範意識　　イ　自然　　　　ウ　感性　　エ　具体的
　オ　総合的　　　　　　　カ　資質・能力　キ　交流　　ク　個別的
　ケ　人間関係　　　　　　コ　技能
　①　A－ア　　B－ケ　　C－コ　　D－オ　　E－イ
　②　A－ア　　B－キ　　C－コ　　D－エ　　E－オ
　③　A－カ　　B－ケ　　C－ウ　　D－オ　　E－ク
　④　A－カ　　B－キ　　C－ウ　　D－オ　　E－ク
　⑤　A－カ　　B－ケ　　C－ウ　　D－エ　　E－オ

43 次は幼稚園教育要領(平成29年3月告示)の第2章「ねらい及び内容」に
示されている5つの領域について，領域とその冒頭にある領域の意義付
けを組み合わせたものである。空欄(**A**)～(**E**)に当てはまる語句
を語群から選ぶとき，組み合わせとして正しいものを，あとの①～⑤か

ら1つ選びなさい。　　　　　　　　　　　　　　(難易度■■■□□)

・健康—健康な心と体を育て,自ら健康で(**A**)な生活をつくり出す力を養う。

・人間関係—他の人々と親しみ,支え合って生活するために,(**B**)を育て,人と関わる力を養う。

・環境—周囲の様々な環境に(**C**)や探究心をもって関わり,それらを生活に取り入れていこうとする力を養う。

・言葉—経験したことや考えたことなどを自分なりの言葉で表現し,相手の話す言葉を聞こうとする意欲や態度を育て,言葉に対する(**D**)や言葉で表現する力を養う。

・表現—感じたことや考えたことを自分なりに表現することを通して,豊かな感性や表現する力を養い,(**E**)を豊かにする。

〔語群〕

ア　豊か	イ　安定した	ウ　安全	エ　協調性
オ　自立心	カ　豊かな感性	キ　好奇心	ク　積極性
ケ　見通し	コ　感性	サ　感覚	シ　感受性
ス　創造性	セ　想像性	ソ　表現力	

① A−ウ　　B−オ　　C−キ　　D−サ　　E−ス
② A−ア　　B−エ　　C−ケ　　D−コ　　E−セ
③ A−ウ　　B−カ　　C−ク　　D−シ　　E−ソ
④ A−イ　　B−エ　　C−ケ　　D−シ　　E−セ
⑤ A−ア　　B−オ　　C−キ　　D−サ　　E−ソ

44 次の(1)〜(3)は幼稚園教育要領(平成29年3月告示)の第2章「ねらい及び内容」に示されている領域「人間関係」の「ねらい」である。空欄(**A**)〜(**C**)に当てはまる語句を語群から選ぶとき,語句の組み合わせとして正しいものを,あとの①〜⑤から1つ選びなさい。

(難易度■■■■□)

(1)　幼稚園生活を楽しみ,(**A**)力で行動することの充実感を味わう。

(2)　身近な人と親しみ,関わりを深め,工夫したり,協力したりして一緒に活動する楽しさを味わい,愛情や(**B**)をもつ。

(3)　(**C**)における望ましい習慣や態度を身に付ける。

〔語群〕

ア	みんなの	イ	教師等の	ウ	自分の
エ	信頼感	オ	協調心	カ	一体感
キ	集団生活	ク	社会生活	ケ	人間関係

① A－ア　　B－オ　　C－ケ

② A－ア　　B－カ　　C－キ

③ A－イ　　B－エ　　C－ケ

④ A－ウ　　B－エ　　C－ク

⑤ A－ウ　　B－オ　　C－キ

45 次の文章は幼稚園教育要領(平成 29 年 3 月告示)の第 2 章「ねらい及び内容」の中の，ある領域の「ねらい」の 1 つである。これはどの領域の「ねらい」か，正しい領域を，あとの①～⑤から 1 つ選びなさい。

(難易度■■□□□)

「身近な事象を見たり，考えたり，扱ったりする中で，物の性質や数量，文字などに対する感覚を豊かにする。」

①　健康　　②　人間関係　　③　環境　　④　言葉　　⑤　表現

46 幼稚園教育要領の第 2 章「ねらい及び内容」について，領域「言葉」の「3 内容の取扱い」で平成 29 年 3 月告示の幼稚園教育要領から新たに加わった項目を，次の①～⑤から 1 つ選びなさい。 (難易度■■■□□)

①　言葉を交わす喜びを味わえるようにすること。

②　言葉による伝え合いができるようにすること。

③　言葉が豊かになるようにすること。

④　文字に対する興味や関心をもつようにすること。

⑤　言葉に対する感覚が養われるようにすること。

47 次の 1 ～ 5 は学校教育法第 23 条にある「幼稚園の教育目標」である。この目標のうち幼稚園教育要領(平成 29 年 3 月告示)の 5 つの領域において，領域の冒頭の意義付けの部分にそのまま表されているものはいくつあるか。正しいものを，あとの①～⑤から 1 つ選びなさい。

(難易度■■■■□)

1　健康，安全で幸福な生活のために必要な基本的な習慣を養い，身体諸

機能の調和的発達を図ること。

2　集団生活を通じて，喜んでこれに参加する態度を養うとともに家族や身近な人への信頼感を深め，自主，自律及び協同の精神並びに規範意識の芽生えを養うこと。

3　身近な社会生活，生命及び自然に対する興味を養い，それらに対する正しい理解と態度及び思考力の芽生えを養うこと。

4　日常の会話や，絵本，童話等に親しむことを通じて，言葉の使い方を正しく導くとともに，相手の話を理解しようとする態度を養うこと。

5　音楽，身体による表現，造形等に親しむことを通じて，豊かな感性と表現力の芽生えを養うこと。

　　① 1つ　　② 2つ　　③ 3つ　　④ 4つ　　⑤ 1つもない

48 次の文は幼稚園教育要領(平成29年3月告示)の領域「環境」のねらいである。空欄(A)～(E)に入る語句の組み合わせとして適切なものを，あとの①～⑤から1つ選びなさい。　　　　　(難易度■■■■□)

・身近な環境に親しみ，(A)と触れ合う中で様々な(B)に興味や関心をもつ。

・身近な環境に自分から関わり，(C)を楽しんだり，考えたりし，それを生活に取り入れようとする。

・身近な(B)を見たり，考えたり，扱ったりする中で，物の(D)や数量，文字などに対する(E)を豊かにする。

　　ア　自然　　イ　動物　　ウ　事象　　エ　発見　　オ　性質
　　カ　感覚　　キ　表現　　ク　意欲

　　①　A－ア　　B－ウ　　C－キ　　D－ク　　E－カ
　　②　A－ア　　B－ウ　　C－エ　　D－オ　　E－カ
　　③　A－ア　　B－エ　　C－ウ　　D－キ　　E－ク
　　④　A－イ　　B－エ　　C－カ　　D－オ　　E－キ
　　⑤　A－イ　　B－カ　　C－ウ　　D－キ　　E－ク

解答・解説

1 ③

解説

① 幼稚園教育要領がはじめて文部省 (当時)による告示となったのは昭和39年改訂時である。これにより，教育課程の基準としての性格が明確になった。

② 学校教育法ではなく学校教育法施行規則 (第38条)である。「幼稚園の教育課程その他の保育内容については，この章に定めるもののほか，教育課程その他の保育内容の基準として文部科学大臣が別に公示する幼稚園教育要領によるものとする」とされている。

③ 正しい。

④ 「指導計画の作成と幼児理解に基づいた評価」は，第1章「総則」の第4に書かれている。旧幼稚園教育要領 (平成20年3月告示)では，指導計画に関する記載は第3章にあった。

⑤ 「生きる力」の理念は継承されている。幼稚園教育要領第1章「総則」第2の1においても「幼稚園においては，生きる力の基礎を育むため，この章の第1に示す幼稚園教育の基本を踏まえ，次に掲げる資質・能力を一体的に育むよう努めるものとする。」としている。

2 ③

解説

今回の幼稚園教育要領の改訂の大きな特徴として，総則の前に「前文」が示されたことがある。前文では「小学校以降の教育や生涯にわたる学習とのつながりを見通しながら，幼児の自発的な活動としての遊びを通しての総合的な指導をする際に広く活用されるものとなることを期待して，ここに幼稚園教育要領を定める。」とあり，小学校教育以降の教育の基礎や幼稚園教育要領を通じてこれからの時代に求められる教育を実現するため，幼児期における教育の重要性を述べている。③は誤りで学校教育法第24条の内容となっている。

3 ④

解説

幼稚園教育要領の改訂にともない，特に「幼児が身近な環境に主体的に関わり，環境との関わり方や意味に気付き，これらを取り込もうとして，

試行錯誤したり，考えたりするようになる幼児期の教育における見方・考え方を生かし，」の部分が新たに追加されているように，教師が幼児に対して主体的に考え行動する力を付けさせるようにすることが重視されている。

4 ②

解説

　組み合わせは，Ａ－イ，Ｂ－ウ，Ｃ－アとなる。3つの事項のあとに，「その際，教師は，幼児の主体的な活動が確保されるよう幼児一人一人の行動の理解と予想に基づき，計画的に環境を構成しなければならない」としている。

5 ④

解説

　1は第1章「総則」第3の3(1)による。Ａには「自我」，Ｂには「抑制」が当てはまる。2は第1章「総則」第3の3(2)による。Ｃには「39」が当てはまる。記述にある「特別の事情」とは台風，地震，豪雪などの非常変災，その他急迫の事情があるときや伝染病の流行などの事情が生じた場合である。3は第1章「総則」第3の3(3)による。Ｄには「4」，Ｅには「季節」が当てはまる。教育課程に係る1日の教育時間については，幼児の幼稚園における教育時間の妥当性および家庭や地域における生活の重要性を考慮して4時間が標準となっている。

6 ②

解説

　第1章「総則」の第2は，今回の幼稚園教育要領の改訂にともない，新たに追加された文である。②は「様々な経験」ではなく「豊かな体験」が正しい。

7 ④

解説

　「幼児期の終わりまでに育ってほしい姿」は，第2章に示すねらい及び内容に基づく活動全体を通して資質・能力が育まれている幼児の幼稚園修了時の具体的な姿であり，教師が指導を行う際に考慮するものである。

①　「(1)　豊かな心」ではなく「(1)　健康な心と体」が正しい。

②　「(3)　協調性」ではなく「(3)　協同性」が正しい。

③　「(6)　創造力の芽生え」ではなく「(6)　思考力の芽生え」が正しい。

⑤　「(9)　非言語による伝え合い」ではなく「(9)　言葉による伝え合い」が正しい。

8 ③

解説

①は「2　各幼稚園の教育目標と教育課程の編成」，②～⑤は「3　教育課程の編成上の基本的事項」の内容である。

① 誤り。「共有しなければならない。」ではなく「共有されるよう努めるものとする。」が正しい。

② 誤り。「内容を保護者に示さなければならない。」ではなく「内容を組織するものとする。」が正しい。

④ 誤り。「35 週」ではなく「39 週」が正しい。

⑤ 誤り。「3 時間を標準とする。」ではなく「4 時間を標準とする。」が正しい。

9 ②

解説

　子どもたちの発達の支援は今回の幼稚園教育要領改訂の特徴の 1 つである。特別支援学級や通級による指導における個別の指導計画等の全員作成，各教科等における学習上の困難に応じた指導の工夫などがある。②は「医療機関」ではなく「特別支援学校」が正しい。

10 ④

解説

① ねらいは「幼稚園教育において育みたい資質・能力を幼児の生活する姿から捉えたもの」，内容は「ねらいを達成するために指導する事項」である。

② 「人間関係」では「他の人々と親しみ，支え合って生活するために，自立心を育て，人と関わる力を養う」とされている。

③ 各領域に示すねらいは，幼稚園における生活の全体を通じ，幼児が様々な体験を積み重ねる中で相互に関連をもちながら次第に達成に向かうものである。それぞれ独立した授業として展開される小学校の教科とは異なる。

④ 正しい。

⑤ 「特に必要な場合には，各領域に示すねらいの趣旨に基づいて適切な，具体的な内容を工夫し，それを加えても差し支えない」とされている。ただしその場合は，「幼稚園教育の基本を逸脱しないよう慎重に配慮する必要がある」とされている。

①

解説

　最初の文章は「内容の取扱い」の (1)，次の文章は (3)からである。Aには「遊び」，Bには「法則性」，Cには「考え」，Dには「感動」，Eには「生命」が当てはまる。出題の文章は基本的に旧幼稚園教育要領 (平成 20 年 3 月告示)のものと変わりない。ただし，新幼稚園教育要領 (平成 29 年 3 月告示)における環境の内容の取扱いでは，新たに「文化や伝統に親しむ際には，正月や節句など我が国の伝統的な行事，国歌，唱歌，わらべうたや我が国の伝統的な遊びに親しんだり，異なる文化に触れる活動に親しんだりすることを通じて，社会とのつながりの意識や国際理解の意識の芽生えなどが養われるようにすること。」という項目が設けられたので確認されたい。

12 ④

解説

① 「集団による生活」ではなく「幼児期にふさわしい生活」，「発達」ではなく「体験」が正しい。

② 「一定の方向性を持っていることに留意し，それを」ではなく「様々に変化するものであることに留意し，幼児が」が正しい。

③ 「長期的に発達を見通した年，学期，月などにわたる長期の指導計画」ではなく「具体的な幼児の生活に即した週，日などの短期の指導計画」が正しい。

④ 正しい。

⑤ 「客観性や連続性」ではなく「妥当性や信頼性」が正しい。

13 ③

解説

① 学校教育法施行規則第 38 条に規定されている。学校教育法には幼稚園教育要領についての規定はない。

② 学校教育法施行規則にはこの規定はなく，学校教育法第 25 条に「幼稚園の教育課程その他の保育内容に関する事項は，第 22 条及び第 23 条の規定に従い，文部科学大臣が定める」との規定がある。学校教育法第 22,23 条は幼稚園の教育目的,幼稚園の教育目標について述べた条文である。

③ 正しい。

④ 保育所保育指針は，それまで局長通知であったが平成 20 年 3 月の改定

から厚生労働大臣の告示とされている。このため「改訂」ではなく「改定」が使われる。

⑤ 新幼稚園教育要領 (平成 29 年 3 月告示)は平成 30 年度から実施された。

14 ④

解説

幼稚園教育要領は，明治 32 年幼稚園保育及設備規定 (省令)→大正 15 年幼稚園令 (勅令)→昭和 23 年保育要領 (刊行)→昭和 31 年幼稚園教育要領 (刊行)→昭和 39 年幼稚園教育要領 (告示)→平成元年，10 年，20 年，29 年改訂 (いずれも告示)と変遷してきている。

① 保育所だけでなく，幼稚園，さらに家庭における保育の手引き書であった。

② 昭和 31 年の幼稚園教育要領は健康，社会，自然，言語，音楽リズム，絵画製作の 6 領域であった。なお，このときの幼稚園教育要領は告示ではない。

③ 昭和 39 年，平成元年，10 年，20 年，29 年と 5 回改訂されている。

④ 正しい。昭和 39 年改訂から文部 (科学)省告示として公示されている。

⑤ 従前 (平成 20 年 3 月告示)と同様，健康，人間関係，環境，言葉，表現の 5 領域で構成されている。

15 ④

解説

① 逆である。教育基本法第 11 条に「幼児期の教育は，生涯にわたる人格形成の基礎を培う重要なものである」と規定されたことから，従来は記述がなかった幼稚園教育要領にもこれが明記されることとなった。

② 「幼児の集団としての行動の理解と予想」ではなく，「幼児一人一人の行動の理解と予想」が正しい。

③ 第 1 章「総則」からは平成 20 年の改訂より「幼稚園教育の目標」は削除されている。学校教育法における幼稚園教育の目標が見直されたことを踏まえたものである。

④ 正しい。この内容をカリキュラム・マネジメントという。

⑤ 「教育時間」ではなく，「教育課程に係る教育時間」が正しい。

16 ②

解説

① 適切。重視すべき事項の 1 としてあげられている。

② 不適切。「施設設備」ではなく「教材」が適切である。

③ 適切。重視すべき事項の2としてあげられている。

④ 適切。重視すべき事項の3としてあげられている。

⑤ 適切。1～3の事項を重視して教育を行う際，同時に必要なこととして「教師は…幼児一人一人の行動の理解と予想に基づき，計画的に環境を構成」する，「教師は…幼児一人一人の活動の場面に応じて，様々な役割を果たし，その活動を豊かに」することである。

17 ③

解説

① 「遊ぶ姿」ではなく「生活する姿」である。

② 「個別的」ではなく「総合的」である。

③ 適切である。

④ 幼稚園の教育における領域は，それぞれ独立した授業として展開される小学校の教科とは異なる。領域別の教育課程の編成や，特定の活動と結び付けた指導などはしない。

⑤ 「特に必要な場合には，各領域に示すねらいの趣旨に基づいて適切な，具体的な内容を工夫し，それを加えても差し支えない」とされている。「指導しないことも差し支えない」のではなく，「加えても差し支えない」である。ただし，その場合は「幼稚園教育の基本を逸脱しないよう慎重に配慮する」とされている。

18 ⑤

解説

平成20年3月改訂時に加えられた「先生や友達と食べることを楽しむ」が，平成29年3月改訂時に「先生や友達と食べることを楽しみ，食べ物への興味や関心をもつ」へと改訂された。これについて「3 内容の取扱い」では「健康な心と体を育てるためには食育を通じた望ましい食習慣の形成が大切であることを踏まえ，幼児の食生活の実情に配慮し，和やかな雰囲気の中で教師や他の幼児と食べる喜びや楽しさを味わったり，様々な食べ物への興味や関心をもったりするなどし，食の大切さに気付き，進んで食べようとする気持ちが育つようにすること」としている。

19 ④

解説

　幼稚園教育要領 (平成 29 年 3 月告示)第 1 章第 4 節の 2 は，旧幼稚園教育要領 (平成 20 年 3 月告示)の第 3 章第 1 節の 1 (1) (2)と同様の内容となる。

① 　適切である。指導計画の作成においては，学級や学年の幼児たちがどのような時期にどのような道筋で発達しているかという発達の過程を理解することも必要になる。その際，幼児期はこれまでの生活経験により，発達の過程の違いが大きい時期であることに留意しなければならない。特に，3 歳児では個人差が大きいので，一人一人の発達の特性としてこのような違いを踏まえて，指導計画に位置付けていくことが必要である。

② 　適切である。また，前の時期の指導計画のねらいや内容がどのように達成されつつあるかその実態を捉え，次の時期の幼稚園生活の流れや遊びの展開を見通すことなどが大切である (幼稚園教育要領解説 (平成 30 年 2 月，文部科学省)第 1 章第 4 節の 2 (2))。

③ 　適切である。

④ 　適切ではない。「幼児は環境をつくり出す立場にはない」ということはない。「いつも教師が環境をつくり出すのではなく，幼児もその中にあって必要な状況を生み出すことを踏まえることが大切である」(幼稚園教育要領解説(平成 30 年 2 月，文部科学省)第 1 章第 4 節の 2 (3))。

⑤ 　適切である。具体的な活動は，やりたいことが十分にできなかったり，途中で挫折したり，友達との葛藤により中断したりすることがある。教師はその状況を放置しないで，必要な援助をすることが重要である。

20 ④

解説

① 　記述は週，日などの短期の指導計画についてである。

② 　いずれの活動についても，幼稚園全体の教師による協力体制をつくり，一人一人の幼児が興味や欲求を満足させるよう適切な援助を行う必要がある。

③ 　教師は理解者を基本とするものではない。共同作業者でもあるほか様々な役割を果たす。

④ 　適切である。平成 29 年の改訂時に新規に記述された項目である。

⑤ 　「幼稚園生活で体験したことの復習に用いる」ではなく「幼稚園生活では得難い体験を補完する」である。これは，幼児期において直接的な体験が重要であることを踏まえた記述である。

21 ①

解説

① 適切ではない。正しくは「教育課程に基づく活動を考慮し、」である。幼稚園教育要領解説(平成30年2月)第3章1を参考にすると、「教育課程に基づく活動を考慮するということは、必ずしも活動を連続させることではない」とある。例えば、教育課程に基づく教育時間中は室内での遊びを中心に活動を行った場合は、教育課程に係る教育時間の終了後等に行う教育活動では戸外での遊びを積極的に取り入れるなどである。いずれにしても、教育課程に基づく活動を担当する教師と緊密な連携を図る。

② 適切である。その際、地域の様々な資源を活用しつつ、多様な体験ができるようにする。

③ 適切である。その際、情報交換の機会を設けたりするなど、保護者が、幼稚園と共に幼児を育てるという意識が高まるようにする。

④ 適切である。

⑤ 適切である。

22 ②

解説

Aには「子育ての支援」が入る。Bには「センター」が入る。Cには「保健」が入る。旧幼稚園教育要領 (平成20年3月)と比較して、「幼稚園と家庭が一体となって幼児と関わる取組を進め」という部分と「心理や保健の専門家、地域の子育て経験者等と連携・協働しながら取り組むよう配慮する」という部分が付け加えられた。改訂された部分は出題されやすいので念入りに確認されたい。

23 ④

解説

A 幼児が行事に期待感をもち、主体的に取り組んで、喜びや感動、さらには、達成感を味わうことができるように配慮する必要がある。

B その行事が幼児にとってどのような意味をもつのかを考えながら、それぞれの教育的価値を十分に検討する必要がある。

C 幼稚園生活では得難い体験の例としては、園庭で見付けた虫をカメラで接写して肉眼では見えない体のつくりや動きを捉えたりすることなどが考えられる。

24 ③

解説

　ア，イ，オの記述は合致している。

ウ　幼稚園教育要領解説に示されているのは「…自己を抑制しようとする気持ちが生まれる幼児期の発達の特性を踏まえた教育」である。現代の，子どもの発達特性を考慮する幼稚園教育において，「矯正」を目指すことはない。

エ　幼稚園の毎学年の教育週数は，特別の事情がない限り，39週を下ってはならないとされている。

オ　「4時間」はあくまで標準。教育時間の終了後等に行う教育活動については，平成20年3月に改訂された幼稚園教育要領において位置付けがなされ，平成29年3月改訂の幼稚園教育要領にも引き継がれている。

25 ③

解説

ア　不適切。教師が計画どおりに行わせるというよりも，幼児自らが周囲の環境に働きかけてさまざまな活動を生み出し，そこから育てられていくものである。

イ　適切。

ウ　不適切。「幼児をただ遊ばせている」だけでは幼児の主体的な活動を促すことにはならない。一人一人の幼児に今どのような体験が必要かを考え，そのために常に工夫する必要がある。

エ　適切。

オ　不適切。幼児が自分から興味をもって，遊具や用具，素材についてふさわしい関わりができるようにその種類，数量，配置を考える必要がある。そのような環境構成の取組によって，幼児はそれらとのかかわりを通してその対象の潜在的な学びの価値を引き出すことができる。

26 ③

解説

①　幼児は常に積極的に環境に関わって遊び，望ましい方向に向かって発達していくとは限らない。発達の道筋を見通して，教育的に価値のある環境を計画的に構成していく必要がある。

②　幼児の活動の展開は多様な方向に躍動的に変化するので，常に見通しと

一致するわけではない。常に活動に沿って環境を構成し直し続けていく。

③　適切である。幼児が主体的に活動できる環境を構成するには，幼児の周りにある様々な事物や生き物，他者(友達，教師)，自然事象・社会事象を幼児がどう受け止め，幼児にとってどのような意味をもつかをよく理解する必要がある。

④　教師も環境の重要な一部である。教師の身の置き方，行動，言葉，心情，態度など教師の存在が幼児の行動や心情に大きな影響を与える。

⑤　活動の結果より，その過程が意欲や態度を育み，生きる力の基礎を培っていく。そのため，幼児が本当にやりたいと思い，専念できる活動を見つけていくことも必要である。

27 ②
解説

①　幼児との信頼関係を十分に築き，幼児と共によりよい教育環境をつくり出していくことも求められている。

②　適切である。例えば集団に入らず一人でいる場合，何か一人での活動に没頭しているのか，教師から離れるのが不安なのか，入ろうとしながら入れないでいるのかなど状況を判断し，その時々に適切な関わり方をしていく。

③　特に入園当初や学年の始めは学級として打ち解けた温かい雰囲気づくりを心がける。そのことによって幼児が安心して自己を発揮できるようにしていくことが必要である。

④　葛藤が起こることは幼児の発達にとって大切な学びの機会となる。

⑤　年下の者への思いやりや責任感，年上の者への憧れや自分もやってみようという意欲をも生み出す。年齢の異なる幼児が交流できるような環境を構成することも大切である。

28 ⑤
解説

①　適切である。

②　適切である。幼稚園規模，教職員の状況，施設設備の状況などの人的・物的条件の実態は幼稚園によって異なってくるとし，これらの条件を客観的に把握した上で，特に，教職員の構成，遊具や用具の整備状況などについて分析することを求めている。

③　適切である。近隣の幼稚園・認定こども園・保育所・小学校，図書館
　　などの社会教育施設，幼稚園の教育活動に協力することのできる人など
　　を「地域の資源」と捉えている。

④　適切である。基本的な情報を積極的に提供し，保護者や地域住民の理
　　解や支援を得ることが大切としている。

⑤　不適切である。「保護者の養護の基本方針」ではなく「幼児の心身の発
　　達」である。

29 ③
解説

①　幼稚園教育要領に示されている「ねらい」や「内容」をそのまま各幼稚園
　　の指導のねらいや内容とするのではなく，幼児の発達の各時期に展開さ
　　れる生活に応じて適切に具体化したねらいや内容を設定する。

②　「各領域に示す事項を参考に」ではなく「各領域に示す事項に基づいて」
　　である。

③　正しい。次第に他者の存在を理解し「他者を思いやったり，自己を抑制
　　したりする気持ちが生まれる」としている。

④　各領域に示された「ねらい」や「内容」の「関係部分を視野に入れる」では
　　なく「全てを視野に入れる」。

⑤　「各教員がそれぞれの責任において」ではなく「園長の責任において」で
　　ある。

30 ⑤
解説

　　幼稚園教育要領解説(平成30年2月，文部科学省)第1章第3節「3(1)④教
育課程編成の実際」は，編成に必要な基礎的事項についての理解を図る **ア**
→各幼稚園の教育目標に関する共通理解を図る **エ** →幼児の発達の過程を
見通す **イ** →具体的なねらいと内容を組織する **ウ** →教育課程を実施した結
果を評価し，次の編成に生かす → **オ** という編成手順を参考例として示し
ている。**イ**の「幼児の発達の過程を見通す」については幼児の発達を長期的
に見通すことのほか，幼児の発達の過程に応じて教育目標がどのように達
成されていくかについて，およその予測をするともしている。したがって，
この手順は**エ**の「各幼稚園の教育目標に関する共通理解を図る」の次という
ことである。教育目標について理解し，その教育目標がどのように達成さ

れていくかを予測するというものである。

31 ⑤
【解説】

① 39週を「上回ってはならない」ではなく「下ってはならない」である。

② 特別の事情がある場合とは，台風，地震，豪雪などの非常変災，その他急迫の事情があるとき，伝染病の流行などの事情が生じた場合である(幼稚園教育要領解説(平成30年2月，文部科学省)第1章第3節3「(2)教育週数」)。

③ 最長4時間ではなく，標準4時間である。

④ 保育所の整備が進んでいない地域においては，幼稚園の実態に応じて弾力的な対応を図る必要がある(幼稚園教育要領解説(平成30年2月，文部科学省)第1章第3節3「(3)教育時間」)。

⑤ 正しい。教育課程に係る1日の教育時間については4時間を標準とし，それぞれの幼稚園において定められた教育時間については，登園時刻から降園時刻までが教育が行われる時間となる。

32 ④
【解説】

① 適切ではない。具体的な指導の「ねらい」や「内容」は，「幼児期の終わりまでに育ってほしい姿」との関連を考慮しながら，幼児の発達の各時期に展開される生活に応じて適切に具体化したねらいや内容を設定する。

② 適切ではない。「短期的」ではなく「長期的」が正しい。

③ 一般的には「評価の資料を収集し，検討する」→「整理した問題点を検討し，原因と背景を明らかにする」→「改善案をつくり，実施する」という手順になる。

④ 適切である。一方，比較的長期の見通しの下に改善の努力がいるものとして人的，物的諸条件がある。

⑤ 幼稚園内の教職員や設置者の努力によって改善できるものもあれば，家庭や地域の協力を得つつ改善の努力を必要とするものもある。

33 ③
【解説】

Aには「意欲」が入る。Bには「環境」が入る。Cには「表現」が入る。

Dには「感性」が入る。領域「表現」の「ねらい」のうち，特に「いろいろなもの
の美しさなどに対する豊かな感性をもつ」「感じたことや考えたことを自分
なりに表現して楽しむ」に関わる部分の記述であり，引用文はこのあと「ま
た，そのような心の動きを，やがては，それぞれの素材や表現の手段の特
性を生かした方法で表現できるようにすること，あるいは，それらの素材や
方法を工夫して活用することができるようにすること，自分の好きな表現の
方法を見付け出すことができるようにすることが大切である」と続けている。

34 ④

解説

A 「教育は，子供の望ましい発達を期待し，子供のもつ潜在的な可能性に
働き掛け，その人格の形成を図る営みである」(幼稚園教育要領解説(平成
30年2月，文部科学省)第1章第1節1)とも言っている。

B 同じく「幼児は，環境との相互作用によって発達に必要な経験を積み重
ねていく。したがって，幼児期の発達は生活している環境の影響を大き
く受けると考えられる。ここでの環境とは自然環境に限らず，人も含め
た幼児を取り巻く環境の全てを指している」(幼稚園教育要領解説(平成
30年2月，文部科学省)第1章第2節1(2)②)と言っている。

C 幼児期は社会性が発達する時期であり，「友達との関わりの中で，幼児
は相互に刺激し合い，様々なものや事柄に対する興味や関心を深め，そ
れらに関わる意欲を高めていく」(幼稚園教育要領解説(平成30年2月，
文部科学省)第1章第1節3(1)③)としている。

35 ①

解説

A 幼児が自分や相手に気付くというのは，受け入れられるだけでなく，
時には拒否されることもあるということが重要である。そして，この「拒
否」は，他者と関わるなかで生まれるものである。

B 他者との関係の広がりは，同時に自我の形成の過程でもある。

C 「幼児期は，他者との関わり合いの中で，様々な葛藤やつまずきなどを
体験することを通して，将来の善悪の判断につながる，やってよいこと
や悪いことの基本的な区別ができるようになる時期である」(幼稚園教育
要領解説(平成30年2月，文部科学省)第1章第2節1)。

D 「自分と異なった」ということから，感じ方や考え方，価値観などが考

えられる。

E 他者との関わりを通して幼児は、「自己の存在感を確認し、自己と他者の違いに気付き、他者への思いやりを深め、集団への参加意識を高め、自律性を身に付けていく」(幼稚園教育要領解説(平成30年2月、文部科学省)第1章第1節3(1)③)

36 ⑤

幼稚園教育要領解説(平成30年2月、文部科学省)では、「そう考えた教師は、鬼遊びのルールを守って遊ぶということにならなくても、その幼児の要求にこたえ、手をつないで一緒に行動しようとするだろう」と、この例のあとで解説している。そして、「ある意味で一人一人に応じることは、一人一人が過ごしてきた生活を受容し、それに応じるということ」が必要であり、そのためには、「幼児の思い、気持ちを受け止め、幼児が周囲の環境をどう受け止めているのかを理解すること、すなわち、幼児の内面を理解しようとすることから始まるのである。そして、その幼児が真に求めていることに即して必要な経験を得られるように援助していくのである」としめくくっている。したがって、**ア**、**イ**、**オ**は適切でないことが導かれる。

37 ③

解説

Aは**カ**が正解である。状況をつくることや、幼児の活動に沿って環境を構成するよう配慮することは、障害の有無にかかわらず保育全般において重要なことといえる。**B**は**ウ**が正解である。一人一人が異なった発達の姿を示すので、それぞれに即した指導をしなければならない。**C**は**イ**が正解である。幼稚園教育要領の「第1章　第2節」より、生きる力の基礎を育むため「知識及び技能の基礎」「思考力、判断力、表現力等の基礎」「学びに向かう力、人間性等」を一体的に育むこととされている。**D**は**ケ**が正解である。多くの幼児にとって、幼稚園生活は親しい人間関係である家庭を離れ、同年代の幼児と過ごす始めての集団生活である。この集団生活を通して自我の発達の基礎が築かれる。**E**は**ク**が正解である。発達を促すに当たって、個別の教育支援計画および指導計画を作成・活用することなどに留意したい。

38 ④

解説

①　適切である。教育課程は，幼稚園における教育期間の全体を見通したものである。

②　適切である。指導計画は，一人一人の幼児が生活を通して必要な経験が得られるよう具体的に立てられる。

③　適切である。そのため一般に長期的な見通しをもった年・学期・月，あるいは発達の時期などの計画と，それと関連しさらに具体的にされた週，日など短期の計画を考えることになる。

④　適切でない。指導計画は１つの仮説である。実際に展開される生活に応じて改善されていく。そこから教育課程の改善も行われる。

⑤　適切である。そのためには幼稚園全体の物的・人的環境が幼児期の発達を踏まえて教育環境として十分に配慮されることが重要である。

39 ③

解説

幼児の家庭や地域での生活を含め，生活全体を豊かにし，健やかな成長を確保していくためには，幼稚園が家庭や地域社会との連携を深め，地域の実態や保護者及び地域の人々の要請などを踏まえ，地域における幼児期の教育のセンターとしてその施設や機能を開放し，積極的に子育てを支援していく必要がある。このような子育ての支援の観点から，幼稚園には多様な役割を果たすことが期待されている。その例として，地域の子供の成長，発達を促進する場としての役割，遊びを伝え，広げる場としての役割，保護者が子育ての喜びを共感する場としての役割，子育ての本来の在り方を啓発する場としての役割，子育ての悩みや経験を交流する場としての役割，地域の子育てネットワークづくりをする場としての役割などが挙げられるが，このほかにも，各幼稚園を取り巻く状況に応じて，様々な役割が求められる。

40 ②

解説

昭和22年に保育要領が作成され，これが昭和31年に幼稚園教育要領として改訂された。平成元年の幼稚園教育要領の改訂以来，領域は，健康，人間関係，環境，言葉，表現の５つで編成されている。それまでは健康，

社会，自然，言語，音楽リズム，絵画製作の6領域であった。

① 「自然」の領域は昭和31年改訂，昭和39年改訂である。

② すべて平成29年改訂の領域である。

③ 「社会」の領域は昭和31年改訂，昭和39年改訂である。

④ 「言語」の領域は昭和31年改訂，昭和39年改訂である。平成元年からは「言語」でなく「言葉」となっている。

⑤ 「遊び」という領域は，昭和31年の改訂以来，設けられたことがない。

41 ⑤

解説

ア 領域は小学校の教科科目のように区切らないで，生活全般や遊びなどにおいて子どもの自発的な活動をとおして，幼稚園において総合的に達成されるような教育を示したものである。

イ 正しい。幼稚園教育要領の第2章「ねらい及び内容」において，各領域に示されている事項についての解説である。

ウ 正しい。幼児に育つことが期待される心情，意欲，態度などを「ねらい」とし，それを達成するために教師が指導し，幼児が身に付けていくことが望まれるものを「内容」としたものである。

エ 各領域に示された目標などをそのまま教育課程における具体的な指導のねらいとするのではなく，幼児の発達の各時期に展開される生活に応じて適切に具体化したねらいや内容を設定する必要がある。

オ 教師が指導する内容を示したもので，指導方法を示したものではない。

42 ⑤

解説

Aには「資質・能力」が当てはまる。旧幼稚園教育要領(平成20年告示)では，ねらいは「幼稚園修了までに育つことが期待される生きる力の基礎となる心情，意欲，態度など」とされていたのに対し，新しい幼稚園教育要領(平成29年3月告示)では「幼稚園教育において育みたい資質・能力を幼児の生活する姿から捉えたもの」と定義が変更されたので必ず確認しておきたい。Bには「人間関係」が当てはまる。「人間関係」は領域の1つである。Cには「感性」が当てはまる。技能と表現でなく，感性と表現である。Dには「具体的」が当てはまる。Eには「総合的」が当てはまる。「具体的な活動を通して総合的に指導されるものであること」とする。「具体的」と「総合的」を

混同しないこと。

43 ①

解説

　Aには「安全」が入る。生涯を通じて健康で安全な生活を営む基盤は，幼児期に愛情に支えられた安全な環境の下で，心と体を十分に働かせて生活することによって培われていく(幼稚園教育要領解説(平成30年2月，文部科学省)第2章第2節1)。Bには「自立心」が入る。Cには「好奇心」が入る。幼児は園内，園外の様々な環境に好奇心や探究心をもって主体的に関わり，自分の生活に取り入れていくことを通して発達していく(幼稚園教育要領解説(平成30年2月，文部科学省)第2章第2節3)。Dには「感覚」が入る。Eには「創造性」が入る。幼児は，感じること，考えること，イメージを広げることなどの経験を重ね，感性と表現する力を養い，創造性を豊かにしていく(幼稚園教育要領解説(平成30年2月，文部科学省)第2章第2節5)。

44 ④

解説

　Aには「自分の」，Bには「信頼感」，Cには「社会生活」が入る。平成29年3月の改訂で従前のものより改訂があったのは(2)の文章である。「工夫したり，協力したりして一緒に活動する楽しさを味わい，」が加えられたので，必ず確認しておきたい。

45 ③

解説

　領域「環境」の「ねらい」の1つ。参考として，幼稚園教育要領解説(平成30年2月，文部科学省)第2章第2節3では「幼児を取り巻く生活には，物については当然だが，数量や文字についても，幼児がそれらに触れ，理解する手掛りが豊富に存在する。それについて単に正確な知識を獲得することのみを目的とするのではなく，環境の中でそれぞれがある働きをしていることについて実感できるようにすることが大切である」としていることを確認したい。

46 ③

解説

　「3　内容の取扱い」で「(4)　幼児が生活の中で，言葉の響きやリズム，新

しい言葉や表現などに触れ，これらを使う楽しさを味わえるようにすること。その際，絵本や物語に親しんだり，言葉遊びなどをしたりすることを通して，言葉が豊かになるようにすること。」が平成 29 年 3 月告示の幼稚園教育要領において新たに加わった。①は「3　内容の取扱い」の(1)に，②は(2)に，④は(5)に，⑤は(3)にある。

47 ⑤

解説

　5 つの領域は学校教育法第 23 条の「幼稚園の教育目標」を受けているが，「幼稚園の教育目標」がそのまま幼稚園教育要領の領域に表されているものはない。各領域の意義付けは次のとおりである。「健康」健康な心と体を育て，自ら健康で安全な生活をつくり出す力を養う。「人間関係」他の人々と親しみ，支え合って生活するために，自立心を育て，人と関わる力を養う。「環境」周囲の様々な環境に好奇心や探究心をもって関わり，それらを生活に取り入れていこうとする力を養う。「言葉」経験したことや考えたことなどを自分なりの言葉で表現し，相手の話す言葉を聞こうとする意欲や態度を育て，言葉に対する感覚や言葉で表現する力を養う。「表現」感じたことや考えたことを自分なりに表現することを通して，豊かな感性や表現する力を養い，創造性を豊かにする。

48 ②

解説

　保育内容のねらいについては暗唱できるくらいにしておきたい。正しくは「身近な環境に親しみ，自然と触れ合う中で様々な事象に興味や関心をもつ。身近な環境に自分から関わり，発見を楽しんだり，考えたりし，それを生活に取り入れようとする。身近な事象を見たり，考えたり，扱ったりする中で，物の性質や数量，文字などに対する感覚を豊かにする」であるが，この設問の場合は，Bが 2 箇所に出てくることに注意する。「興味や関心をもつ」，「見たり，考えたり，扱ったりする」の両方の目的語として使えるものがウしかないことが分かれば，選択肢③〜⑤は除外できる。また，Cに「表現」が入るのは日本語として不自然なので選択肢①も除外できる。

第4章

専門試験
教育法規

███████████████ **Q 演習問題** ███████████████

1 日本国憲法の記述として正しいものを，次の①〜⑤から１つ選びなさい。
(難易度■■■□□)

① その権威は国民に由来し，その権力は国民がこれを行使し，その福利は国民がこれを享受する。

② 我々日本国民は，たゆまぬ努力によって築いてきた民主的で文化的な国家を更に発展させるとともに，世界の平和と人類の福祉の向上に貢献することを願うものである。

③ すべての国民は，個人として尊重される。生命，自由及び幸福追求に対する国民の権利については，公共の福祉に反しない限り，立法その他の国政の上で，最大の尊重を必要とする。

④ 思想及び良心の自由は，公共の福祉に反しない限り，これを侵してはならない。

⑤ 何人も，居住，移転及び職業選択の自由を有する。

2 教育基本法の記述として適切なものを，次の①〜⑤から１つ選びなさい。
(難易度■■■□□)

① われらは，さきに，日本国憲法を確定し，民主的で文化的な国家を建設して，世界の平和と人類の福祉に貢献しようとする決意を示した。この理想の実現は，根本において教育の力にまつべきものである。

② 教育は，人格の陶冶を目指し，自由な国家及び社会の形成者として必要な資質を備えた心身ともに健康な国民の育成を期して行われなければならない。

③ 国及び地方公共団体は，すべて修学が困難な者に対して，奨学の措置を講じなければならない。

④ 学校においては，授業料を徴収することができる。

⑤ 法律に定める学校は，公の性質を有するものであって，国，地方公共団体及び法律に定める法人のみが，これを設置することができる。

3 教育基本法の記述として適切なものを，次の①〜⑤から１つ選びなさい。
(難易度■■■□□)

① 教育を受ける者が，学校生活を営む上で必要な規律を重んずるととも

に，自ら進んで学習に取り組む意欲を高めることを重視して行われなければならない。

② 私立学校の有する公の性質及び学校教育において果たす重要な役割にかんがみ，国及び地方公共団体は，私立学校教育の振興に努めなければならない。ただし，公の財産を支出してはならない。

③ 幼児期の教育は，保護者が第一義的責任を有するものであって，国及び地方公共団体は，幼児の健やかな成長に資する良好な環境の整備その他適当な方法によって，その振興に努めなければならない。

④ 父母その他の保護者は，生活のために必要な習慣を身に付けさせるとともに，自立心を育成し，心身の調和のとれた発達を図るよう努めるものとする。

⑤ 学校及び家庭は，教育におけるそれぞれの役割と責任を自覚するとともに，相互の連携及び協力に努めるものとする。

4 次の記述は，教育基本法のうち教育の目標について述べた条文である。空欄（ A ）〜（ C ）に当てはまる語句の組み合わせとして正しいものを，あとの①〜⑤から１つ選びなさい。 （難易度■■□□□）

・幅広い知識と教養を身に付け，真理を求める態度を養い，（ A ）を培うとともに，健やかな身体を養うこと。

・（ B ）を尊重して，その能力を伸ばし，創造性を培い，自主及び自律の精神を養うとともに，職業及び生活との関連を重視し，勤労を重んずる態度を養うこと。

・（ C ）を尊重し，それらをはぐくんできた我が国と郷土を愛するとともに，他国を尊重し，国際社会の平和と発展に寄与する態度を養うこと。

　　ア 個人の価値　　イ 豊かな情操と道徳心　　ウ 生命
　　エ 環境　　　　　オ 伝統と文化
① A-ア　　B-イ　　C-オ
② A-イ　　B-ア　　C-オ
③ A-ア　　B-ウ　　C-エ
④ A-イ　　B-エ　　C-オ
⑤ A-ア　　B-イ　　C-ウ

5 次は教育基本法の条文である。空欄(A)〜(C)に当てはまる語句の組み合わせとして正しいものを，あとの①〜⑤から１つ選びなさい。

(難易度■■■□□)

　(A)は，生涯にわたる(B)の基礎を培う重要なものであることにかんがみ，国及び地方公共団体は，幼児の健やかな成長に資する良好な環境の整備その他適当な方法によって，その(C)に努めなければならない。

　　ア　幼稚園教育　　イ　幼児期の教育　　ウ　人格形成　　エ　学習
　　オ　振興

① A-ア　　B-ウ　　C-エ
② A-ア　　B-エ　　C-オ
③ A-イ　　B-ウ　　C-オ
④ A-イ　　B-エ　　C-オ
⑤ A-ウ　　B-エ　　C-オ

6 教員に関する次の記述の空欄(A)〜(C)に当てはまる語句の組み合わせとして適切なものを，あとの①〜⑤から１つ選びなさい。

(難易度■■■□□)

　法律に定める学校の教員は，自己の崇高な使命を深く自覚し，絶えず(A)に励み，その職責の遂行に努めなければならない。

　前項の教員については，その(B)の重要性にかんがみ，その身分は尊重され，待遇の適正が期せられるとともに，(C)の充実が図られなければならない。

　　ア　研究と修養　　イ　修養と研修　　ウ　養成と研修
　　エ　使命と職責　　オ　修養と職責

① A-ア　　B-イ　　C-ウ
② A-ア　　B-エ　　C-ウ
③ A-イ　　B-ウ　　C-オ
④ A-イ　　B-エ　　C-ウ
⑤ A-ウ　　B-エ　　C-オ

7 学校教育法の幼稚園に関する条文として適切なものを，次の①〜⑤から１つ選びなさい。　　　　　　　　　　　　　　　(難易度■■■□□)

①　幼稚園は，義務教育及びその後の教育の基礎を培うものとして，幼児

を教育し，幼児の健やかな成長のために適当な保育を与えて，その心身の発達を助長することを目的とする。

② 集団生活を通じて，喜んでこれに参加する態度を養うとともに家族や身近な人への信頼感を深め，自主，自律及び協同の精神並びに規範意識の芽生えを養うこと。

③ 幼稚園においては，……幼児期の教育に関する各般の問題につき，保護者及び地域住民その他の関係者からの相談に応じ，必要な情報の提供及び助言を行うなど，家庭及び地域における幼児期の教育の支援を行うことができる。

④ 幼稚園に入園することのできる者は，その年度に満3歳に達する幼児から，小学校就学の始期に達するまでの幼児とする。

⑤ 教頭は，園長(副園長を置く幼稚園にあつては，園長及び副園長)を助け，園務を整理する。

8 学校教育法に規定する内容として適切なものを，次の①〜⑤から1つ選びなさい。 (難易度■■■□□)

① 私立幼稚園を設置しようとするときは，市町村教育委員会の認可を受けなければならない。

② 幼稚園では，学校運営の評価を行い，改善のために必要な措置を講じなくてはならない。

③ 幼稚園には，園長，教頭，主幹教諭，教諭を必ず置かなければならない。

④ 小学校は，家庭教育の基礎の上に普通教育を行う学校である。

⑤ 特別支援学校は，視覚障害者，聴覚障害者，知的障害者を対象とする学校である。

9 次の記述は，学校教育法に定める幼稚園の目的である。空欄(A)〜(C)に当てはまる語句の組み合わせとして正しいものを，あとの①〜⑤から1つ選びなさい。 (難易度■■□□□)

幼稚園は，(A)及びその後の教育の基礎を培うものとして，幼児を(B)し，幼児の健やかな成長のために適当な(C)を与えて，その心身の発達を助長することを目的とする。

ア 小学校　イ 義務教育　ウ 教育　エ 保育
オ 環境

① A－ア　　B－イ　　C－エ
② A－ア　　B－ウ　　C－エ
③ A－ア　　B－エ　　C－オ
④ A－イ　　B－ウ　　C－オ
⑤ A－イ　　B－エ　　C－オ

10 学校教育法に定める「幼稚園教育の目標」の記述として誤っているものを，次の①～⑤から１つ選びなさい。　　　　　（難易度■■■□□）

① 健康，安全で幸福な生活のために必要な基本的な習慣を養い，身体諸機能の調和的発達を図ること。
② 生活の仕方を知り，自分たちで生活の場を整えながら見通しをもって行動すること。
③ 身近な社会生活，生命及び自然に対する興味を養い，それらに対する正しい理解と態度及び思考力の芽生えを養うこと。
④ 日常の会話や，絵本，童話等に親しむことを通じて，言葉の使い方を正しく導くとともに，相手の話を理解しようとする態度を養うこと。
⑤ 音楽，身体による表現，造形等に親しむことを通じて，豊かな感性と表現力の芽生えを養うこと。

11 学校教育法における小学校教育の規定として適切なものを，次の①～⑤から１つ選びなさい。　　　　　（難易度■■■□□）

① 中学校及びその後の教育の基礎を培うものとして，児童を教育し，児童の健やかな成長のために適当な環境を与えて，その心身の発達を助長することを目的とする。
② 生涯にわたり学習する基盤が培われるよう，基礎的な知識及び技能を習得させることに，特に意を用いなければならない。
③ 教育指導を行うに当たり，児童の体験的な学習活動，特にボランティア活動など社会奉仕体験活動，自然体験活動その他の体験活動の充実に努めるものとする。
④ 文部科学大臣の検定を経た教科用図書又は文部科学省が著作の名義を有する教科用図書を使用することができる。
⑤ 性行不良で他の児童の教育に妨げがあると認められる児童があっても，その保護者に対して，児童の出席停止を命ずることはできない。

12 学校教育法施行規則の規定として適切なものを，次の①〜⑤から１つ選びなさい。　　　　　　　　　　　　　　　　　　　(難易度■■■□□)

① 幼稚園の毎学年の教育週数は，特別の事情のある場合を除き，35週を下つてはならない。

② 職員会議は，学校の重要事項の決定機関であり，校長が召集する。

③ 学年は，４月１日に始まり，翌年３月31日に終わる。

④ 教育活動その他の学校運営の状況について，自ら評価を行い，その結果を公表することに努めなければならない。

⑤ 幼稚園の１日の教育課程に係る教育時間は，４時間を標準とする。

13 学校教育法施行規則の条文として適切なものを，次の①〜⑤から１つ選びなさい。　　　　　　　　　　　　　　　　　　　(難易度■■■□□)

① 校長及び教員が児童等に懲戒や体罰を加えるに当たつては，児童等の心身の発達に応ずる等教育上必要な配慮をしなければならない。

② 幼稚園の設備，編制その他設置に関する事項は，この章に定めるもののほか，文部科学大臣の定めるところによる。

③ 幼稚園の毎学年の教育週数は，特別の事情のある場合を除き，39週を下つてはならない。

④ 職員会議を置かなければならない。

⑤ ……当該小学校の教育活動その他の学校運営の状況について，自ら評価を行い，その結果を公表することに努めるものとする。

14 次の記述は，学校評価に関するものである。正しい記述の組み合わせを，あとの①〜⑤から１つ選びなさい。　　　　　　(難易度■■■■□)

ア 学校評価は，特別の事情があるときには実施しないことができる。

イ 学校評価には，自己評価，学校関係者評価，第三者評価の３種類がある。

ウ 学校関係者評価の評価者には，その学校の教職員は加われない。

エ 学校評価の結果は，その学校の設置者に報告しなければならない。

オ 第三者評価を実施することに努めるものとする。

　① ア，イ　　② ア，エ，オ　　③ イ，ウ　　④ イ，ウ，エ
　⑤ ウ，エ，オ

15 学校評議員制度に関する学校教育法施行規則の記述として適切なものを，次の①〜⑤から1つ選びなさい。　　　　　　　　(難易度■■■■□)

① 学校には，学校評議員会を置くものとする。

② 学校評議員は，校長が委嘱する。

③ 学校評議員は，校長の求めに応じて意見を述べる。

④ 校長は，学校運営の方針を作成し，学校評議員の承認を得なければならない。

⑤ 教育委員会は，学校評議員の意見を尊重しなければならない。

16 幼稚園の設置に関する記述のうち，適切なものを，次の①〜⑤から1つ選びなさい。　　　　　　　　(難易度■■■□□)

① 私立幼稚園を設置できるのは，学校法人に限られる。

② 市町村には，幼稚園の設置が義務付けられている。

③ 幼稚園の1学級の幼児数は，幼稚園教育要領によって定められている。

④ 園舎は2階建以下を原則とし，保育室，遊戯室，便所は1階に置かなければならない。

⑤ 幼稚園には，図書室を置かなければならない。

17 幼稚園設置基準に関する記述として適切なものを，次の①〜⑤から1つ選びなさい。　　　　　　　　(難易度■■■□□)

① 学級は，学年の初めの日の前日において同じ年齢にある幼児で編制することを原則とする。

② 幼稚園に置く教員等は，他の学校の教員等と兼ねることができないことを原則とする。

③ 養護教諭は，必ず置かなければならない。

④ 保育室の数は，学級数の3分の1を下回ってはならない。

⑤ 運動場を園舎と離れた敷地に設けるときは，バスなどの移動手段を講じなければならない。

18 幼稚園設置基準の条文として適切なものを，次の①〜⑤から1つ選びなさい。　　　　　　　　(難易度■■■□□)

① この省令で定める設置基準は，幼稚園を設置するのに必要な最低の基準を示すものであるから，幼稚園の設置者は，幼稚園の水準の向上を図

ることに努めなければならない。

②　1学級の幼児数は，40人以下でなければならない。

③　保育室，遊戯室及び便所の施設は，第1階に置くことを原則とする。

④　保育室と遊戯室及び職員室と保健室とは，それぞれ別に設けるものとする。

⑤　園具及び教具は，常に改善し，補充するよう努めるものとする。

19 公立学校の休業日に関する法律の規定として，適切でないものを，次の①～⑤から1つ選びなさい。　　　　　　　　　　（難易度■■■■□）

①　土曜日

②　日曜日

③　国民の祝日

④　年間90日の夏季・冬季休業日

⑤　教育委員会の定める日

20 次は，文部科学省が示した「幼稚園施設整備指針」（平成30年3月）のなかの「人とのかかわりを促す工夫」についての記述である。文中の（　A　）～（　C　）に当てはまる語句をア～クから選ぶとき，正しい組み合わせを，あとの①～⑤から1つ選びなさい。　（難易度■■□□□）

　幼児が教師や他の幼児などと（　A　）をおくる中で，信頼感や思いやりの気持ちを育て，また，地域住民，高齢者など様々な人々と親しみ，（　B　）を育て人とかかわる力を養うことに配慮した施設として計画することが重要である。その際，近隣の小学校の児童等との（　C　）に配慮した施設として計画したり，アルコーブ，デン等を計画し，幼児と人との多様なかかわり方が可能となる施設面での工夫を行ったりすることも有効である。

ア　遊び　　イ　道徳心　　ウ　社会生活　　エ　相互理解

オ　自立心　　カ　学習活動　　キ　集団生活　　ク　交流

①　A-キ　　B-オ　　C-ク

②　A-ウ　　B-ア　　C-ク

③　A-エ　　B-イ　　C-オ

④　A-カ　　B-イ　　C-キ

⑤　A-カ　　B-ア　　C-キ

21 次は，文部科学省が示した「幼稚園施設整備指針」(平成 30 年 3 月) の中の「自然や人，ものとの触れ合いの中で遊びを通した柔軟な指導が展開できる環境の整備」についての記述である。文中の (A) ～ (C) に当てはまる語句をア～クから選ぶとき，正しい組み合わせを，あとの①～⑤から 1 つ選びなさい。　　　　　　　　　　(難易度■■□□□)

幼稚園は幼児の (A) な生活が展開される場であることを踏まえ，家庭的な雰囲気の中で，幼児同士や教職員との交流を促すとともに，自然や人，ものとの触れ合いの中で幼児の (B) を満たし，幼児の (C) な活動としての遊びを引き出すような環境づくりを行うことが重要である。

　　ア　自発的　　イ　行動的　　ウ　満足感　　エ　自立的
　　オ　好奇心　　カ　主体的　　キ　積極的　　ク　達成感

①　A－エ　　B－ク　　C－カ
②　A－イ　　B－オ　　C－キ
③　A－カ　　B－オ　　C－ア
④　A－ア　　B－ウ　　C－キ
⑤　A－ア　　B－ク　　C－エ

22 学校教育法に掲げられている幼稚園の目的・目標として適切なものを，次の①～⑤から 1 つ選びなさい。　　　　　　　(難易度■■■□□)

① 　健康，安全で幸福な生活のために必要な態度を養い，身体諸機能の調和的発達を図ること。

② 　義務教育及びその後の教育の基礎を培うものとして，幼児を保育し，幼児の健やかな成長のために安全な環境を与えて，その心身の発達を助長すること。

③ 　身近な社会生活，生命及び自然に対する興味を養い，それらに対する正しい理解と態度及び思考力の芽生えを養うこと。

④ 　日常の会話や，絵本，童話等に親しむことを通じて，読解力を正しく導くとともに，相手の話を理解しようとする態度を養うこと。

⑤ 　音楽，遊戯，造形等に親しむことを通じて，豊かな感性と表現力の芽生えを養うこと。

23 教員に関する記述として適切なものを，次の①～⑤から 1 つ選びなさい。
　　　　　　　　　　　　　　　　　　　　　　(難易度■■■■□)

① 教員は，すべて全体の奉仕者である。

② 教員は，教育の専門家として，校長の指揮命令から一定の独立性が認められている。

③ 教員免許状取上げの処分を受け，3年を経過しない者は，教員にはなれない。

④ 教員として採用された者は，本人の意思に反して，教員以外の職に任命されることはない。

⑤ 教諭は，教育および校務をつかさどる。

24 次は，教育公務員の任命に関する記述である。空欄(A)〜(C)に当てはまる語句の組み合わせとして正しいものを，あとの①〜⑤から1つ選びなさい。 (難易度■■■□□)

市町村立学校の教員は，(A)の公務員であるが，(B)が給与を負担する教員の任命権は(B)にある。これを，(C)制度という。

ア 都道府県教育委員会

イ 市町村教育委員会

ウ 公費負担教職員

エ 県費負担教職員

オ 私費負担教職員

① A－ア　　B－イ　　C－ウ

② A－ア　　B－イ　　C－エ

③ A－イ　　B－ア　　C－ウ

④ A－イ　　B－ア　　C－エ

⑤ A－イ　　B－ア　　C－オ

25 教育公務員に関する記述として，誤っているものを，次の①〜⑤から1つ選びなさい。 (難易度■■■□□)

① 勤務時間中であっても，自らの裁量で，勤務場所を離れて研修を行うことができる。

② 職の信用を傷つけたり，職員の職全体の不名誉となるような行為をしたりすることが禁じられている。

③ 全国どこであっても政治的行為をすることができない。

④ 兼職や兼業が認められる場合がある。

⑤　争議行為を行うことができない。

26 次は教育公務員特例法についての記述である。正しい記述の組み合わせ
を，あとの①〜⑤から１つ選びなさい。　　　　　　　（難易度■■■□□）

ア　教育公務員は，その職責を遂行するために，絶えず研究と修養に努め
なければならない。

イ　教育公務員は，教育長の定めるところにより，現職のままで，長期に
わたる研修を受けることができる。

ウ　教諭等の任命権者は，当該教諭等に対して，その採用の日から１年間
の教諭又は保育教諭の職務の遂行に必要な事項に関する実践的な研修を
実施しなければならない。

エ　教諭等の任命権者は，当該教諭等に対して，個々の能力，適性等に応
じて，公立の小学校等における教育に関し相当の経験を有し，その教育
活動その他の学校運営の円滑かつ効果的な実施において中核的な役割を
果たすことが期待される中堅教諭等としての職務を遂行する上で必要と
される資質の向上を図るために必要な事項に関する研修を実施すること
に努めるものとする。

オ　教諭等の任命権者は，児童，生徒又は幼児に対する指導が不適切であ
ると認定した教諭等に対して，その能力，適性等に応じて，当該指導の
改善を図るために必要な事項に関する研修を実施しなければならない。

①　ア，イ，エ　　②　ア，ウ，オ　　③　イ，ウ，エ
④　イ，ウ，オ　　⑤　ウ，エ，オ

27 教育公務員の研修に関する記述として，教育公務員特例法に照らして適
切なものを，次の①〜⑤から１つ選びなさい。　　　（難易度■■■□□）

①　校長は，教員の研修について，それに要する施設，研修を奨励するた
めの方途その他研修に関する計画を樹立し，その実施に努めなければな
らない。

②　教員は，授業に支障がなければ，本属長の承認を受けずに，勤務場所
を離れて研修を行うことができる。

③　教育公務員は，任命権者の定めるところにより，現職のままで，長期
にわたる研修を受けることができる。

④　任命権者は，初任者研修を受ける者の所属する学校の管理職を除く，

主幹教諭, 指導教諭, 主任教諭, 教諭, 講師のうちから, 初任者研修の指導教員を命じるものとする。

⑤ 任命権者は, 中堅教諭等資質向上研修を実施するに当たり, 小学校, 中学校, 高等学校, 特別支援学校等のそれぞれの校種に応じた計画書を作成し, 実施しなければならない。

28 教育公務員の研修に関する記述として適切なものを, 次の①〜⑤から1つ選びなさい。　　　　　　　　　　　　　　　　(難易度■■■□□)

① 在職期間によって, 初任者研修, 中堅教諭等資質向上研修, 20年経験者研修が義務付けられている。

② 初任者には, 所属する学校の校長が指導に当たる。

③ 中堅教諭等資質向上研修は, 教員の個々の能力, 適性等に応じて, 資質の向上を図るために行うものである。

④ 校長が必要と認めたときは, 教員に指導改善研修を命じることができる。

⑤ 任命権者が派遣する以外に, 大学院への修学を理由にした休業は認められない。

29 学校運営協議会に関する記述として正しい記述の組み合わせを, あとの①〜⑤から1つ選びなさい。　　　　　　　　　　　　(難易度■■■■□)

ア 学校の校長は, その学校に, 学校運営協議会を置くことができる。

イ 学校運営協議会の委員は, 地域の住民, 保護者その他について, 校長が任命する。

ウ 校長は, 学校の運営に関して, 基本的な方針を作成し, 学校運営協議会の承認を得なければならない。

エ 学校運営協議会は, 学校の職員の採用その他の任用に関する事項について, 任命権者に対して意見を述べることができる。任命権者は, その意見を尊重するものとする。

オ 市町村教育委員会は, 所管する学校の指定を行おうとするときは, あらかじめ都道府県教育委員会と協議しなければならない。

① ア, イ, ウ　　② ア, エ, オ　　③ イ, ウ, エ

④ イ, エ, オ　　⑤ ウ, エ, オ

30 学校保健に関する記述として適切なものを，次の①〜⑤から１つ選びな
さい。　　　　　　　　　　　　　　　　　　　　（難易度■■□□□）

① 学校においては，児童生徒等及び職員の健康診断，環境衛生検査，児
童生徒等に対する指導その他保健に関する事項について計画を策定し，
これを実施しなければならない。

② 学校には，保健室を置くことができる。

③ 学校においては，任意の学年に対して，児童生徒等の健康診断を行う。
在学中に必ず１回は健康診断を行うものとする。

④ 教育委員会は，感染症にかかつており，かかつている疑いがあり，又
はかかるおそれのある児童生徒等の出席を停止させることができる。

⑤ 学校には，学校医を置くことができる。

31 学校保健安全法の条文として誤っているものを，次の①〜⑤から１つ選
びなさい。　　　　　　　　　　　　　　　　　　（難易度■■■□□）

① 学校においては，毎学年定期に，児童生徒等……の健康診断を行わな
ければならない。

② 校長は，感染症にかかつており，かかつている疑いがあり，又はかか
るおそれのある児童生徒等があるときは，政令で定めるところにより，
出席を停止させることができる。

③ 学校の設置者は，感染症の予防上必要があるときは，臨時に，学校の
全部又は一部の休業を行うことができる。

④ 校長は，当該学校の施設又は設備について，児童生徒等の安全の確保
を図る上で支障となる事項があると認めた場合には，遅滞なく，その改
善を図るために必要な措置を講じ，又は当該措置を講ずることができな
いときは，当該学校の設置者に対し，その旨を申し出るものとする。

⑤ 学校の設置者は，学校給食衛生管理基準に照らして適切な衛生管理に
努めるものとする。

32 学校安全の記述として誤っているものを，次の①〜⑤から１つ選びなさ
い。　　　　　　　　　　　　　　　　　　　　　（難易度■■■□□）

① 学校の設置者は，児童生徒等の安全の確保を図るため，事故，加害行
為，災害等により児童生徒等に生ずる危険を防止し，児童生徒等に危険
又は危害が現に生じた場合において適切に対処することができるよう，

施設及び設備並びに管理運営体制の整備充実その他の必要な措置を講ずるよう努めるものとする。

② 学校においては，児童生徒等の安全の確保を図るため，当該学校の施設及び設備の安全点検，児童生徒等に対する通学を含めた学校生活その他の日常生活における安全に関する指導，職員の研修その他学校における安全に関する事項について計画を策定し，これを実施しなければならない。

③ 校長は，学校の施設又は設備について，児童生徒等の安全の確保を図る上で支障となる事項があると認めた場合には，遅滞なく，その改善を図るために必要な措置を講じ，又は措置を講ずることができないときは，学校の設置者に対し，その旨を申し出るものとする。

④ 学校においては，児童生徒等の安全の確保を図るため，当該学校の実情に応じて，危険等発生時において当該学校の職員がとるべき措置の具体的内容及び手順を定めた対処要領を作成するものとする。

⑤ 教育委員会は，学校における事故等により児童生徒等に危害が生じた場合において，当該児童生徒等及び当該事故等により心理的外傷その他の心身の健康に対する影響を受けた児童生徒等その他の関係者の心身の健康を回復させるため，これらの者に対して学校に替わって必要な支援を行うものとする。

33 学校給食に関する記述として適切なものを，次の①～⑤から 1 つ選びなさい。　　　　　　　　　　　　　　　　　　　　　(難易度■■■■□)

① 学校給食は，児童生徒の福祉のために行うものである。

② 義務教育諸学校では，学校給食を実施しなければならない。

③ 給食調理場は，各学校に設けなければならない。

④ 学校給食を実施する学校には，栄養教諭を置かなければならない。

⑤ 学校給食費は，2017(平成 29)年度に 76 の自治体で小学校・中学校とも無償化が実施された。

34 認定こども園の記述として適切なものを，次の①～⑤から 1 つ選びなさい。　　　　　　　　　　　　　　　　　　　　　(難易度■■■□□)

① 認定こども園は，幼稚園や保育所とはまったく別に創設された子育て支援施設である。

② 国ではなく，都道府県が条例で基準を定め，認定する。

③ 職員は，幼稚園教諭と保育士の両方の資格を保有していなければならない。

④ 保育料は保育所と同様，市町村が条例で決定する。

⑤ 施設設備は，幼稚園，保育所それぞれの基準を満たさなければならない。

35 児童虐待の防止等に関する法律の記述として適切なものを，次の①～⑤から１つ選びなさい。　　　　　　　　　　　　　（難易度■■■□□）

① この法律で「児童」とは，12歳未満の者を対象としている。

② 児童に対する直接の暴力だけでなく，保護者同士の暴力についても禁止している。

③ この法律では，児童に対する保護者の暴力のみを対象としている。

④ 虐待を発見した者は，証拠を見つけた上で，児童相談所などに通告しなければならない。

⑤ 守秘義務を有する学校の教職員には，早期発見の努力義務までは課されていない。

36 次は，児童養護施設に関する説明である。空欄（　A　）～（　C　）に当てはまる語句の組み合わせとして正しいものを，あとの①～⑤から１つ選びなさい。　　　　　　　　　　　　　（難易度■■■□□）

　児童養護施設は，保護者のない児童，虐待されている児童その他環境上養護を要する児童を入所させて，これを（　A　）し，あわせて退所した者に対する（　B　）その他の自立のための（　C　）を行うことを目的とする施設とする。

　ア　教育　　イ　養護　　ウ　相談　　エ　援助　　オ　支援

① A－ア　　B－イ　　C－ウ

② A－ア　　B－ウ　　C－エ

③ A－ア　　B－ウ　　C－オ

④ A－イ　　B－ウ　　C－エ

⑤ A－イ　　B－ウ　　C－オ

37 食育基本法の内容として適切なものの組み合わせを，あとの①～⑤から１つ選びなさい。　　　　　　　　　　　　　（難易度■■■■□）

　ア　父母その他の保護者は，食育について第一義的責任を有するものであっ

て，国及び地方公共団体は，保護者に対する学習の機会及び情報の提供その他の支援のために必要な施策を講ずるよう努めなければならない。

イ 地方公共団体は，基本理念にのっとり，食育の推進に関し，国との連携を図りつつ，その地方公共団体の区域の特性を生かした自主的な施策を策定し，及び実施する責務を有する。

ウ 国民は，家庭，学校，保育所，地域その他の社会のあらゆる分野において，基本理念にのっとり，生涯にわたり健全な食生活の実現に自ら努めるとともに，食育の推進に寄与するよう努めるものとする。

エ 都道府県は，食育推進基本計画を基本として，当該都道府県の区域内における食育の推進に関する施策についての計画を作成するよう努めなければならない。

オ 市町村は，都道府県の食育推進基本計画に従って食育を推進するものとする。

① ア，イ，ウ　　② ア，ウ，エ　　③ イ，ウ，エ

④ イ，ウ，オ　　⑤ ウ，エ，オ

38 次は発達障害者支援法の条文である。空欄（　A　）～（　C　）に当てはまる語句の組み合わせとして正しいものを，あとの①～⑤から１つ選びなさい。　　　　　　　　　　　　　　　　　（難易度■■■■□）

国及び地方公共団体は，基本理念にのっとり，（　A　）に対し，発達障害の症状の発現後できるだけ早期に，その者の状況に応じて適切に，就学前の（　B　），学校における（　B　）その他の（　B　）が行われるとともに，発達障害者に対する就労，地域における生活等に関する（　C　）及び発達障害者の家族その他の関係者に対する（　C　）が行われるよう，必要な措置を講じるものとする。

ア　発達障害児　　イ　保護者　　ウ　教育　　エ　発達支援

オ　支援

① A－ア　　B－ウ　　C－エ　　② A－ア　　B－ウ　　C－オ

③ A－ア　　B－エ　　C－オ　　④ A－イ　　B－ウ　　C－エ

⑤ A－イ　　B－ウ　　C－オ

39 学校事故として災害共済給付の対象となる「学校の管理下」の記述として
誤っているものを，次の①〜⑤から１つ選びなさい。

(難易度■■■■□)

① 法令の規定により学校が編成した教育課程に基づく授業を受けている
場合

② 学校の教育計画に基づいて行われる課外指導を受けている場合

③ その他，校内にある場合

④ 通常の経路及び方法により通学する場合

⑤ これらの場合に準ずる場合として文部科学省令で定める場合(寄宿舎に
ある場合など)

40 次に挙げた条文と法規名などの組み合わせとして正しいものを，あとの
①〜⑤から１つ選びなさい。 (難易度■■■■□)

A 全て児童は，児童の権利に関する条約の精神にのっとり，適切に養育
されること，その生活を保障されること，愛され，保護されること，そ
の心身の健やかな成長及び発達並びにその自立が図られることその他の
福祉を等しく保障される権利を有する。

B 幼稚園は，義務教育及びその後の教育の基礎を培うものとして，幼児
を保育し，幼児の健やかな成長のために適当な環境を与えて，その心身
の発達を助長することを目的とする。

C 幼稚園教育は，幼児期の特性を踏まえ環境を通して行うものであるこ
とを基本とする。

D １学級の幼児数は，35 人以下を原則とする。

ア 日本国憲法	イ 児童憲章
ウ 学校教育法	エ 学校教育法施行規則
オ 児童福祉法	カ 児童福祉法施行規則
キ 幼稚園教育要領	ク 幼稚園設置基準
ケ 教育基本法	

① A−ア　　B−ウ　　C−ケ　　D−ク
② A−イ　　B−ク　　C−カ　　D−エ
③ A−オ　　B−ウ　　C−キ　　D−ク
④ A−オ　　B−キ　　C−ケ　　D−カ
⑤ A−イ　　B−ウ　　C−キ　　D−エ

解 答・解 説

1 ③

解説

① 正しくは「その権力は国民の代表者がこれを行使し」(前文)。

② 日本国憲法ではなく，教育基本法の前文の記述である。

③ 第13条(個人の尊重，生命・自由・幸福追求の権利の尊重)の記述であり，正しい。

④ 第19条(思想及び良心の自由)には「公共の福祉に反しない限り」という限定は付いていない。

⑤ 正しくは「何人も，公共の福祉に反しない限り，居住，移転及び職業選択の自由を有する」(第22条)。ここでは「公共の福祉」の限定が付いている。

2 ⑤

解説

① 改正前の旧法(1947年公布)の前文である。混同しないよう，よく注意しておくことが必要である。

② 第1条(教育の目的)の条文であるが，正しくは「…人格の完成を目指し，平和で民主的な…」。

③ 第4条(教育の機会均等)第3項の条文であるが，「能力があるにもかかわらず，経済的理由によって修学が困難な者に対して」が正しい。

④ 学校教育法第6条の条文である。教育基本法で授業料に関する条文は「国又は地方公共団体の設置する学校における義務教育については，授業料を徴収しない」(第5条第4項)。

⑤ 第6条(学校教育)第1項の記述である。

3 ①

解説

① 学校教育について規定した第6条第2項の記述である。教育基本法においては学習者の「規律」が強調されている。

② 第8条(私立学校)では，「助成その他の適当な方法によって私立学校教育の振興に努めなければならない」と，私学助成が合憲であることを明確にしている。

③ 正しくは「幼児期の教育は，生涯にわたる人格形成の基礎を培う重要なものであることにかんがみ…」(第11条)。

④　正しくは「父母その他の保護者は，子の教育について第一義的責任を有するものであって…」(第10条第1項)。ここで保護者の教育責任が強調されている。

⑤　正しくは「学校，家庭及び地域住民その他の関係者は」(第13条)。学校・家庭・地域の三者の連携を求めていることに注意する必要がある。

4 ②

解説

　教育基本法第2条からの出題で，順に第一号，第二号，第五号の条文である。教育基本法においては，教育の目標について詳しく記述されている。それぞれの項目は学校教育のみならず家庭教育や社会教育にも適用されるものであるが，とりわけ学校教育においては，それぞれの学校で「教育の目標が達成されるよう」(第6条第2項)各号の規定を具体的な指導につなげていくことが求められるので，しっかりと覚えておくことが必要である。

5 ③

解説

　教育基本法は，全18条から構成されている。問題文は第11条「幼児期の教育」である。「幼稚園教育」となっていないのは，幼稚園における教育だけでなく，保育所で行われる保育や，家庭での教育，地域社会におけるさまざまな子ども・子育て支援活動なども幅広く含むものとされているからである。生後から小学校就学前の時期の教育・保育の重要性をかんがみてのこととされる。

6 ②

解説

　教育基本法第9条の規定であり，教員に関する最も重要な規定として穴埋め問題にもなりやすい条文なので，語句も含めてしっかり覚えておく必要がある。教育は教育を受ける者の人格の完成を目指し，その成長を促す営みであるから，教員には確たる理念や責任感とともに，専門的な知識や深い教養も求められている。だから，まず，自ら進んで「絶えず研究と修養」に励むことが求められるのである。そうした「使命と職責」を果たすためにも，教員個人の努力に任せるだけでなく，国や地方公共団体などによる「養成と研修」が表裏一体となって，教員の資質向上を図っていく，というねらいが，この条文には込められている。

7 ②
解説

① 第22条(幼稚園の教育目的)の条文だが，正しくは「幼児を保育し」「適当な環境を与えて」である。

② 第23条には，幼稚園の教育目標が五号にわたって示されており，問題文はそのうちの第二号であり，適切。

③ 最後の部分は「支援に努めるものとする」が正しい。第24条で家庭・地域への教育支援が努力義務化されたことに注意したい。

④ 第26条(入園資格)の条文であるが，「その年度に満3歳に達する幼児」は「満3歳」が正しい。

⑤ 第27条第6項(幼稚園職員の配置と職務)の条文だが，最後の部分は「園務を整理し，及び必要に応じ幼児の保育をつかさどる」。なお，副園長には園長と同様に，「幼児の保育をつかさどる」職務は入っていない。

8 ②
解説

① 第4条第1項第三号(学校の設置廃止等の認可)では，幼稚園に限らず，私立の小学校，高校などの設置は都道府県知事の認可を受けるべきことを定めている。

② 適切である。第42条(小学校)に規定があり，幼稚園にも準用されることが第28条に規定されている。学校評価とそれに基づく改善は重要な教育課題であり，注意しておく必要がある。

③ 第27条第2項では主幹教諭は「置くことができる」職とされており，必置ではない。

④ 第29条(小学校の教育目的)の規定は「心身の発達に応じて，義務教育として行われる普通教育のうち基礎的なものを施すことを目的とする」。

⑤ 第72条では，このほかに肢体不自由者又は病弱者(身体虚弱者を含む。)を規定している。

9 ⑤
解説

　1876年にわが国で最初の幼稚園が東京女子師範学校の附属として設置された後，最初の独立の規程は「幼稚園保育及設備規程」(1899年)であった。1926年の「幼稚園令」では「心身ヲ健全ニ発達セシメ善良ナル性情ヲ滋養シ

家庭教育ヲ補フ」という目的が明文化されるところとなった。本問の学校
教育法では，幼稚園が「義務教育及びその後の教育の基礎を培う」となって
いるのは，その後の段階的な学校教育の基礎としての位置付けを強調する
ねらいがある。

10 ②
解説

　幼稚園の教育目標は，学校教育法第23条で規定されている。②は同条第
二号であるが，「集団生活を通じて，喜んでこれに参加する態度を養うとと
もに家族や身近な人への信頼感を深め，自主，自律及び協同の精神並びに
規範意識の芽生えを養うこと」が正しい。なお，②の記述は，幼稚園教育
要領(2017年3月告示)における第2章「健康」2「内容」(8)「幼稚園における生
活の仕方を知り，自分たちで生活の場を整えながら見通しをもって行動す
る」である。幼稚園教育要領の内容も，学校教育法の目標を具体化するも
のであるから，両者には対応関係があることを確認しつつも，混同しない
よう，条文に即して覚えておくようにしたい。

11 ③
解説

　小学校教育に関しては，幼稚園教育との連携・接続が大きな課題になっ
ていることからも，しっかり把握しておきたい。
①　正しくは「心身の発達に応じて，義務教育として行われる普通教育のう
　ち基礎的なものを施すことを目的とする」(第29条)。
②　「…基礎的な知識及び技能を習得させるとともに，これらを活用して課
　題を解決するために必要な思考力，判断力，表現力その他の能力をはぐ
　くみ，主体的に学習に取り組む態度を養うことに，特に意を用いなけれ
　ばならない」(第30条第2項)が正しい。
④　正しくは「使用しなければならない」(第34条第1項)。
⑤　第35条では，出席停止を命ずることができること，及びその具体的な
　行為について明記している。

12 ③
解説

①　正しくは「39週」(第37条)。なお，幼稚園教育要領(平成29年3月告示)
　にも同様の規定がある。

② 職員会議は以前，慣例として置かれているだけだったが，2000年の改正で初めて法令上に位置付けられるとともに，「校長の職務の円滑な執行に資するため」に「置くことができる」ものであり，あくまで「校長が主宰する」ものであることも明確化された(第48条第2項など)。

③ 適切である。第59条に明記されており，幼稚園にも準用される。

④ 正しくは「…公表するものとする」(第66条第1項)。努力義務ではなく，実施義務であることに注意。

⑤ 幼稚園教育要領の規定である。学校教育法施行規則第38条では「幼稚園の教育課程その他の保育内容については…幼稚園教育要領によるものとする」としている。

13 ③
解説

① 第26条第1項(懲戒)の規定であるが，体罰は学校教育法第11条で禁止されている。

② 第3章(幼稚園)の第36条(設置基準)には，文部科学大臣ではなく「幼稚園設置基準(昭和31年文部省令第32号)の定めるところによる」とされている。

③ 第37条(教育週数)にこの定めがあり，適切。

④ 正しくは「校長の職務の円滑な執行に資するため，職員会議を置くことができる」(第48条第1項)。職員会議は長く学校の慣例として設けられていたが，2000年の改正で初めて法令に規定された。

⑤ 第66条第1項(自己評価と公表義務)の条文であるが，正しくは「……公表するものとする」である。

14 ④
解説

　学校評価は学校に実施が義務付けられているものであり，その内容をきちんと押さえておく必要がある。学校教育法第42条では，小学校について「文部科学大臣の定めるところにより当該小学校の教育活動その他の学校運営の状況について評価を行い，その結果に基づき学校運営の改善を図るため必要な措置を講ずること」と明記されている。また，学校教育法施行規則には，保護者など学校の「関係者による評価」の実施と公表の努力義務(第67条)，評価結果を設置者に報告する義務(第68条)が規定されている。な

お,「第三者評価」は法令ではなく「学校評価ガイドライン」(文部科学省)に
2008(平成20)年改訂時から示されている。

15 ③
解説

　学校教育法施行規則第49条では,▽小学校には,設置者の定めるところ
により,学校評議員を置くことができる▽学校評議員は,校長の求めに応
じ,学校運営に関し意見を述べることができる▽学校評議員は,当該小学
校の職員以外の者で教育に関する理解及び識見を有するもののうちから,
校長の推薦により,学校の設置者が委嘱すると規定されている。学校評議
員「会」ではなく,評議員個人に対して,学校の設置者(教育委員会や学校法
人など)が委嘱するものとされていることに注意する必要がある。よって①
②は誤り。学校評議員制度も「開かれた学校づくり」を目指すものである
が,④⑤については「学校運営協議会」(コミュニティ・スクール)と混同し
ないよう注意したい。

16 ④
解説

① 　学校教育法第2条では,学校の設置者を国,地方公共団体,学校法人
　に限っているが,幼稚園に関しては附則第6条で「当分の間,学校法人
　によつて設置されることを要しない」とされており,実際に宗教法人立幼
　稚園などがある。
② 　市町村に設置が義務付けられているのは,小・中学校だけである(学校
　教育法第38条,第49条)。
③ 　1学級当たりの幼児数を定めているのは,幼稚園設置基準である。
④ 　適切である。幼稚園設置基準第8条第1項にこの規定があり,3階建
　以上とするのは「特別の事情があるため」とされている。
⑤ 　図書室は小学校などには必置だが,幼稚園の場合は「備えるように努め
　なければならない」(幼稚園設置基準第11条)とするにとどめている。

17 ①
解説

① 　第4条の規定で,適切である。
② 　第5条第4項の規定は「幼稚園に置く教員等は,教育上必要と認められ
　る場合は,他の学校の教員等と兼ねることができる」となっている。自治

体などによっては幼稚園長と小学校長を兼職することが普通になっているところも少なくない。

③　第6条の規定は「養護をつかさどる主幹教諭，養護教諭又は養護助教諭及び事務職員を置くように努めなければならない」とされており，努力義務にとどめている。

④　第9条第2項は「保育室の数は，学級数を下つてはならない」としている。

⑤　第8条第2項では「園舎及び運動場は，同一の敷地内又は隣接する位置に設けることを原則とする」としている。

18 ①

解説

①　第2条(基準の向上)にこの規定があり，適切。

②　第3条(1学級の幼児数)の条文であるが，正しくは「35人以下を原則とする」。

③　第8条第1項(園地，園舎及び運動場)の条文であるが，正しくは「置かなければならない」。なお，この規定の後に，但し書きとして，「園舎が耐火建築物で，幼児の待避上必要な施設を備えるものにあつては，これらの施設を第2階に置くことができる」とされている。

④　第9条第1項(施設及び設備等)に「特別の事情があるときは，保育室と遊戯室及び職員室と保健室とは，それぞれ兼用することができる」との規定がある。

⑤　第10条第2項の規定であるが，正しくは「～しなければならない」。

19 ④

解説

　　学校教育法施行規則第61条は，公立小学校の休業日を▽国民の祝日に関する法律に規定する日▽日曜日及び土曜日▽学校教育法施行令第29条の規定により教育委員会が定める日──に限っており，幼稚園などほかの公立学校種にも準用される。学校教育法施行令第29条では夏季，冬季，学年末などの休業日を，市町村立学校の場合は市町村教委が，都道府県立学校の場合は都道府県教委が定めることとしているが，日数の規定は特になく，授業日数や休業日などを差し引きすれば年間90日程度になるということに過ぎない。なお，私立学校の場合は学則で定めることとしている(学校教育法施行規則第62条)。したがって，適切でないものは④である。

20 ①

解説

- **A**：集団生活では信頼感や思いやりの気持ちを育てることが大切となる。集団生活をとおして幼児は「自分一人でやり遂げなければならないことや解決しなければならないことに出会ったり，その場におけるきまりを守ったり，他の人の思いを大切にしなければならないなど，今までのように自分の意志が通せるとは限らない状況になったりもする。このような場面で大人の手を借りながら，他の幼児と話し合ったりなどして，その幼児なりに解決し，危機を乗り越える経験を重ねることにより，次第に幼児の自立的な生活態度が培われていく」とある(幼稚園教育要領解説(平成30年2月，文部科学省)序章第2節「幼児期の特性と幼稚園教育の役割」1「幼児期の特性」①「生活の場」)。

- **B**：人とのかかわりのなかから自立心も育つ。前文参照。

- **C**：アルコーブやデンは人との交流を図る場の例として挙げられている。アルコーブとは廊下やホールに面し休憩したり読書したりできる小スペース。デンは幼児の身体に合った穴ぐら的空間。

21 ③

解説

- **A**：幼児の主体性が奪われることになると，幼児が興味や関心を抱くことを妨げ，その後の活動の展開を促す好奇心も生まれにくくなる。幼稚園ではなによりも，子どもの主体性を尊重することが求められる。

- **B**：幼稚園教育要領解説(平成30年2月，文部科学省)第1章第3節「教育課程の役割と編成等」5「小学校教育との接続に当たっての留意事項(1)「小学校以降の生活や学習の基盤の育成」では「幼稚園教育は，幼児期の発達に応じて幼児の生きる力の基礎を育成するものである。特に，幼児なりに好奇心や探究心をもち，問題を見いだしたり，解決したりする力を育てること，豊かな感性を発揮したりする機会を提供し，それを伸ばしていくことが大切になる」とある。

- **C**：生活に必要な能力や態度は大人が教えるように考えられがちだが，幼児期には，幼児自身が自発的・能動的に環境とかかわりながら，生活の中で状況と関連付けて身に付けていくことが重要である。

22 ③

解説

学校教育法第22条，第23条を参照。

① 第23条第一号。「態度」→「基本的な習慣」となる。幼児期は，人間の基本的な習慣を形成する時期である。正しい生活習慣が身につくよう，家庭と連携しつつ指導する。

② 第22条。「安全な環境」→「適当な環境」となる。安全なだけでは，幼児にとって「適当」な環境とは言えない。

③ 第23条第三号をそのまま記したもので，適切である。

④ 第23条第四号。「読解力」→「言葉の使い方」となる。幼稚園では文字の読み書きを教えてはいるが，童話，絵本等への興味を養うことが目標であり，子どもが確実に読み書きできるようにすることが目標ではない。

⑤ 第23条第五号。「遊戯」→「身体による表現」となる。身体による表現のほうが，対象とする範囲が広いことに注意。

23 ③

解説

① 旧教育基本法には「法律に定める学校の教員は，全体の奉仕者」という規定があったが，2006年の改正で削除された。私立学校の教員を含んだ規定であるのに，公務員を想起させる表現になっている，という理由からである。

② 教育公務員の場合，「上司の職務上の命令に忠実に従わなければならない」(地方教育行政法第43条第3項)と明記されている。

③ 適切である。学校教育法第9条第三号，教育職員免許法第5条第1項第六号に規定がある。

④ 教育公務員であっても，指導不適切教員の認定を経れば，教員以外の職に転職させることが可能である(地方教育行政法第47条の2第1項)。

⑤ 学校教育法第37条第11項に，教諭は「教育をつかさどる」とある。「校務をつかさどる」のは校長。

24 ④

解説

地方教育行政法は，市町村立学校の教職員の給与を，都道府県が負担することを定めている。これは県費負担教職員制度といわれ，市町村教育委員会

が設置する小・中学校に関して，市町村の財政力の格差に左右されることなく，義務教育の水準を保つための措置である(さらに県費負担教職員の給与の3分の1は，国が負担)。あくまで身分上は市町村の職員であるが，採用や異動，昇任などの人事は，給与を負担する都道府県教委が行う。よって，都道府県教委が県費負担教職員の「任命権者」である。ただし，市町村が給与を全額負担すれば，その教職員に関する人事権は市町村教委が持つことができる。

25 ①
解説

① 誤りである。地方公務員法第35条で，勤務時間中は職務にのみ従事しなければならないことが規定されており(いわゆる「職務専念義務」)，勤務場所を離れて研修を行う場合は，市町村教育委員会の承認によって職務専念義務の免除を受けなければならない。

② 地方公務員法第33条に規定がある。

③ 一般公務員には所属する地方公共団体の区域外での政治的行為が認められているが(地方公務員法第36条第2項)，教育公務員には禁じられている(教育公務員特例法第18条第1項)。

④ 任命権者が認めれば，教育に関する他の事務や事業に従事することができる(教育公務員特例法第17条第1項)。

⑤ 地方公務員法第37条第1項に規定がある。

26 ②
解説

アは第21条(研修)第1項，ウは第23条(初任者研修)第1項，オは第25条(指導改善研修)第1項の条文である。イについては第22条(研修の機会)第3項で，任命権者の定めるところにより，現職のままで，長期にわたる研修を受けることができるとされている。エについては第24条(中堅教諭等資質向上研修)第1項の規定であるが，2002(平成14)年6月の改正で初めて法令上の規定とされた際に，「実施しなければならない」とされた。なお，2017(平成29)年4月より，名称が「十年経験者研修」より「中堅教諭等資質向上研修」に改正された。

27 ③
解説

① 「校長」ではなく「教育公務員の任命権者」が正しい。(教育公務員特例法第21条第2項)

② 勤務場所を離れて研修を行う場合は，授業に支障がなくとも本属長の承認が必要である。(教育公務員特例法第22条第2項)

④ 指導教員は副校長，教頭が行うことも可能である。(教育公務員特例法第23条第2項)

⑤ 計画書の作成基準はそれぞれの校種ではなく，研修を受ける者の能力，適性等について評価を行い，その結果に基づいて作成される(教育公務員特例法第24条第2項)。

28 ③
解説

いずれも教育公務員特例法に規定があるものに関する出題である。

① 同法で義務付けられているのは初任者研修(第23条)と中堅教諭等資質向上研修(第24条)のみである。これ以外に15年，20年などの経験者研修を課している場合は，都道府県教委などの独自判断によるものである。

② 指導教員は，副校長，教頭，主幹教諭(養護又は栄養の指導及び管理をつかさどる主幹教諭を除く。)，指導教諭，教諭，主幹保育教諭，指導保育教諭，保育教諭又は講師のうちから，指導教員を命じるものとされている。(第23条第2項)。

③ 適切である。第24条第1項に規定がある。

④ 指導改善研修は，任命権者により指導が不適切であると認定された教員に対して行われる(第25条第1項)。

⑤ 専修免許状の取得を促進するため，2000年に「大学院修学休業制度」が創設されている(第26条)。

29 ⑤
解説

学校運営協議会は，2004年の地方教育行政法改正で設置された制度である。同法第47条の5に，10項にわたって規定がある。努力義務であって，教育委員会が指定する学校に置かれ(第1項)，委員も教委が任命する(第2項)。よってア，イは誤り。ただし，教育課程の編成など学校運営の基本的

な方針に関して学校運営協議会の承認が必要になること(第4項)とともに, 委員が意見を述べることができる範囲は, 学校運営(第6項)だけにとどまらず, 教員の人事にも及び(第7項), 教員の任命権者である都道府県教委もその意見を尊重しなければならない(第8項)。

30 ①
解説

出題は, 学校保健安全法の規定である。

① 第5条であり適切。なお, ①でいう「児童生徒等」には幼児も含まれている。

② 保健室は「設けるものとする」(第7条)とされており, 必置である。

③ 健康診断は「毎学年定期に」行うものとされている(第13条第1項)。このほか必要があるときは, 臨時にも行う(同第2項)。

④ 出席停止は, 政令の定めに従って, 校長の権限で行うことができる(第19条)。新型インフルエンザ対策など, 同法の規定の重要性が再確認されたことであろう。

⑤ 学校医は必置であり(第23条第1項), 医師の中から委嘱又は任命する。なお, 学校歯科医や学校薬剤師も, 大学を除く学校には必置である。

31 ⑤
解説

① 第13条(健康診断)第1項の条文である。なお, 第2項に「必要があるときは, 臨時に児童生徒等の健康診断を行うものとする」とある。

② 第19条(出席停止)の条文である。

③ 第20条(臨時休業)の規定である。

④ 第28条の規定である。

⑤ これは学校給食法第9条(学校給食衛生管理基準)第2項の条文であるので, 誤り。なお, 学校給食法は義務教育諸学校で実施される学校給食について定めたものであり, 学校給食は, 栄養の補充のほか, 正しい食生活習慣を身に付けるなど教育の場としても位置付けられている。2005年度からは栄養教諭制度も創設され, 「児童の栄養の指導及び管理をつかさどる」(学校教育法第37条第13項)とされている。

⑤

解説

　学校安全に関しては，2008年に「学校保健法」を改正して「学校保健安全法」と改称し，その充実が図られたところである。学校現場においてもその重要性が増しており，試験対策としても，各条文を十分確認しておくことが求められる。①は第26条，②は第27条，③は第28条の規定である。④は第29条第1項の規定であり，この対処要領を「危険等発生時対処要領」という。⑤この条文は，「学校においては…」と学校の責務について定めた第29条第3項の規定であり，「教育委員会は」「学校に替わって」は誤り。

33 ⑤

解説

① 　学校給食法第1条では，学校給食が児童及び生徒の心身の健全な発達だけでなく，食に関する指導の重要性，食育の推進についても規定しており，「教育」の一環として行うものでもあることを明確にしている。

② 　同法第4条では，義務教育諸学校の設置者に対して「学校給食が実施されるように努めなければならない」としており，実施は努力義務である。

③ 　同法第6条では，複数の学校を対象にした「共同調理場」を置くことができることが明記されている。

④ 　栄養教諭は「置くことができる」職であり(学校教育法第37条第2項)，必置ではない。

⑤ 　適切である。

34 ②

解説

　認定こども園は，2006年に制定された「就学前の子どもに関する教育，保育等の総合的な提供の推進に関する法律」に基づき，就学前の子どもに教育と保育を一体的に提供する施設である。

① 　「認定こども園」の定義は同法第2条第6項による。幼稚園又は保育所等の設置者は，その設置する施設が都道府県の条例で定める要件に適合していれば認定を受けられる。

② 　適切である。同法第3条第1項では，都道府県が条例で基準を定め，知事が認定するとしている。

③ 　幼保連携型では両方の資格を併有している必要がある(同法第15条第

1項)。それ以外では，0〜2歳児については保育士資格が必要，3〜5歳児についてはいずれか1つでも可とされている(内閣府・文部科学省・厚生労働省，2014年7月告示による)。

④ 利用は保護者との直接契約によるものであり，利用料は施設側が決めることができる。

⑤ 内閣府・文部科学省・厚生労働省両省の告示(2014年7月)の中に，認定こども園独自の基準が示されている。

35 ②
解説

① 児童虐待の防止等に関する法律第2条において，「18歳に満たない者」と定義している。「児童」の範囲は法律によって異なるので，注意を要する。

② 適切である。第2条第四号で，配偶者間の暴力を「児童に著しい心理的外傷を与える言動」として禁止している。

③ 第3条で「何人も，児童に対し，虐待をしてはならない」と明記している。

④ 2004年の改正で，証拠がなくても「児童虐待を受けたと思われる」場合には速やかに通告すべきだとしている(第6条第1項)。

⑤ 第5条第1項において，児童福祉施設の職員や医師などと並んで，学校の教職員も「児童虐待を発見しやすい立場にある」ことを自覚して早期発見に努めるよう求めている。昨今の深刻な児童虐待の急増から見ても，積極的な対応が不可欠である。

36 ④
解説

児童福祉法第41条の規定である。なお，よく似た名称の「児童厚生施設」は「児童に健全な遊びを与えて，その健康を増進し，又は情操をゆたかにすることを目的とする施設」(第40条)，「児童自立支援施設」は「不良行為をなし，又はなすおそれのある児童及び家庭環境その他の環境上の理由により生活指導等を要する児童を入所させ，又は保護者の下から通わせて，個々の児童の状況に応じて必要な指導を行い，その自立を支援し，あわせて退所した者について相談その他の援助を行うことを目的とする施設」(第44条)であり，混同しないよう注意すべきである。

37 ③
解説

　食育基本法は，食育を推進するために 2005 年に制定された。**イ**は第 10条，**ウ**は第 13条，**エ**は第 17条第 1項(都道府県食育推進計画)に規定がある。なお，保護者や教育関係者の役割に関しては，「食育は，父母その他の保護者にあっては，家庭が食育において重要な役割を有していることを認識するとともに，子どもの教育，保育等を行う者にあっては，教育，保育等における食育の重要性を十分自覚し，積極的に子どもの食育の推進に関する活動に取り組むこととなるよう，行われなければならない」(第 5条)としており，**ア**は誤り。また，第 18条には市町村も市町村食育推進計画を作成する努力義務が規定されているから，**オ**も適切ではない。

38 ③
解説

　発達障害者支援法第 3条第 2項の条文である。発達障害には，自閉症，アスペルガー症候群，学習障害，注意欠陥多動性障害などがあり，「脳機能の障害であってその症状が通常低年齢において発現するもの」(第 2条)である。学校教育法において「特殊教育」が「特別支援教育」に改められ，通常の学校に関しても，そうした発達障害を持つ幼児・児童・生徒等への対応が求められている。とりわけ早期の対応が重要であり，幼稚園教育要領においても「障害のある幼児などの指導に当たっては，集団の中で生活することを通して全体的な発達を促していく」(「第 5　特別な配慮を必要とする幼児への指導」)とされていることにも，併せて留意しておきたい。

39 ③
解説

　学校をめぐって発生する様々な事故を「学校事故」といい，その責任の所在や補償などについては，「独立行政法人日本スポーツ振興センター法」が制定されている。「学校の管理下」については，同法施行令第 5条第 2項に，五号にわたって規定がある。出題は各号を順に掲げたものであるが，③の条文は「前二号に掲げる場合のほか，児童生徒等が休憩時間中に学校にある場合その他校長の指示又は承認に基づいて学校にある場合」となっており，校内にある場合がすべて対象になるわけではないので，誤り。学校の管理下における安全確保には，十分注意する必要がある。

40 ③
解説

　幼児にかかわる法規などの主だった条文は，覚えておきたい。正解に挙がった法規以外のものでは，児童憲章の「すべての児童は，心身ともに健やかにうまれ，育てられ，その生活を保障される」，学校教育法施行規則の「幼稚園の毎学年の教育週数は，特別の事情のある場合を除き，39週を下ってはならない」などは，しっかりおさえておく。

第5章

専門試験
幼児教育 指導資料等

Q 演習問題

1 「幼児理解に基づいた評価」(平成31年3月，文部科学省)に示された内容として適切でないものを，次の①～⑤から1つ選びなさい。

(難易度■■□□□)

① 教師が一人一人の幼児を肯定的に見てそのよさや可能性を捉えようとすることが，幼児の望ましい発達を促す保育をつくり出すために必要となる。

② 一人一人の幼児にとって，活動がどのような意味をもっているかを理解するためには，教師が幼児と生活を共にしながら，なぜこうするのか，何に興味があるのかなど感じ取っていくことが必要である。

③ 幼児の発達する姿は，具体的な生活の中で興味や関心が，どのように広げられたり深められたりしているか，遊びの傾向はどうか，生活への取り組み方はなど，生活する姿の変化を丁寧に見ていくことによって捉えることができる。

④ 幼児期の教育では，一人一人の幼児の行動を分析し，一つの解釈をもとにして，教師が課題を見つけ与えるという保育を粘り強く続けていくことが必要である。

⑤ 毎日の保育は一人一人の幼児の発達を促すための営みだが，それは，教師と大勢の同年代の幼児が共に生活することを通して行われるものである。すなわち，一人一人の幼児の発達は，集団のもつ様々な教育機能によって促されるということができる。

2 次の文は，「幼児理解に基づいた評価」(平成31年3月，文部科学省)に述べられているものである。よりよい保育を展開していくための幼児理解について適切なものに○，適切でないものに×をつけなさい。

(難易度■■□□□)

① 活動の意味とは，幼児自身がその活動において実現しようとしていること，そこで経験していることであり，教師がその活動に設定した目的などではない。

② 幼児を肯定的に見るとは，他の幼児との比較で優劣を付け，優れている面を拾い上げることである。

③ 幼児理解は，教師が幼児を一方的に理解しようとすることだけで成り

立つものではなく，幼児も教師を理解するという相互理解によるものである。

④ 幼児の発達する姿は，自己主張や異議申し立て，反抗やこだわりなどとして表されることはない。

⑤ 幼稚園における「ねらい」は育つ方向性ではなく到達目標を示したものである。

3 「幼児理解に基づいた評価」(平成 31 年 3 月，文部科学省)では幼児の能動性について述べられている。次の①〜⑤について，大切なポイントとして述べられているものに○，述べられていないものに×をつけなさい。
(難易度■■■□□)

① 能動性は活発に行動する姿を指し，成功体験の積み重ねで大きく育成されるものである。

② 幼児期は能動性を十分に発揮することによって発達に必要な経験を自ら得ていくことが大切な時期である。

③ 能動性は，周囲の人に自分の存在や行動を認められ，温かく見守られていると感じるときに発揮されるものである。

④ 人は周囲の環境に自分から能動的に働き掛けようとする力をもっている。

⑤ 能動性を発揮することで児童の能力は大きく飛躍するので，児童の能動性を発揮させる環境づくりが必要になる。

4 幼児理解について，「幼児理解に基づいた評価」(平成 31 年 3 月，文部科学省)で述べられていないものを，次の①〜⑤から 1 つ選びなさい。
(難易度■■■■□)

① 幼児理解では幼児の行動を分析し，行動を意味づけることが重要である。

② 幼児理解とは一般化された幼児の姿を基準として，一人一人の幼児の優劣を評定することではない。

③ 幼児理解では表面に表れた行動から内面を推し量ることや，内面に沿っていこうとする姿勢が大切である。

④ 幼児の発達の理解を深めるには一人一人の個性や発達の課題を捉えることが大切である。

⑤　幼児を理解することは，教師の関わり方に目を向けることでもある。

5 次の文は，「幼児理解に基づいた評価」(平成31年3月，文部科学省)で述べられている一般的な幼稚園保育のプロセスである。空欄①〜③に該当する文言を述べなさい。　　　　　　　　　　(難易度■■■■□)

○　幼児の姿から，(　①　)と内容を設定する。

○　(　①　)と内容に基づいて(　②　)を構成する。

○　幼児が(　②　)に関わって活動を展開する。

○　活動を通して幼児が発達に必要な経験を得ていくような適切な(　③　)を行う。

6 「幼児理解に基づいた評価」(平成31年3月，文部科学省)で述べられている「幼児を理解し保育を展開するため」に基本的に押さえておきたい5つの視点を全て述べなさい。　　　　　　　　(難易度■■■■■)

7 幼稚園幼児指導要録は2つの記録で構成されている。記録名と保存期間をそれぞれ答えなさい。　　　　　　　　　　(難易度■■■□□)

8 次の文は，「幼児理解に基づいた評価」(平成31年3月，文部科学省)「第2章　幼児理解に基づいた評価の基本的な考え方　3. 日常の保育と幼稚園幼児指導要録　(4)　小学校との連携」からの抜粋である。(1), (2)の問いに答えなさい。　　　　　　　　　　(難易度■■■■■)

〈事例：小学校へa児のよさを伝えるために〉

　5歳児進級当初，a児は友達が遊んでいる様子を見ていることが多く，時々気の合う友達と一緒に行動することはあっても，自分から言葉を発する場面は少なかった。また，身支度や活動の準備などの行動もみんなから遅れがちだったため，見守りつつも，必要に応じて個別に声をかけるなどして少し積極的に関わり，a児を支えつつ自ら行動できるようにすることを心がけてきた。

　6月頃，a児があこがれているリーダー的存在のb児が，a児のビー玉ゲームに興味をもち，仲間入りしてきた。その後も，b児たちがa児の作った物を見て，その作り方を教わろうとしたりすることが増えた。そのことが自信をもつきっかけとなり，a児からもb児の傍にいたり行動を

まねたりして，活発に行動する姿が少しずつ見られるようになった。2学期には，b児たちが行っている集団遊びや運動的な遊びにも自分から入って，一緒に遊ぶ姿が見られるようになり，少しずつ自分から話し掛ける姿が見られるようになった。

3学期に入っても，まだ言葉で自分の思いを表現したり，やり取りしたりすることには，緊張を伴ってしまうこともあるが，友達のしていることや話を注意深く見聞きするようになり，楽しくやり取りしながら，一緒に行動することが増えてきた。まわりの幼児も，a児の頑張っていることやa児らしい表現を受け止めており，自信をもって行動する姿が見られるようになってきた。それに伴い，身支度や活動の準備なども周囲の様子を見ながら同じペースで行動できるようになってきている。

このようなa児の姿や指導の振り返りから，担任の教師は，指導要録の作成を考えました。

(1) 事例から読み取れる進級当初のa児の課題を2つ，簡潔に答えなさい。

(2) このような1年を振り返り，a児の個人の重点を考えて記述しなさい。

9 幼児にとっての環境の意味について，「幼児の思いをつなぐ指導計画の作成と保育の展開」(令和3年2月，文部科学省)で述べられていないものを，次の①～⑤の中から1つ選びなさい。　　　(難易度■■■■□)

① 幼児にとっての環境は幼児を取り巻く全てといえるが，意味的には環境が幼児の周囲にあるということにとどまらない。

② 幼児の発達に必要な体験を得られるようにするためには，教師が経験に基づき望ましいと思う活動を計画的に進めることが大切である。

③ 幼児期の発達は生活環境の影響を大きく受けるため，この時期に関わった環境，および環境への関わり等が将来に重要な意味をもつ。

④ 幼児が環境への認識・理解を深めるには，さまざまな環境がもつ特性と幼児の内発性や発達の状況が響き合うことが大切といえる。

⑤ 教師は環境の特性や関わりに対する自身の捉え方にこだわらず，幼児の自由な発想や見立てなどを通して幼児にとっての環境に意味を探ることが大切である。

10 幼児の長期(短期)の指導計画について,「幼児の思いをつなぐ指導計画の作成と保育の展開」(令和3年2月,文部科学省)で述べられていないものを,次の①～⑤の中から1つ選びなさい。　　　(難易度■■■□□)

① 指導計画には,年間指導計画や学期ごとの指導計画等の長期の指導計画と,それと関連を保ちながらより具体的な幼児の生活に即して作成する週の指導計画(週案)や日の指導計画(日案)等の短期の指導計画がある。

② 長期の指導計画は,教育課程に沿って園生活を長期的に見通しながら,指導方法の概要・方針を作成する。

③ 短期の指導計画は,長期の指導計画を基に,学級の実態を踏まえて学級担任が責任をもって作成する。

④ 学級担任は,幼児の遊びへの取組,人間関係,生活する姿などをよく見て,学級全体の実態を把握して作成する。

⑤ 短期の指導計画では,幼児の生活のリズムに配慮しつつ,自然な園生活の流れの中で,必要な体験が得られるように配慮して作成することが求められる。

11 幼稚園における指導計画には長期の指導計画と短期の指導計画がある。次の①～⑤は長期の指導計画,短期の指導計画作成の際のポイントだが,このうち「幼児の思いをつなぐ指導計画の作成と保育の展開」(令和3年2月,文部科学省)で短期の指導計画のポイントとして示されているものを全て挙げなさい。　　　(難易度■■■□□)

① 幼児の実態を捉える。

② 具体的なねらい,内容と幼児の生活の流れの両面から,環境の構成を考える。

③ 季節など周囲の環境の変化を考慮に入れ生活の流れを大筋で予測する。

④ 幼児の姿を捉え直すとともに,指導の評価を行い,次の計画作成につなげる。

⑤ 累積された記録,資料を基に発達の過程を予測する。

12 「指導と評価に生かす記録」(令和3年10月,文部科学省)における保育記録の意義と生かし方に関する記述の内容として適切なものの組合せを,あとの①～⑤から1つ選びなさい。　　　(難易度■■■□□)

A 保育記録は,保護者に幼児の様子を伝え,幼児の成長を保護者と共有

することによって，教師の指導が正しいことを保護者に伝えるためのものである。

B　保育記録は，読み返すことで記録に反映されている自分の見方を知ることができるだけでなく，保育の場での出来事を後から話し合うための情報となる。

C　保育記録は，一定期間の記録をまとめることで，後になって幼児の言動の意味が理解できたり，言動の変化から成長を読み取ることができたりすることがある。

D　保育記録は，一人一人の幼児が周囲の環境と関わり，発達に必要な経験ができるよう援助したことを記録し，教師の資質向上に役立てることが目的である。

① A・B　　② A・C　　③ A・D　　④ B・C　　⑤ B・D

13 保育と記録について，「指導と評価に生かす記録」(令和3年10月，文部科学省)で述べられていないものを，次の①〜⑤から1つ選びなさい。

(難易度■■■□□)

① 幼児の行動の小さな手がかりから幼児の内面の動きを推し量り，初めて理解できることも多いため，記録を通して幼児理解を深めることが重要である。

② 記録は幼児に関することに限定し，言動を客観的に示すことで，記録としての重要性が高まる。

③ 幼稚園教育の基本は幼児一人一人の発達の特性に応じることであるため，幼児一人一人について記録しておくことが必要となる。

④ 記録は実践等の評価だけでなく，園内の情報共有などにも有用であるため，不可欠なものといえる。

⑤ 幼児理解について，幼児は言動の意図が理解困難であるため，意識的に記録を取り，省察することで，新たな発見がある場合がある。

14 次の文は，「指導と評価に生かす記録」(令和3年10月，文部科学省)における，記録と保護者との連携に関するものである。(①)〜(③)に該当する文言をそれぞれ述べなさい。　(難易度■■■□□)

幼稚園教育や幼児へのかかわり方について，教師にとっては当たり前に思っていることでも，保護者にとっては(①)の材料であることもあり

ます。……こういった場合，保育や幼児の様子を伝え，幼児の成長を保護
者と教師とで共有することによって(　②　)が広がり，(　①　)が軽減され
ることもあります。その際，保育や幼児の様子を保護者に伝える手段とし
て(　③　)などの様々な媒体を利用することが有効です。

15 「指導と評価に生かす記録」(令和3年10月，文部科学省)では，記録の
方法の1つとして，映像記録をあげている。次の①〜⑤のうち不適切な
ものはどれか，1つ選びなさい。　　　　　　　(難易度■■■□□)

① 写真やビデオの記録はその場で記録できる，より臨場感があるといっ
た利点があげられる。

② 写真やビデオは保護者などに保育の様子を伝えるものになり得るが，
写真や映像の意味といった説明をしなければ，誤解を受ける可能性もあ
る。

③ 映像の記録は繰り返し見るなどの省察が重要になる。

④ 近年，映像の記録の重要性は増しているので，保育に与える影響との
バランスが重要になる。

⑤ 映像記録は必要な場面の取り出しに時間がかかる等，整理・保管に手
間取ることもある。

16 「指導と評価に生かす記録」(令和3年10月，文部科学省)において，指
導の過程の評価に含まれる3点としてどのようなことがあげられている
か答えなさい。　　　　　　　　　　　　　　(難易度■■■■□)

17 次の文は「指導と評価に生かす記録」(令和3年10月，文部科学省)にお
いて，園内研修会について述べたものである。(　①　)〜(　③　)に当て
はまる文言を答えなさい。　　　　　　　　　(難易度■■■■□)

幼稚園教師の専門性として，幼児を深く(　①　)する力は，大切です。
(　②　)は，教師が自分自身の保育や幼児の姿を振り返る際に重要な役割
を果たしています。さらに(　②　)は，他の教師や園全体で情報を共有し，
語り合い，学び合うための基盤となるものです。担当学級や学年を超えて，
園全体で(　③　)の質の向上と改善に向けて取り組む際，複数の教師で
(　②　)を見たり書いたりすることが重要です。複数の教師が一人の幼児，
あるいは一つの場面を見ることによって，担任一人だけでは分からなかっ

た幼児の気持ちや行動の意味を（ ① ）することができます。

18 記録から読み取る際の注意点について，「指導と評価に生かす記録」（令和3年10月，文部科学省）の内容として不適切なものを，次の①〜⑤から1つ選びなさい。 (難易度■■□□□)

① 保育記録を書くことは事実整理や理解等が進むため，記録を書くこと自体が省察であり重要である。

② 記録を読み取ることは，教師が自身の関わりを見つめ直す面でも有効である。これによって環境構成や保育行為の新たな方向が見える。

③ 記録の読み取りによって，児童が環境に関わる姿を思いだし，幼児にとってその環境の意味を考え直すことができる。

④ 教師同士で記録を読み合うことは幼児理解や教師の指導への理解を多面的に進めていく機会にもなる。

⑤ 保育記録は省察を詳細にするため，全ての事項を記録することが求められる。

19 次の文章は，「指導と評価に生かす記録」（令和3年10月，文部科学省）からの抜粋で，日々の記録を指導要録に生かすための事例の一部である。事例にあるC児の記録等から，幼稚園教育要領（平成29年3月告示）領域「言葉」の面からねらいの達成状況を捉える時，表の空欄Ⅰ〜Ⅴに入る最も適切な文の組み合わせとして正しいものを，あとの①〜⑤から1つ選びなさい。 (難易度■■■■■)

事 例

C児：10月生まれの一人っ子で父親，母親との三人家族
　　　母親は，C児が入園前から人見知りの傾向が強いことを気にしていました。入園当初は，母親と離れることを嫌がっていましたが，次第に幼稚園生活に慣れ，友達とのかかわりも見られるようになってきました。

C児の指導要録の個人の重点
　3歳：「安心して自分を出し，自分なりの遊びができるようにする」
　4歳：「いろいろな遊びに興味をもって取り組み，自分の思いを表現しながら遊ぶ」
　5歳：「友達と思いを伝え合いながら遊ぶことを楽しみ，自信をもっていろいろな活動に取り組めるようにする」
＜5歳児での日々の記録から＞

6月	2月
＜高鬼＞	**＜高鬼＞**
・高鬼の仲間に加わって遊ぶ。鬼になると、帽子を裏返して白帽子にしてかぶる。鬼の動きをよく見て、捕まらない程度の距離を保ちながらも、鬼を誘うような動きを楽しんでいる。しばらく遊んでいると、鬼役だった幼児が「Cちゃんが、タッチしたのに鬼にならない」と怒った表情で教師に言いに来る。C児は、言い訳をするように、「水を飲もうと思ったの」と言う。教師が「そのことは言ったの？」と聞くと、「後で言おうと思った」と言う。「でも、先に言わないと、鬼はタッチしていいか悪いか、分からないよね」と教師が言うと、被っていた帽子を裏返して白にして、鬼役になり、友達の集まっている方を目指して走って行った。	・友達と一緒に楽しんでいたC児、教師に「一緒にやろう！」と言って誘う。教師も仲間に加わった。教師が少し高い場所にいると、「もっとしゃがまないと見えちゃうよ！」と注意し、見えないところに身を隠すようにして逃げると捕まりにくいことを知らせる。
	＜ドッジボール＞
	・C児はボールを持つ相手チームの幼児の動きをよく見て、できるだけその相手から遠い場所に逃げている。ボールが自分のチームのコートに入ると、素早く取りに行き、よくねらって片手で投げる。ボールを当てられてしまい残念そうな表情をするが、これまでのようには泣かずに、次のゲームに向かって気持ちを切り替えて取り組む。外野にいる友達にボールが渡ると、「パス！」と大きな声で言って両手を広げて受け止めようとする。
＜折り返しリレー＞	
・高鬼をしていたメンバー五名で折り返しリレーを始めようとする。「Cは審判やる！」と何度も主張する。他の幼児は何も言わないが、C児の顔を見ながら、それでいいというように2チームに分かれる。C児は、人数が同数にならないことを感じ取って、「三人、二人になっちゃうから」と言う。C児が、「ようい、どん！」と言うと、他の幼児が走る姿をよく見て、3回繰り返し走った後に、「終わり！白チームの勝ち！」と大きな声で勝敗を知らせる。	**＜巴鬼＞**
	・学級のみんなで集まる。教師が黒板に図を描いてルールを説明すると、C児もうなずきながら教師や友達の話を聞き、自分の考えを話す。
＜サクランボのかくれんぼ＞	・好きな遊びの中でも十分楽しんでいるC児はルールを理解しており、友達の動きをよく見ながら動く。他のチームが集まって相談し始めたのを見て、C児も同じチームの幼児と集まって、勝つための方法を相談し始めた。友達の「捕まえる人と残る人を分けようよ」という作戦を聞いて、他児が「そうしよう」と賛成したが、C児は、「考えた！」と言って別の作戦を話し始める。しっかりとした言葉で説明するが、同じチームの友達はその作戦の意味が理解できない様子だった。自分の考えを友達に分かってもらえなかったC児は泣き出しそうな表情になる。しかし、走るのが速いと思う男児三名が捕まえに行く役になろうとすると、泣くのをこらえ「男の子だけでずるい！」と強い口調で言う。C児と同じ気持ち
・指名されたグループの幼児が相談している間は、後ろを向いて、期待感をもって待っている姿が見られた。誰がサクランボ役になって隠れているか、グループで相談する場面では、C児は自分の意見をあまり積極的には主張しない。同じグループの友達の意見を聞いて、それが正解だと感じると、グループの幼児と一緒にその名前を答える。正解だと分かると、「やったー！」と喜ぶ。	

	だった女児が「ずるい」，「待っているだけじゃ嫌だ」と言うと，捕まえに行く役になりたい幼児でジャンケンをした。C児はジャンケンで負けたが，鬼遊びが始まると気持ちを切り替え見張り役として動く。また，「待っているだけじゃ嫌だから交代しよう」と同じチームの友達に言い，役割を交代して行った。

C児の記録等から幼稚園教育要領　領域「言葉」に定めるねらいの達成状況について

場面＼ねらい	I
遊びに取り組む中で	II　　　　　　　　　　　　　　　姿から，ねらいはおおむね達成されている。 ・III ・自分が見付けたことや自分のしたい遊びについて大きな声で友達に伝えようとしている。
学級全体で行動する場面で	IV　　　　　　　　　　　　　その姿から，十分に達成している。 ・鬼の役に慣れてきて自分から大きな声を出す。 ・V
発達の読み取り	親しい仲間に言葉で伝えようとする姿の変化が見られ，6月に比べて表現することへの自信が生まれてきている。

I
(ア)	感じたことや考えたことを自分なりに表現して楽しむ。
(イ)	様々な出来事の中で，感動したことを伝え合う楽しさを味わう。
(ウ)	自分の気持ちを言葉で表現する楽しさを味わう。

II
(エ)	感じたり，考えたりしたことを友達に伝えようと，言葉だけではなく，身振りや動作などを取り混ぜた自分なりの方法で表現している
(オ)	自分の気持ちを親しい友達に伝え分かってもらったり，自分がしてほしいことを言葉にして伝えたりしようとする気持ちが強くなっており，自信をもって自分の考えを言葉で表現している

III
(カ)	高鬼で逃げるよい方法を教師に教える。
(キ)	ドッジボールで自分のチームの友達からボールを受け取るために，大きな声を出すとともに，両手を前に広げて知らせる。

Ⅳ (ク) 泣くのをこらえ，自分の気持ちを主張し，自分の表現が友達に対してどのように受け止められるかを予測せず表現していたが，気持ちを表したり，友達に伝えたりすることによって，友達の思いを知ることができ，満足して遊ぶようになった。

(ケ) 自分が考えたことを一人で自信をもって言うことができない姿も見られたが，学級全体の中で自分の考えたことを自分なりの言葉で表現することができるようになった。

Ⅴ (コ) 鬼遊びで自分のなりたい役を主張する。

(サ) 自分の考えた作戦の意味を友達に分かってもらえず泣き出しそうになるが，友達の思いを聞くことで，気持ちを切り替えて遊ぶ。

	Ⅰ	Ⅱ	Ⅲ	Ⅳ	Ⅴ
①	(ウ)	(オ)	(キ)	(ケ)	(サ)
②	(イ)	(エ)	(キ)	(ク)	(サ)
③	(ウ)	(オ)	(カ)	(ケ)	(コ)
④	(ア)	(エ)	(カ)	(ク)	(サ)
⑤	(ア)	(エ)	(キ)	(ケ)	(コ)

20 指導計画の評価・改善における教師の指導の改善について，「幼児の思いをつなぐ指導計画の作成と保育の展開」(令和3年2月，文部科学省)では，どのような視点から振り返ることが必要としているか。3つ挙げなさい。 (難易度■■□□□)

① 幼児への態度は適切であったか。
② 全ての幼児に対して言葉がけができていたか。
③ ねらいや内容は適切であったか。
④ 幼児の成長や発達につながるような具体的な援助ができていたか。
⑤ ねらいを達成するためのふさわしい環境の構成であったか。

21 次の文は，「幼児の思いをつなぐ指導計画の作成と保育の展開」(令和3年2月，文部科学省)に書かれている事例である。この事例から読み取れる学級の実態として適切に捉えられているものを，あとの①〜⑤から1つ選びなさい。 (難易度■■■■□)

3年保育　5歳児　1月

○　コマ回しの場面で

・J児，T児，U児が遊戯室でコマ回しをしている。「ヨーイ，ゴー」と，声を掛けて一斉にコマを回し，誰のコマが一番最後まで回っているかを競争している。J児が投げたコマが回らなかったので，すぐに拾ってひもを巻き直し，再び投げると，T児が「だめ，途中からやったらずるいぞ」と言う。

・T児が直方体の箱積み木を一つ床に置き，「この上から落ちたら負け」と言う。三人で一斉に投げてみるが，なかなか積み木の上で回すことができない。難易度が上がったことで面白さが増した様子で，J児もU児も繰り返し挑戦している。

・M児は，コマのひもを巻くが途中でひもが緩んでしまう。何度も繰り返しやっていると，J児が「貸してごらん」と言ってM児のコマのひもを巻いて手渡す。受け取る途中でひもが緩んでしまい，投げてみるがうまく回らない。M児はまた，ひもを巻く。「始めに力を入れて強くひもを巻くといいんだよね」と教師が声を掛けると，J児が「最初に強く巻くんだよ。あとはそうっと」と，M児の手元を見ながら言う。

○　ドッジボールの場面で

・園庭でドッジボールが始まる。「入れて。Kちゃん，赤？　じゃあ，ぼくも」とH児が赤のコートに加わると，それにつられて数人が次々と赤に移動し，白チームが2人になってしまった。E児に「だめだよ，Gちゃんは白」と言われてもG児は戻ろうとしない。E児は「誰か，ドッジボールする人いませんか」と周囲に呼び掛け，「ねぇ，白に入ってくれない？」と友達を誘っている。

・ドッジボールをしている途中で，チームを変わったり参加したり抜けたりする幼児がいてチームの人数が変わるので，E児が紙に書いておくといいと言って，友達の名前とチーム名を紙に書き始めた。一人ずつチームを尋ねながら名前を書いていく。ドッジボールは中断し，みんなでE児を取り囲み，文字を書く手元を見つめている。(以下略)

①　遊びがより楽しくなるようにアイデアを出しているが，自分たちで遊びを進めようとする姿は見られない。

②　自分なりの目標をもって，関心のあることにじっくりと取り組んでいる。

③ みんなで一緒に遊ぶよりも，それぞれが勝ちたい思いから，個々に遊びをすすめようとしている。

④ ドッジボールでは勝敗を意識して遊ぶようになり，勝ちたい思いが先立ってはいるが，ルールはしっかり守っている。

⑤ ドッジボールでは人数が不均衡になると楽しく遊べないので，「強い」友達と同じチームになりたがる姿は見られない。

解答・解説

1 ④

解説

　文部科学省は平成29年3月の幼稚園教育要領の改訂を踏まえ，幼稚園教育指導資料第3集「幼児理解と評価」の内容をリニューアルし，平成31年3月に「幼児理解に基づいた評価」として刊行した。選択肢④については同資料に「幼児の行動を分析して，この行動にはこういう意味があると決め付けて解釈をすることではありません」とあるため不適切。

2 ① ○　② ×　③ ○　④ ×　⑤ ×

解説

　出題資料では②は「肯定的に見るといっても特別な才能を見付けたり，他の幼児との比較で優劣を付けて，優れている面だけを拾い上げたりするということではありません。まして，幼児の行動の全てをそのままに容認したり，放任したりしてよいということではないのです。それは，教師が幼児の行動を見るときに，否定的に見ないで，成長しつつある姿として捉えることが重要なのです。」，④については「幼児の発達する姿は，自己主張や異議申し立て，反抗やこだわりなどとして表されることもあります。」，⑤については「幼稚園における『ねらい』は到達目標ではなく育つ方向性を示すものですから，一人一人の幼児が『ねらい』に向けてどのように育っていくのかを見ることが必要です。」とされている。

3 ① ×　② ○　③ ○　④ ○　⑤ ×

解説

① 能動性について，本資料では「幼児が活発に活動する姿のみを指しているのではありません」と否定している。

⑤ 本問では発達について述べられている。発達について本資料では「能動性を発揮して環境と関わり合う中で状況と関連付けて生活に必要な能力や態度などを獲得していく過程」と位置付けている。

4 ①

解説

　幼児理解は，幼稚園教育における原点ともいうべき用語なので，しっかり理解しておくこと。選択肢①について本資料では「幼児の行動を分析し

て，この行動にはこういう意味があると決め付けて解釈をすることではありません」と否定している。

5 ① ねらい　② 環境　③ 援助

解説

幼稚園保育に関する文言は資料によって異なるが，いわゆる「PDCAサイクル」が基本になっていることを，まずおさえておきたい。その上で専門用語を当てはめるとわかりやすいだろう。

6 幼児を肯定的に見る，活動の意味を理解する，発達する姿を捉える，集団と個の関係を捉える，保育を振り返り見直す

解説

本問ではやや難解に述べられているが，要は幼児理解のためにどのような視点で幼児と接し，どういった作業が必要になるかということ。幼児理解の内容とあわせて考えるとよいだろう。

7 (記録名…保存期間の順)
　　・「学籍に関する記録」…20年間　　　・「指導に関する記録」…5年間

解説

学校教育法施行規則第24～28条を参照。保存期間に関する数値は2つあるので，混同に注意したい。

8 (1)　・友達が遊んでいる様子を見ていることが多く，言葉を発する場面が少ない。　・身支度や活動の準備などの行動もみんなから遅れがちになる。　　(2)　友達に自分の思いを伝えながら遊びを進める。

解説

(1)　「幼児理解に基づいた評価」(平成31年3月)の中では次のように指摘されている。「小学校においては，送付された指導要録の内容から一人一人の幼児がどのような幼稚園生活を過ごしてきたか，また，その幼児のよさや可能性などを受け止めて，第1学年を担任する教師がその幼児に対する適切な指導を行うための参考資料としています。つまり指導要録には，幼児が小学校においても適切な指導の下で学習に取り組めるようにするための橋渡しという大切な役割があるのです。」その意味からも，特に最終年度の「指導上参考となる事項」欄の記入に当たっては，「小学校の立場からその幼児の発達する姿が具体的に読み取れるように，また，主体的に自己を発

揮しながら学びに向かうために必要だと思われる事項などを簡潔に読みや
すく表現することが必要でしょう」と示されている。

(2) a児は5歳児進級当初友達と距離をおいていたので，周囲にa児のよさ
が伝わるよう配慮した。a児は自分に自信をもつことで，友達と積極的に関
わるようになった。友達と意思疎通を図りながら集団生活を送れるように
なってきていることから考える。

9 ②
解説

　本資料では，計画的な環境を構成するにあたり，「幼児の発達の見通しを
もち，幼児一人一人の興味や関心を大切にして，発達に必要な体験を得ら
れるようにするためには，発達の様々な側面に関わる多様な体験を重ねる
ことが必要です。このことは，単に教師が望ましいと思う活動を一方的に
させたり，幼児に様々な活動を提供したりすればよいということではあり
ません。」と述べられている。

10 ②
解説

　「指導方法の概要・方針」ではなく，「具体的な指導内容や方法」が正し
い。また，長期指導計画は幼稚園の教職員全員が協力して作成するのがよ
いとされている。

11 ①，②，④
解説

　まず，幼稚園教育(保育)における1日の流れの中で指導計画がどのよう
な役割を果たすかを捉え，短期計画の特徴を知ることが求められる。それ
ぞれの計画の特徴を知っておくとよいが，前述の内容を把握しておくと，
区分けは可能であろう。

12 ④
解説

　本資料では，専門性を高めるための記録の在り方や，その記録を実際の
指導や評価にどのように生かしていくかなどについて実践事例を取り上げ
て解説をしており，平成3年の初版刊行以降，幼稚教育の動向を踏まえた
加筆修正が重ねられてきた。平成29年3月に告示された幼稚園教育要領に

おいて，育みたい資質・能力と「幼児期の終わりまでに育ってほしい姿」が新たに示されたことや，カリキュラム・マネジメントの充実，幼児の発達に即した主体的・対話的で深い学びの実現，幼稚園教育と小学校教育との円滑な接続等の観点から改訂が行われたことを踏まえ，記述内容を見直し，「指導と評価に生かす記録」(令和3年10月)として作成された。本資料では保育記録の意義と生かし方について「日々の記録は児童理解を深め，幼児に即した指導計画を作成するための根拠です」，「記録は教師の幼児観や教育観を改めて自覚するためのものでもあるといえます」，「園の遊びや生活の様子を伝えるための記録は，幼児，教師，保護者間の学びをつなぐ手段として活用できるものです」と述べられている。

13 ②
解説

本資料では「教師の目の前に現れる幼児の姿は，教師との関わりの下に現れている姿である以上，教師は幼児だけでなく，教師自身の考えていたことやかかわり方などについても記録する必要があります」としている。

14 ① 不安　② 幼児理解　③ 写真や動画
解説

教師と保護者の認識にギャップが生じた場合，記録を示し，説明することでギャップが解消されることもあることを説明したものである。写真や動画は臨場感があり，客観性も有するので有効であろう。ただし，写真や動画は教師が解説しないと，保護者がかえって不安になることもあるので，注意が必要である。

15 ④
解説

映像を保育記録として使用する場合は映像の特性をよく理解すること，頼りすぎないことが重要とされている。また，「保育そのものに影響を与えない範囲で」という前提があることにも注意したい。

16 ・指導の過程で見られた幼児の姿を記録し，幼児の学びや育ちを理解すること　・その理解を基に，ねらいに関連した幼児の発達及びそれ以外の発達を読み取ること　・幼児の発達の読み取りから，教師自身のねらいの設定の仕方，指導や環境の構成の適切さなどについて評価すること。

解説

　指導を通してどのように発達したのか，何を学んだのかという結果のみの評価ではなく，指導の過程で，幼児の発達や学びにつながる体験を読み取り，幼児にどのような資質・能力が育っているかなどを捉えていくことが，幼稚園教育の質をより高めていくことにつながる。

17 ① 理解　　② 記録　　③ 実践

解説

　まず，幼稚園教育が実践を中心に行われることを前提として把握しておくこと。また，園内研修を行う際は，立場や保育経験を超え，率直で自由な語り合い・学び合いの場をどのように構成するかが鍵となる。

18 ⑤

解説

　本資料では「保育終了後の記録作成の際に，全てを記録することはできない」と述べている。そして，「何が書けるか，何を書くか」について教師の選択が行われるとしている。

19 ③

解説

　平成29年告示の幼稚園教育要領は領域「言葉」について，「経験したことや考えたことなどを自分なりの言葉で表現し，相手の話す言葉を聞こうとする意欲や態度を育て，言葉に対する感覚や言葉で表現する力を養う」と述べられており，そのねらいは，「自分の気持ちを言葉で表現する楽しさを味わう」「人の言葉や話などをよく聞き，自分の経験したことや考えたことを話し，伝え合う喜びを味わう」「日常生活に必要な言葉が分かるようになるとともに，絵本や物語などに親しみ，言葉に対する感覚を豊かにし，先生や友達と心を通わせる」の3点を示している。

20 ③，④，⑤

解説

　振り返りは次の指導計画作成のために必要な作業であり，振り返る際には様々な視点を必要とする。したがって，選択肢①，②のような視点も要すると思われるが，ここでは本資料の内容に対する理解度をはかるため，このような出題とした。

21 ②

解説

①については，学級の実態としては自分たちで遊びを進めている。③については，みんなで一緒に遊ぶと楽しいと感じるようになり，親しい友達を中心としながらも大勢のグループで遊ぶようになってきている。④については，新しい参加者につられて，既存の参加者まで強いチームに移動するなど，ルールが守られていない。⑤については，「強い」友達と同じチームになりたがる姿が見られる。

第6章

専門試験
学校保健・安全

1 幼稚園における幼児の病気や怪我の対応に関する記述の内容として適切なものの組み合わせを，あとの①〜⑤から1つ選びなさい。

(難易度■■□□□)

A　幼児がインフルエンザにかかった場合，感染予防のために，熱が37.5℃を下回るまでは幼稚園への登園を休ませる。

B　幼児が熱中症になった場合，軽症のときは涼しい場所で水分と塩分を補給して対応するが，意識障害が見られるようなときは，ただちに救急要請する。

C　ノロウイルスの発生が疑われる場合，幼児のおう吐物は，感染を防ぐために塩素系の消毒液を使用して処理する。

D　幼児が園庭で転んですり傷を負った場合，動き回って病原菌が入ったりしないように，その場でまず消毒液を傷口にすり込む。

①　A・B　　②　A・C　　③　A・D　　④　B・C　　⑤　B・D

2 感染症の説明として適切なものの組み合わせを，あとの①〜⑤から1つ選びなさい。　　　　　　　　　　　　　　　　(難易度■■□□□)

A　おたふくかぜは，耳の下で顎の後ろの部分(耳下腺)が片側または両側で腫れ，痛みや発熱を伴う感染症で，幼児期から学童期に感染が多い。

B　プール熱は，水中のウイルスにより体表面が熱をもって赤くなる皮膚の疾患で，プールでの感染が多いため夏に流行しやすいが，一度感染すると免疫ができる。

C　はしかは，発熱，咳，目やにやコプリック斑と呼ばれる口内の斑点，および全身の発疹を主症状とし，感染力が非常に強いが，一度感染すると免疫ができる。

D　りんご病は，果実や野菜類に含まれる細菌によって起こる感染症で，発熱のほか，舌の表面にブツブツの赤みができるのが特徴で，学童期に感染が多い。

①　A・B　　②　A・C　　③　A・D　　④　B・C　　⑤　B・D

3 ノロウイルス感染症に関する記述の内容として適切なものの組み合わせを，あとの①〜⑤から1つ選びなさい。　　　　(難易度■■□□□)

A　感染すると平均1～2日の潜伏期間を経て，吐き気，おう吐，下痢などの症状があらわれ，発熱をともなうこともある。

B　食物摂取のほか，血液，体液を通じて感染する病気で，感染力が強くないので成人の症例は少なく，抵抗力の弱い乳幼児や児童に患者が集中する。

C　ノロウイルスは，食中毒の原因としても非常に多く，また，吐物や便などを通じて人から人へ感染するため，衛生管理面の予防が重要である。

D　ノロウイルスワクチンを用いると免疫がつくられ，数か月の予防効果が得られるため，接種は流行期である冬季の少し前に行うようにする。

①　A・B　　②　A・C　　③　A・D　　④　B・C　　⑤　B・D

4 学校保健安全法施行規則における感染症の種類として正しいものの組み合わせを，次の①～⑤から1つ選びなさい。　（難易度■■■□□）

	第1種	第2種	第3種
①	マールブルグ病	百日咳	コレラ
②	百日咳	マールブルグ病	コレラ
③	コレラ	麻しん	パラチフス
④	パラチフス	麻しん	ペスト
⑤	麻しん	ペスト	パラチフス

5 流行性耳下腺炎（おたふくかぜ）に関する記述の内容として不適切なものを，次の①～⑤から1つ選びなさい。　（難易度■■□□□）

①　感染経路は飛沫感染，接触感染である。

②　第2種感染症として指定されている。

③　耳下腺，顎下腺又は舌下腺の腫脹が発現した後3日を経過し，かつ全身状態が良好になるまで出席停止とする。

④　ワクチンによる予防が可能である。

⑤　不可逆性の難聴（片側性が多いが，時に両側性）を併発することがある。

6 咽頭結膜熱（プール熱）に関する記述の内容として不適切なものを，次の①～⑤から1つ選びなさい。　（難易度■■□□□）

①　感染経路は接触感染である。

②　ワクチンによる予防はできない。

③　発熱，咽頭炎，結膜炎などの主要症状が消退した後2日を経過するま

で出席停止とする。

④ 塩素消毒が不十分なプールで目の結膜から感染する場合がある。

⑤ 第2種感染症である。

7 心肺蘇生の方法として適切でないものを，次の①〜⑤から1つ選びなさい。 (難易度■■■□□□)

① 肩を叩きながら声をかけ反応がなかったら，大声で助けを求め，119番通報とAED搬送を依頼する。

② 気道確保と呼吸の確認を行う。

③ 呼吸がなかったら，人工呼吸を10回行う。

④ 人工呼吸が終わったら，すぐに胸骨圧迫を行う。

⑤ AEDが到着したら，まず，電源を入れ，電極パッドを胸に貼る。

8 「救急蘇生法の指針2020(市民用)」(厚生労働省)に基づく一次救命処置における心肺蘇生の方法に関する記述として適当でないものを，次の①〜⑤の中から1つ選びなさい。 (難易度■■■□□)

① 傷病者を発見した際に，応援を呼んでも誰も来ない場合には，すぐ近くにAEDがあることがわかっていても，傷病者から離れないことを優先する。

② 約10秒かけて呼吸の観察をしても判断に迷う場合には，普段どおりの呼吸がないと判断し，ただちに胸骨圧迫を開始する。

③ 人工呼吸の技術に自信がない場合や，直接，傷病者の口に接触することをためらう場合には，胸骨圧迫だけを行う。

④ 胸骨圧迫は，傷病者の胸が約5cm沈み込むように強く圧迫し，1分間に100〜120回のテンポで絶え間なく行う。

⑤ 突然の心停止直後に，しゃくりあげるような途切れ途切れの呼吸がみられた場合には，ただちに胸骨圧迫を開始する。

9 自動体外式除細動器(AED)の電極パッドの取扱いに関する記述として最も適切なものを，次の①〜⑤から1つ選びなさい。 (難易度■■■□□)

① 一度貼った電極パッドは，医師または救急隊に引き継ぐまでは絶対にはがさず，電源を落として到着を待つ。

② 電極パッドは繰り返し使用できるので，適切に保管することが必要である。

③ 電極パッドは正しい位置に貼ることが大切なので，胸部の皮下に硬いこぶのような出っ張りがある場合，出っ張り部分の上に貼ることが必要である。

④ 傷病者の胸部が水や汗で濡れている場合でも，水分を拭き取らずに，直ちに電極パッドを貼ることが大切である。

⑤ 電極パッドと体表のすき間に空気が入っていると電気ショックが正しく行われないため，電極パッドは傷病者の胸部に密着させることが大切である。

10 「救急蘇生法の指針 2020(市民用)」(厚生労働省)で，一次救命処置について書かれたものとして最も適切なものを，次の①〜⑤から 1 つ選びなさい。　　　　　　　　　　　　　　　　　　　　(難易度■■■■□)

① 呼吸の確認には傷病者の上半身を見て，5 秒以内で胸と腹の動きを観察する。

② 胸骨圧迫の深さは，小児では胸の厚さの約$\frac{1}{3}$沈む程度に圧迫する。

③ 胸骨圧迫のテンポは 1 分間に 100 〜 150 回である。

④ 胸骨圧迫と人工呼吸の回数は，20：3 とし，この組み合わせを救急隊員と交代するまで繰り返す。

⑤ AEDを使用する際は，小児に対して成人用パッドを使用してはならない。

11 救急処置に関する説明として最も適切なものを，次の①〜⑤から 1 つ選びなさい。　　　　　　　　　　　　　　　　　　　　(難易度■■■□□)

① 鼻血が出たときは，出血がひどくならないように顔を天井に向かせて座らせるか，仰向けに寝かせて，鼻に脱脂綿等を詰め，10 分程度指で鼻を押さえる。

② 漂白剤や石油を飲んだときは，急いで吐かせる。

③ 骨折と開放創からの大出血があるときは，まず骨折の処置を行ってから止血の処置を行う。

④ 頭部の打撲でこぶができたときは，患部を冷たいタオル等で冷やし，安静にして様子を観察し，けいれんや意識障害が見られるような場合はただちに救急搬送する。

⑤ 指を切断したときは，傷口にガーゼ等を当てて圧迫止血し，切断された指を直接氷水入りの袋に入れて，傷病者とともに医療機関へ搬送する。

12 応急手当について述べた記述として適切なものを，次の①～⑤から１つ
選びなさい。 (難易度■■■■□)

① 子どもが蜂に刺されたので，患部に残っていた針を抜き，消毒薬をつ
けた。

② ストーブに誤って触れて，子どもが軽いやけどをした。やけどの部分
を水で冷やし，チンク油，ワセリンなど油脂を塗った。

③ 子どもが吐き気を訴えてきたので，吐いた場合を考え，吐しゃ物が気
道に入らないように横にして寝かせ，背中をさすり，胃を冷やすための
氷のうを当てた。

④ 子どもが腹痛を訴えてきたので，腹部を温め，寝かしておいた。

⑤ 子どもが滑り台から落ちて脳しんとうを起こしたので，揺さぶりなが
ら名前を呼び，意識を取り戻させようとした。

13 熱中症の救急処置に関する内容として適当でないものを，次の①～⑤か
ら１つ選びなさい。 (難易度■■■■□)

① 独立行政法人日本スポーツ振興センターの統計によると，昭和 50 年か
ら平成 27 年までの学校の管理下におけるスポーツによる熱中症死亡事
例は，屋外で行う野球が最も多いが，屋内で行う柔道や剣道でも多く発
生しているため，注意が必要である。

② 子どもの口渇感は大人より劣るとともに，大人よりも大きな「体表面積
(熱放散するところ)/体重(熱産生するところ)」比を有することから，熱し
やすく冷めにくい体格特性をもっており，熱中症のリスクが高くなる。

③ 呼びかけや刺激に対する反応がおかしかったり，呼びかけに答えがな
かったりするときには，誤って気道に入ってしまう危険性があるので，
無理に水を飲ませてはいけない。

④ 現場での冷却処置としては，水をかけてあおいだり，頸，腋下，足の
付け根の前面などの太い血管のある部分に，氷やアイスパックを当てた
りする方法が効果的であるが，市販のジェルタイプのシートは体を冷や
す効果がないため，熱中症の処置にはむかない。

⑤ 救急処置は病態によって判断するよりⅠ度～Ⅲ度の重症度に応じて対
処するのがよい。

14 気道異物の除去に関する内容として適切なものを，次の①〜⑤から１つ
選びなさい。　　　　　　　　　　　　　　　　　（難易度■■■■□）

① 背部叩打法は，傷病者の後方から手掌基部で左右の肩甲骨の中間を力
強く，連続して叩く方法をいうが，乳児には行ってはいけない。

② 異物により気道が閉塞し，傷病者に反応がなくなった場合には，異物
の除去を最優先する。

③ 腹部突き上げ法は，内臓を損傷する恐れがあるため，握りこぶしを傷
病者のみぞおちの上方に当て，ゆっくりと圧迫を加えるように行う。

④ 背部叩打や腹部突き上げを試みても窒息が解消されない場合には，た
だちに119番通報する。

⑤ 傷病者が咳をすることが可能であれば，異物が自然に排出されること
があるため，できるだけ咳を続けさせる。

15 次の文は，「学校のアレルギー疾患に対する取り組みガイドライン〈令和
元年改訂〉」(令和２年３月25日，文部科学省初等中等教育局健康教育・
食育課　監修)の一部である。空欄A〜Eに入る語句をア〜サから選ぶと
き，最も適切な組み合わせはどれか。あとの①〜⑤から１つ選びなさい。
　　　　　　　　　　　　　　　　　　　　　　　（難易度■■■■■）

アレルギーとは，本来人間の体にとって有益な反応である免疫反応が，
逆に体にとって好ましくない反応を引き起こすことです。

最も頻度が多いのがIgE抗体([　**A**　]の一種)によるアレルギー反応です。
いわゆる「アレルギー体質」の人は，花粉や食べ物など本来無害なもの(これ
らがアレルギーの原因になるとき[　**B**　]と呼ばれます)に対してIgE抗体を
作ってしまいます。そして，その[　**B**　]が体の中に入ってくると，皮膚や
粘膜にあるマスト細胞というアレルギーを起こす細胞の上にくっついてい
るIgE抗体と反応して，マスト細胞から体にとって有害な症状をもたらす
[　**C**　]などの物質が出て，じんましんやかゆみ，くしゃみや鼻水などのア
レルギー反応を起こしてしまうのです。

児童生徒等のアレルギー疾患は食物アレルギー，アナフィラキシー，気
管支ぜん息，アトピー性皮膚炎，アレルギー性結膜炎，アレルギー性鼻炎
などがありますが，病気のメカニズムとしては共通な部分が多く，反応の
起きている場所の違いが疾患の違いになっていると考えることもできます。
メカニズムが共通であることから，いくつかのアレルギー疾患を一緒に

もっている(合併)児童生徒等が多いことにも気をつけなければなりません。たとえば，ほとんどのぜん息児は[　D　]も合併しており，[　D　]の児童生徒等はぜん息にもなりやすいことがわかっています。

　児童生徒が食物アレルギー及びアナフィラキシーを発症した場合，その症状に応じた適切な対応をとることが求められます。発症に備えて医薬品が処方されている場合には，その使用を含めた対応を考えてください。

　緊急時に備え処方される医薬品としては，皮膚症状等の軽症症状に対する内服薬とアナフィラキシーに対して用いられる[　E　]の自己注射薬である「エピペン®」があります。アナフィラキシーに対しては，早期の[　E　]の投与が大変に有効で医療機関外では同薬のみが有効と言えます。

ア　インシュリン	イ　リンパ液	ウ　アトピー性皮膚炎
エ　抗原	オ　アドレナリン	カ　ウイルス
キ　アレルゲン	ク　免疫グロブリン	ケ　細菌
コ　アレルギー性鼻炎	サ　ヒスタミン	

	A	B	C	D	E
①	ク	キ	サ	コ	オ
②	イ	キ	サ	ウ	ア
③	ク	カ	エ	ウ	ア
④	イ	キ	エ	コ	ア
⑤	ク	カ	サ	コ	オ

16 幼稚園と家庭との連携を図るための考え方・具体的な対応として適切なものの組み合わせを，あとの①〜⑤から１つ選びなさい。

（難易度■■■□□）

ア　幼稚園で，インフルエンザなど感染症の発生がわかったときには，園としての判断で，ほかの保護者にも連絡をする。

イ　子どもが健やかに育つためには，幼稚園での子どもの様子を保護者に理解してもらうことが必要であるため，幼稚園が決めた参観日などには必ず参加するよう，保護者に指導する。

ウ　保護者との連絡は，いつ必要になるかわからないので，教室には保護者の氏名・住所・携帯を含む電話番号のリストを，保護者の意向にはかかわりなく掲示しておく。

①　ア，イ　　②　イ，ウ　　③　アのみ　　④　イのみ
⑤　ウのみ

17 健康診断に関する記述として適切なものを，次の①〜⑤から１つ選びなさい。 (難易度■■■□□)

① 定期健康診断は毎年５月30日までに実施する。

② 健康診断は健康障害の有無の判定にのみ用いる。

③ 幼稚園で定期健康診断を行った後，総合判定の結果は，14日以内に保護者に通知しなくてはならない。

④ 幼稚園では，幼児の定期健康診断だけでなく，隔年で職員の健康診断も実施しなくてはならない。

⑤ 幼稚園の健康診断に際して，保健調査，事後措置も必要である。

18 「『生きる力』を育む防災教育の展開」(平成25年３月改訂，文部科学省)に示されている，幼稚園における日常の安全指導のポイントとして不適切なものを，次の①〜⑤から１つ選びなさい。 (難易度■■■■□)

① 体を動かして遊ぶことを通して，危険な場所や事物，状況などがわかったり，危険を回避するにはどうしたらよいか学び取れるようにする。

② 幼児の個人差，興味関心の方向性を把握し，一人一人に応じた指導を行う。

③ 幼児の行動の中で見られた「ヒヤリとした行動」や「ハッとした出来事」については，帰りの会など落ち着いた場で全体に指導し，理解を深めるようにする。

④ 安全指導の内容は，幼児が自分のこととして理解を深められるよう，具体的に伝える。

⑤ 生活の様々な場面で，困ったことが起きたとき，危険を感じたときなどには，直ちに教職員に伝えることについて指導を繰り返す。

19 次の文は，「『生きる力』を育む防災教育の展開」(平成25年３月改訂，文部科学省)第５章学校における防災教育の展開例 「幼稚園 防災教育年間計画 (例)」の中の年齢別の目標例である。５歳児の目標として適切なものを，次の①〜⑤から１つ選びなさい。 (難易度■■■■■)

① 安全に生活するための決まりが分かり，気を付けて行動できるようになる。

② 災害時には，家族や友達，周囲の人々と協力して危険を回避できるようになる。

③　園生活を通して，安全と危険を意識していくようになる。

④　災害時に落ち着いて指示を聞き，素早く避難行動がとれるようになる。

⑤　教職員と共に避難行動がとれるようになる。

20　「『生きる力』を育む防災教育の展開」(平成25年3月改訂，文部科学省)
に示されている「幼稚園段階における防災教育の目標」として適切なもの
の組み合わせを，あとの①～⑤から1つ選びなさい。

(難易度■■■■■)

A　きまりの大切さが分かる。

B　火災等が迫る緊急時にも自己判断で避難せず，大人の指示があるまで，
必ずその場で待つ。

C　危険な状況を見付けた時，身近な大人にすぐ知らせる。

D　災害時の助け合いの重要性を理解し，主体的に支援活動に参加する。

①　A，B　　②　A，C　　③　A，D　　④　B，C　　⑤　B，D

21　次の文は，「学校防災マニュアル(地震・津波災害)作成の手引き」(平成
24年3月，文部科学省)に述べられているものである。(ア)～
(オ)に当てはまる語句の組み合わせとして適切なものを，あとの①
～⑤から1つ選びなさい。　　　　　　(難易度■■■■□)

(1)　学校防災マニュアルは，

1.　安全な(ア)を整備し，災害の発生を未然に防ぐための事前の
(イ)

2.　災害の発生時に(ウ)かつ迅速に対処し，被害を最小限に抑えるた
めの発生時の(イ)

3.　危機が一旦収まった後，(エ)や授業再開など通常の生活の再開を
図るとともに，再発の防止を図る事後の(イ)

の三段階の(イ)に対応して作成する必要があります。

(2)　地震を感知(実際に揺れを感じた場合や緊急地震速報受信時)したと同
時に(オ)のための初期対応を図ることが必要です。

日常の指導や避難訓練等によって児童生徒等自身の判断力・行動力を
養っておくことが，(オ)につながります。

	ア	イ	ウ	エ	オ
①	環境	危機管理	適切	心のケア	安全確保
②	施設	危機管理	適切	衣食住の調達	安全確保
③	環境	防災計画	安全	心のケア	安全確保
④	施設	防災計画	安全	心のケア	避難行動
⑤	環境	防災計画	適切	衣食住の調達	避難行動

22 「学校防災マニュアル(地震・津波災害)作成の手引き」(平成24年3月, 文部科学省)における避難訓練を行う上での留意事項に関する記述の内容として適切なものの組み合わせを, あとの①〜⑤から1つ選びなさい。 (難易度■■■■□)

A 耐震化が図られている建物でも, 地震動に対して安全を期すために, 速やかに建物の外へ避難することが大切である。

B 地震発生時の基本行動は, 「上からものが落ちてこない」「横からものが倒れてこない」「ものが移動してこない」場所に素早く身を寄せて安全を確保することである。

C 何が危ないのか具体的に指導するために, 教師自身が落ちてくるもの, 倒れてくるもの, 移動してくるものとはどんなものなのか把握しておくことが必要である。

D 児童生徒等が自ら判断し行動できるようにするため, 避難訓練は, 災害の発生時間や場所の想定を変えずに同じ内容で繰り返し行うことが大切である。

　① A, B　　② A, C　　③ A, D　　④ B, C　　⑤ B, D

23 次の文は, 「学校防災マニュアル(地震・津波災害)作成の手引き」(平成24年3月, 文部科学省)の中の「幼稚園の特性に応じた防災マニュアル作成時の留意点」より, 引き渡しの際の留意点を述べたものである。適切なものの組み合わせを, あとの①〜⑤から1つ選びなさい。 (難易度■■■■□)

A 園児は保護者以外に引き渡してはならない。

B 保護者が引き渡しカードを持参できない場合を想定し, 在籍者名簿等と照合の上, 引き取り者のサイン等で引き渡す手立ても考え, 教職員間で共通理解を図る。

C　引き渡し者を確認できる名簿等は園長が保管する。

D　正規教員と臨時教職員間の連携を密にし，いかなる状況の中でも，即座に正確な在園児数の確認ができるようにする。

① A，B　　② A，C　　③ A，D　　④ B，C　　⑤ B，D

24 次の文は，「学校における子供の心のケア―サインを見逃さないために―」（平成26年3月，文部科学省）に述べられているものである。（　ア　）〜（　オ　）に当てはまる語句の組み合わせとして適切なものを，あとの①〜⑤から1つ選びなさい。　　　　　　　　　（難易度■■■■□）

・被災時，乳幼児だった子供への対応

　幼児期には，子供が体験した被災内容が（　ア　）を生じさせる衝撃となりますが，乳幼児期の子供は全体的な（　イ　）に対する理解はほとんどできていないと考えられます。つまり，被災したときに，誰とどこにいて，どのような体験をしたかが（　ア　）の強弱に影響するのですが，幼児期は自らの体験を（　ウ　）に判断することも（　エ　）することも難しい時期と言えます。そのため，（　ア　）を「怖かった」「寒かった」「いっぱい歩いた」などといった表現で表すことが多いと思われます。

　この時期に被災した子供たちは，その後成長，発達するにつれて，自らの体験の意味を理解して衝撃の全体像を認識することになります。そのため，数年後，被災した時の怖さを思い出す出来事に遭遇したときに，（　ア　）が再現する可能性があることを念頭においた（　オ　）が必要です。

	ア	イ	ウ	エ	オ
①	ストレス	状況	客観的	言語化	心のケア
②	トラウマ	災害	客観的	内省化	心のケア
③	トラウマ	状況	客観的	言語化	健康観察
④	ストレス	災害	一般的	言語化	健康観察
⑤	ストレス	状況	一般的	内省化	心のケア

25 「子どもの心のケアのために―災害や事件・事故発生時を中心に―（平成22年7月，文部科学省）」に記されている災害や事件・事故発生時における心のケアの基本的理解について，（　ア　）〜（　オ　）に当てはまる語句の組み合わせとして適切なものを，あとの①〜⑤から1つ選びなさい。　　　　　　　　　　　　　　　（難易度■■■□□）

　災害や事件・事故発生時に求められる心のケアは，その種類や内容により異なるが，心のケアを(ア)に行うためには，子どもに現れるストレス症状の特徴や(イ)的な対応を理解しておくことが必要である。

　幼稚園から小学校低学年までは，腹痛，嘔吐，食欲不振，(ウ)などの身体症状が現れやすく，それら以外にも(エ)，混乱などの情緒不安定や，行動上の異変((オ)がなくなる，理由なくほかの子どもの持ち物を隠す等)などの症状が出現しやすい。

	ア	イ	ウ	エ	オ
①	適切	基本	頭痛	興奮	落ち着き
②	迅速	基本	発熱	興奮	表情
③	適切	基本	発熱	緊張	表情
④	迅速	代表	発熱	興奮	落ち着き
⑤	適切	代表	頭痛	緊張	落ち着き

26 「『生きる力』をはぐくむ学校での安全教育」(平成 31 年 3 月，文部科学省)の「第 2 章　第 3 節　安全教育の進め方」に関する内容として適切なものを，次の①～⑤から 1 つ選びなさい。　　　(難易度■■■□□)

① 学校における安全教育は，体育科・保健体育科，技術・家庭科及び特別活動の時間においてのみ行うものである。

② 学校行事における安全に関する指導について，表面的，形式的な指導とともに具体的な場面を想定するなど適切に行うことが必要であるが，小学校においては，発達段階を考慮し，表面的，形式的な指導を行う。

③ 安全教育は，視聴覚教材や資料を活用するだけで十分に効果を高めることができる。

④ 安全教育は，学校教育活動全体を通じて計画的な指導が重要であり，そのためには，学校安全計画に適切かつ確実に位置付けるなど，全教職員が理解しておく必要がある。

⑤ 安全教育と安全管理は，密接に関連させて進めていく必要があるが，日常の指導では，学校生活の安全管理として把握した児童生徒等の安全に関して望ましくない行動は取り上げる必要はない。

27 次の文は，「『令和の日本型学校教育』の構築を目指して～全ての子供たちの可能性を引き出す，個別最適な学びと，協働的な学びの実現～(答申)」(令和3年1月26日，中央教育審議会)の「第Ⅱ部　各論」の「1. 幼児教育の質の向上について」の一部である。(ア)～(オ)に当てはまる語句の組み合わせとして適切なものを，あとの①～⑤から1つ選びなさい。　　　　　　　　　　　　　　　　　　　(難易度■■■□□)

○　幼児教育の質の向上を図るためには，資質・能力を育む上で(ア)的な環境の在り方について検討を行い，その改善及び充実を図ることが必要である。

○　幼児期は(イ)的・具体的な体験が重要であることを踏まえ，(ウ)等の特性や使用方法等を考慮した上で，幼児の(イ)的・具体的な体験を更に豊かにするための工夫をしながら活用するとともに，幼児教育施設における業務の(ウ)化の推進等により，教職員の事務負担の(エ)を図ることが重要である。

○　また，幼児教育施設においては，事故の発生・再発防止のための取組を推進するとともに，耐震化，アスベスト対策，(オ)，バリアフリー化，衛生環境の改善等の安全対策を引き続き行うことが必要である。

	ア	イ	ウ	エ	オ
①	効果	直接	ICT	軽減	防犯
②	計画	直接	ICT	効率	防犯
③	効果	論理	ICT	効率	感染症対策
④	計画	論理	機械	軽減	感染症対策
⑤	効果	論理	機械	軽減	感染症対策

解 答 ・ 解 説

1 ④

解説

　学校保健安全法施行規則第19条の出席停止の期間の基準において，インフルエンザは，「発症した後5日を経過し，かつ，解熱した後2日(幼児にあっては，3日)を経過するまで。」と定められている。また，すり傷の応急処置の基本は，砂やゴミなどの異物を除去するため，傷口を水道水で洗い流すことである。浅い傷は，その後，創傷被覆材で保護する。また，出血が止まらないような深い傷は，清潔なガーゼ等で直接圧迫を行いながら，できるだけ早く医療機関を受診する。

2 ②

解説

B　「一度感染すると免疫ができる」が誤り。アデノウイルスは種類が多いだけでなく，免疫がつきにくいとされており，1つの型のアデノウイルスに感染しても，他のアデノウイルスに何度もかかることがある。

D　発症すると，蝶翼状の紅斑が頬に出現して両頬がリンゴのように赤くなることから，りんご病と呼ばれている。ヒトパルボウイルスB19が原因となる感染症で，幼児期から学童期を中心に流行する。

3 ②

解説

　ノロウイルスは感染によって，胃腸炎や食中毒を発生させるもので，特に冬季に流行する。手指や食品などを介して経口で感染する場合が多く，ヒトの腸管で増殖し，おう吐，下痢，腹痛などを起こす。子どもやお年寄りなどでは重症化し，吐物を気道に詰まらせて死亡することもある。ノロウイルスについてはワクチンがなく，また，治療は輸液などの対症療法に限られる。

4 ①

解説

　学校保健安全法施行規則第18条第1項による。

5 ③

解説

　「3日」ではなく「5日」が正しい。

6 ①

解説

接触感染だけでなく，飛沫感染によっても感染する。

7 ③

解説

呼吸がない場合，胸骨圧迫30回と人工呼吸2回の組み合わせを繰り返す。

8 ①

解説

そばにAEDがあることがわかっている場合には，自分で取りに行く。

9 ⑤

解説

① 医師または救急隊に引き継ぐまでは電極パッドをはがさず，電源も切らず，そのまま心肺蘇生を続ける。

② 電極パッドは使い捨てのため，使用後は必ず交換する。使用期限があるため，未使用であっても使用期限に達したときには交換が必要である。

③ 貼り付ける位置にでっぱりがある場合，でっぱりを避けて電極パッドを貼り付ける。このでっぱりは，ペースメーカーやICD(植込み型除細動器)である可能性が高い。

④ 胸の部分が濡れている場合は，電極パッドがしっかり貼り付かないだけでなく，電気が体表の水を伝わって流れてしまい，電気ショックによる十分な効果が得られないことから，乾いた布やタオルで胸を拭いてから電極パッドを貼り付ける。

10 ②

解説

① 5秒ではなく10秒である。

③ 150回ではなく120回である。

④ 20：3ではなく30：2である。

⑤ 小児用パッドがない場合は成人用を使用してもよい。

11 ④

解説

① 「鼻血」はからだを横たえると，鼻部の血圧が上昇するため止まりにく

くなるので寝かせてはいけない。

② 腐食性の強い強酸，強アルカリなどは，吐かせると気道の粘膜にひどいただれを起こす。石油製品は，吐かせると気管へ吸い込み，重い肺炎を起こす。

③ 人間の全血液量は，体重 1kg 当たり約 80mL で，一度にその $\frac{1}{3}$ 以上を失うと生命に危険がある。出血には，動脈からの出血と静脈からの出血がある。開放性のきずによる大出血は，直ちに止血しなければならないので，骨折の治療より優先する。

⑤ 指が切断されたときには，まず直接圧迫止血を行い，直ちに医療機関に搬送する。その際，切断された指は洗わずにガーゼにくるみ，ビニール袋に入れる。氷を入れた別のビニール袋の中に，指の入ったビニール袋を入れて，医療機関に持参する。

12 ②
解説

① 不適切。蜂の毒を中和するため，消毒薬ではなく，アンモニアをつける。アナフィラキシーにも注意する。

② 適切。やけどを冷やすときは流水で患部の周りが冷え切るくらいにする。

③ 不適切。吐き気を訴えている子どもの背中を叩いたり，さすったりしてはいけない。

④ 不適切。37.5 度程度の発熱，おう吐を伴っていないかを調べ，虫垂炎でないことをまず確認する。通常の腹痛なら腹部を温め，寝かしておくという対応でよいが，幼児の虫垂炎は急激に症状が進むので注意が必要。

⑤ 不適切。意識が混濁している場合は，呼吸，脈拍を確かめ，瞳孔が開いていないかを必ず見る。頭をやや低めにして安静を保ち，医師をすぐに呼ぶ。なるべく動かさないようにすることが大切である。

13 ②
解説

思春期前の子どもは，汗腺のような体温調節能力が発達していないため深部体温が大きく上昇し，熱中症のリスクが高い。なお，子どもは大人より熱しやすく冷めやすい体格特性を持つ。

⑤

解説

　異物除去の方法としては腹部突き上げ法(ハイムリック法)と背部叩打法の2種類がある。異物除去の際，基本的には腹部突き上げ法を優先させる。しかし，内臓を痛めることがあるため，傷病者が妊婦と乳児の場合は背部叩打法を行う。また，心肺蘇生を優先し，異物が取れるまで続ける必要がある。③は，みぞおちの上方ではなく下方に当てる。

15 ①

解説

　学校におけるアレルギー疾患には，平成20年に作成された「学校のアレルギー疾患に対する取り組みガイドライン」に基づき対応することとされており，10年ぶりに改訂されたのが出題の資料である。これには，「学校生活管理指導表(アレルギー疾患用)」に示されている，食物アレルギー，アナフィラキシー，気管支ぜん息，アトピー性皮膚炎，アレルギー性結膜炎，アレルギー性鼻炎について，ガイドラインが設定されている。なお，アナフィラキシー症状を来した児童生徒を発見した場合，救命の現場に居合わせた教職員が自ら注射できない状況にある児童生徒に代わって注射を行うことは，医師法違反にあたらず，人命救助のため行った行為については，責任はないと考えるのが一般的である。

16 ③

解説

ア　適切。幼稚園全体に関わることなので，ほかの保護者に連絡するかどうかは，個々の園児から連絡を受けた担任だけで判断するのではなく，園全体としての判断を下すようにする。

イ　不適切。参観日には保護者全員に参加してもらうのが望ましいが，強制はできない。園児の兄弟が通う小学校などの行事予定がかかわってくることも考えられるので，なるべく多くの保護者に参加してもらえるよう，保護者の意向も聞いてから日程を調整するようにする。

ウ　不適切。保護者の氏名・住所・電話番号などは個人情報であるから，適切な方法で保護されなくてはならない。少なくとも，本人の了解を得ずに教室に掲示しておくべきではない。

17 ⑤

解説

　学校保健安全法施行規則を参照。

①　幼稚園の定期健康診断は毎年，6月30日までに実施することになっている。

②　定期健康診断では，幼児の健全な発育，発達のために，栄養状態に重点をおきつつ，疾病や異常など健康障害の早期発見と予防に留意する。

③　総合判定の結果は，定期健康診断を実施後21日以内に保護者に通知することになっている。

④　職員が結核などの感染症にかかっていると，当然，幼児に感染してしまうため，職員も毎年健康診断を受けることになっている。

⑤　正しい。特に，疾病や異常が見つかった際の事後措置は，その疾病などによって対応が変わることもあるので，注意する。

18 ③

解説

　出題資料の第5章　1　(2)　①日常生活の中で安全(防災)に関する意識や態度を高める指導からの出題である。「帰りの会など落ち着いた場で全体に指導し，理解を深めるようにする。」が誤り。行動から時間を置かずに対象幼児へ指導し，理解を深めるようにする。

19 ④

解説

　①は4歳児の目標，②は小学校3・4学年の目標，③および⑤は3歳児の目標である。

20 ②

解説

　本資料では，幼稚園段階における防災教育について，「安全に生活し，緊急時に教職員や保護者の指示に従い，落ち着いて素早く行動できる幼児」を目標に「知識，思考・判断」「危険予測・主体的な行動」「社会貢献，支援者の基盤」の3つに分けて具体的に示している。具体的項目としては，本問の他に「教師の話や指示を注意して聞き理解する」「友達と協力して活動に取り組む」等がある。

21 ①

解説

　「学校防災マニュアル(地震・津波災害)作成の手引き」は文部科学省が作成した，地震・津波が発生した場合の具体的な対応について参考となるような共通的な留意事項をとりまとめたもの。学校保健安全法第29条第1項において児童生徒等の安全の確保を図るため，危険等発生時に職員が講じるべき措置の内容や手順を定めた危機管理マニュアル(危険等発生時対処要領)を各学校が作成することとされており，その参考となるよう作成されたものである。

22 ④

解説

A　本資料では「耐震化が図られている建物では，地震動によって建物が倒壊する危険性は低く，慌てて建物の外へ飛び出すような行動はかえって危険」とされている。

D　想定を変えずに同じ内容での訓練を行うのではなく，「災害の発生時間や場所に変化を持たせ，いかなる場合にも安全に対処できるようにすることが望まれる」とされている。なお，災害には地域性があり，学校の自然的環境，社会的環境，施設の耐震化の有無などによって起こりやすさが変わってくることから，それぞれの地域・特性にあった対策が必要となる。

23 ⑤

解説

A　何らかの事情で保護者が引き取れない場合を想定し，代理者を登録しておく。代理者以外には引き渡してはならない。

C　園長が保管するという規定はない。引き渡しは原則として担任が行うが，通園バス乗車中，園外保育時などの担任が引き渡せない場合を想定し，引き渡し者を確認できる名簿等の保管場所・方法を教職員全員で共通理解しておく。

24 ③

解説

　特に注意したい用語は**ア**のトラウマである。トラウマは，本来持っている個人の力では対処できないような圧倒的な体験をすることによって被る，著しい心理的ストレスを指す。トラウマは心的外傷後ストレス障害(Posttraumatic Stress Disorder, PTSD)の発症につながる場合がある。用語

の違いを確認しておきたい。

 25 ①

解説

　近年，地震，豪雨などの自然災害や，子どもが犯罪に巻き込まれる事件・事故などが発生しており，子どもが災害等に遭遇して強い恐怖や衝撃を受けた場合，その後の成長や発達に大きな障害となることがあるため，子どもの心のケアが重要な課題となっている。

 26 ④

解説

　「学校安全資料『生きる力』をはぐくむ学校での安全教育」は，安全教育，安全管理，組織活動の各内容を網羅して解説した総合的な資料として，平成13年11月に作成され，その後の学校保健法の改正，学習指導要領の改訂を踏まえて平成28年3月に，さらに「学校事故対応に関する指針」（平成28年3月）の策定や学習指導要領の改訂等を踏まえて平成31年3月に改訂されている。

① 「体育科・～及び特別活動の時間においてのみ行うもの」が誤り。「安全教育は，体育科・保健体育科，技術・家庭科及び特別活動の時間はもとより，各教科，道徳科及び総合的な学習の時間などにおいてもそれぞれの特質に応じて適切に行うよう，学校教育活動全体を通じて計画的な指導が重要であり，そのためには，学校安全計画に適切かつ確実に位置付けるなど，全教職員が理解しておく必要がある。」とされている。

② 「小学校においては，発達段階を考慮し，表面的，形式的な指導を行う。」が誤り。小学校においても「避難訓練など安全や防災に関する学校行事については，表面的，形式的な指導に終わることなく，具体的な場面を想定するなど適切に行うことが必要である。」とされている。

③ 「視聴覚教材や資料を活用するだけで十分効果を高めることができる。」が誤り。「安全教育の効果を高めるためには，危険予測の演習，視聴覚教材や資料の活用，地域や校内の安全マップづくり，学外の専門家による指導，避難訓練や応急手当のような実習，誘拐や傷害などの犯罪から身を守るためにロールプレイングを導入することなど，様々な手法を適宜取り入れ，児童生徒等が安全上の課題について，自ら考え主体的な行動につながるような工夫が必要である。」とされている。

⑤ 「日常の指導では〜児童生徒の安全に関して望ましくない行動は取り上げる必要はない。」が誤り。日常の学校生活における指導として「児童生徒等の安全に関して望ましくない行動を取り上げ，適切な行動や実践の方法について考えさせる。」としている。

27 ①
解説

幼児教育施設では，環境を通して行う教育を基本としていることから，環境が子供の発達にとってどのような意味があるのかといった環境の教育的価値について研究を積み重ねていくことが重要である。

第7章

専門試験
教科知識

Q 演習問題

1 絵本のタイトルと作者の組合せとして適切なものを，次の①～⑤から1つ選びなさい。　　　　　　　　　　　　　　　　　　（難易度■■■□□）
① そらいろのたね　――――――　香山美子
② おおきなおおきなおいも　――　赤羽末吉
③ 14ひきのおつきみ　――――　さとうわきこ
④ どうぞのいす　―――――――　中川李枝子
⑤ すいかのたね　―――――――　いわむらかずお

2 絵本のタイトルと作者の組合せとして適切なものを，次の①～⑤から1つ選びなさい。　　　　　　　　　　　　　　　　　　（難易度■■■■□）
① ぐりとぐら　――――――　林明子
② スイミー　―――――――　わたなべしげお
③ わたしとあそんで　―――　マリー・ホール・エッツ
④ こんとあき　――――――　中川李枝子
⑤ もりのへなそうる　―――　レオ＝レオニ

3 絵本のタイトルと作者の組み合わせとして適切なものを，次の①～⑤から1つ選びなさい。　　　　　　　　　　　　　　　　（難易度■■■□□）
① ぐるんぱのようちえん　―――　かこさとし
② いやいやえん　――――――――　中川李枝子
③ からすのパンやさん　――――　なかえよしを
④ どろんこハリー　―――――――　西内ミナミ
⑤ ねずみくんのチョッキ　―――　ジーン・ジオン

4 次の2冊の絵本で作者が同一なものを，次の①～⑤から1つ選びなさい。
　　　　　　　　　　　　　　　　　　　　　　　　（難易度■■■■□）
① 「キャベツくん」「はじめてのおつかい」
② 「きんぎょがにげた」「おばけのてんぷら」
③ 「さる・るるる」「いもうとのにゅういん」
④ 「ごろごろにゃーん」「ねないこだれだ」
⑤ 「たんたのたんけん」「ももいろのきりん」

5 次の2冊の絵本で作者が異なるものを，次の①〜⑤から1つ選びなさい。
(難易度■■■□□)

① 「スーホの白い馬」「うみのがくたい」

② 「ふらいぱんじいさん」「くまの子ウーフ」

③ 「ちいさなねこ」「くいしいんぼうのはなこさん」

④ 「ぶたのたね」「おならうた」

⑤ 「じのないえほん」「うさこちゃんがっこうへいく」

6 次の2冊の絵本で作者が同一なものを，次の①〜⑤から1つ選びなさい。
(難易度■■■■□)

① 「だるまちゃんとてんぐちゃん」「どろぼうがっこう」

② 「おおきくなるっていうことは」「どっちがへん？」

③ 「すてきな三にんぐみ」「にゃーご」

④ 「100かいだてのいえ」「おまえうまそうだな」

⑤ 「どこへいったの？ぼくのくつ」「さつまのおいも」

7 次のA〜Eの作品名とア〜オの内容の組み合わせとして適切なものを，
あとの①〜⑤から1つ選びなさい。　(難易度■■■■□)

〈作品名〉

A すいかのたね　(さとうわきこ作・絵)

B みどりいろのたね　(たかどのほうこ作／太田大八絵)

C とん　ことり　(筒井頼子作／林明子絵)

D そらいろのたね　(中川李枝子作／大村百合子絵)

E ともだちや　(内田麟太郎作／降矢なな絵)

〈内容〉

ア のぼりをふりふり，「さびしい人はいませんか。」と歩いていた狐が，本
当の友達と出会った話

イ 引っ越してきたばかりの女の子が，郵便受けを介して新しい友達と出
会う話

ウ 種と一緒に埋められたあめ玉を，種がなめて大きくなると，まるであ
め玉のような豆の入った実がなった話

エ 模型飛行機と取り替えた狐の宝物の種を埋めると，家が生えてきた話

オ ばばばあちゃんが，「いいかげんにめをだしておおきくおなり！！」と怒鳴

り返したら，種がはじけ，ぐんぐん大きくなって実をならせるにぎやかな話
① A－オ　　B－ウ　　C－イ　　D－エ　　E－ア
② A－ウ　　B－オ　　C－ア　　D－エ　　E－イ
③ A－エ　　B－オ　　C－イ　　D－ウ　　E－ア
④ A－ウ　　B－エ　　C－イ　　D－オ　　E－ア
⑤ A－エ　　B－ウ　　C－ア　　D－オ　　E－イ

8 絵本「どうぞのいす」(香山美子・作　柿本幸造・絵)に出てくるウサギ・小鳥以外の動物の組み合わせとして適切なものを，次の①～⑤から1つ選びなさい。 (難易度■■■■□)

① イヌ，ネコ，ニワトリ，ロバ
② ロバ，クマ，キツネ，リス
③ ブタ，ネコ，クマ，タヌキ
④ ネズミ，アヒル，イヌ，リス
⑤ ロバ，イヌ，タヌキ，クマ

9 絵本「はらぺこあおむし」(エリック・カール作　もりひさし訳)の内容に関する記述として最も適切なものを，次の①～⑤から1つ選びなさい。 (難易度■■■□□)

① 5匹のあおむしが，チョウになるまでの生活を描いたもの。
② あおむしが，仲間のあおむしと一緒に大好きな緑の葉を食べて成長する様子を描いたもの。
③ たくさんのものを食べたあおむしが，腹痛をおこし，虫のお医者さんに治してもらったことを描いたもの。
④ あおむしが，りんご，なし，すもも，いちご，アイスクリーム等を食べてチョウになる様子を描いたもの。
⑤ あおむしが，さなぎ，チョウになり森の中へ，冒険に出かけた様子を描いたもの。

10 絵本「だるまちゃんとてんぐちゃん」(加古里子　作・絵)で，だるまちゃんはてんぐちゃんが持っているものを似たような道具で代用している。てんぐちゃんがもっているものとだるまちゃんが代用したものの組み合わせで適切なものを，次の①～④から1つ選びなさい。 (難易度■■■□□)

① てんぐのうちわ，扇子

② てんぐの帽子，ご飯茶碗

③ てんぐの下駄，まな板

④ てんぐの鼻，木のお面

11 れもんちゃん，りんごちゃん，チョコちゃん，おもちちゃんという子ど
もたちを育てながら，お店を切り盛りするお話を描いた作品は，次の①
～⑤から１つ選びなさい。 (難易度■■■■□)

① コッコさんのおみせ

② ふゆじたくのおみせ

③ ももちゃんのおみせやさん

④ カラスのパンやさん

⑤ サラダとまほうのおみせ

12 次のア～オの作品とA～Eの作者名の正しい組み合わせを，あとの①～
⑤から１つ選びなさい。 (難易度■■■□□)

〔作品〕

ア ブレーメンのおんがくたい **イ** おやゆびひめ

ウ はらぺこあおむし **エ** ぐりとぐら

オ 11ぴきのねことあほうどり

〔作者〕

A 中川李枝子 **B** 馬場のぼる **C** エリック・カール

D グリム **E** アンデルセン

① アーE イーD ウーC エーA オーB

② アーD イーE ウーB エーA オーC

③ アーE イーD ウーA エーC オーB

④ アーD イーE ウーC エーA オーB

⑤ アーE イーD ウーA エーB オーC

13 動物についての正しい記述を，次の①～⑤から１つ選びなさい。

(難易度■■□□□)

① カモノハシは卵を産む鳥類であるが，子は乳で育てる。

② フクロウは木の実を主食とするので，幼稚園で飼育し，子どもに世話

243

をさせても危険はない。

③　カメは水中で生活し，エラ呼吸をする。

④　ツバメの仲間はほとんどが渡り鳥である。

⑤　アユはコケを主食とし，ふつう 2 年生きる。

14 次のア〜エは，幼稚園で飼育する例の多い生き物である。ア〜エの生き物とえさの組み合わせとして適切なものを，あとの①〜⑤から 1 つ選びなさい。　　　　　　　　　　　　　　　　　　　（難易度■■■□□）

ア　カブトムシ(成虫)　　イ　モンシロチョウ(幼虫)

ウ　スズムシ　　　　　　エ　アゲハ(幼虫)

	ア	イ	ウ	エ
①	リンゴ	キャベツの葉	ナス	サンショウの葉
②	リンゴ	ミカンの葉	アブラムシ	サンショウの葉
③	腐葉土	キャベツの葉	アブラムシ	サンショウの葉
④	腐葉土	ミカンの葉	ナス	ダイコンの葉
⑤	リンゴ	キャベツの葉	ナス	ダイコンの葉

15 幼稚園で飼育する例の多い生物の生態や特徴に関する記述として最も適切なものを，次の①〜⑤から 1 つ選びなさい。　　（難易度■■■□□）

①　ウサギは，草食性で，主に草や木の葉，野菜などを食べ，これらの栄養分をよく吸収するために，体外に出した自分のやわらかいふんをもう一度食べる。

②　カエルの幼生であるオタマジャクシは，水中でふ化するのでエラがあるが，エラ呼吸は行わず，水面に顔を出して肺呼吸する。

③　カタツムリは，成長するたびにより大きな貝殻に移る習性があるため，飼育する場合は，土や川砂の上に大きさの違う巻き貝などを置くと良い。

④　ザリガニは，エビやカニと異なり脱皮は行わず，また，肉食のため，小魚やミミズ，昆虫などを食物とし，水草などの植物は食べない。

⑤　カメは，エラ呼吸と肺呼吸を行う両生類で，卵からふ化した時は甲羅をもたないが，成長して脱皮するたびに大きな甲羅を背負うようになる。

16 昆虫の中で卵から成虫になる過程で完全変態しないものを，次の①〜⑤から1つ選びなさい。　　　　　　　　　　　（難易度■■■□□）

① カブトムシ　② オオスズメバチ　③ ナミアゲハ

④ ハナアブ　⑤ トノサマバッタ

17 次に示した昆虫は，幼虫の時に何と呼ばれているのかを答えなさい。　　　　　　　　　　　　　　　　　　　（難易度■■■■□）

① モンシロチョウ　② アキアカネ　③ ウスバカゲロウ

18 ウサギの一般的な特徴として適切なものを，次の①〜⑤から1つ選びなさい。　　　　　　　　　　　　　　　　（難易度■■■■□）

① ウサギの前歯は一生伸び続けるが，一定の長さになると脱落する。

② とても人懐っこく，誰に対しても警戒心がない。

③ ウサギの睡眠は浅く，寝たり，起きたりを繰り返している。

④ ウサギは水をあまり飲まないので，水の交換は2日に1度程度でよい。

⑤ 野菜や果物が好物なので，食事として積極的に与えるのがよい。

19 カタツムリの特徴として適切でないものを，次の①〜⑤から1つ選びなさい。　　　　　　　　　　　　　　　　（難易度■■■■□）

① 陸に住んでいるが，貝の仲間である。

② 1匹で雄・雌の両方の機能をもっている雌雄同体という生き物である。

③ 寄生虫を保有している可能性があるため，手で触ったら手を洗う必要がある。

④ 真夏の暑い時期は体が乾燥してしまうので，木や草のかげで，殻の入り口に膜を張り，秋の雨が多くなる時期まで眠って過ごす。

⑤ 歯がないので，藻類や植物の葉，腐葉土などを粘液で溶かして食べる。

20 モルモットの特徴として適切でないものを，次の①〜⑤から1つ選びなさい。　　　　　　　　　　　　　　　　（難易度■■■□□）

① 跳躍力が低いため，飼育する場合は囲いの高さが40cmあればよい。

② おやつにチョコレートをあげてもよい。

③ 排泄物の量が多く，毛が長いので，臭いが強くなりやすい。

④ 生まれてすぐに歯もあり，目も開いているため，生まれた子に人手を

かける必要はない。

⑤　寿命は5年から7年ぐらいである。

21 栽培した野菜を収穫する時期として明らかに適切でないものを，次の①
　〜⑤から1つ選びなさい。ただし，関東地方平野部における一般的な栽
　培方法とする。　　　　　　　　　　　　　　　　（難易度■■■■□）
①　トウモロコシ　　　　　　　――――　8月上旬
②　サトイモ　　　　　　　　　――――　11月中旬
③　サヤエンドウ　　　　　　　――――　9月中旬
④　フキノトウ　　　　　　　　――――　3月上旬
⑤　ツルレイシ(ニガウリ)　　　――――　8月中旬

22 サツマイモの栽培について適切なものを，次の①〜⑤から2つ選びなさ
　い。　　　　　　　　　　　　　　　　　　　　　（難易度■■■□□）
①　苗を植え付けるには，砂壌土などの肥料が効いていない土が適切である。
②　代表的な植え付けの1つである垂直植えは収穫数は増えるが，1つあ
　たりの重量は減るという特徴がある。
③　施肥についてはカリウムのみを与えると，イモが大きくつきやすい。
④　サツマイモは雑草と同化させると甘みが増すため，除草は行わない。
⑤　サツマイモは無農薬でも栽培できるが，寄生虫などが発生することも
　あるため，殺虫剤を使用することもある。

23 次の①〜⑤のうち，食用部分が根であるものはどれか。次の①〜⑤から
　2つ選びなさい。　　　　　　　　　　　　　　　（難易度■■□□□）
①　サツマイモ　　②　ジャガイモ　　③　サトイモ　　④　キャッサバ
⑤　キクイモ

24 環境省ホームページには，地球温暖化対策のページ「COOL CHOICE」が
　ある。当該ページではグリーンカーテンについて触れられているが，グ
　リーンカーテンに適した植物として紹介されていないものはどれか，次
　の①〜⑤から1つ選びなさい。　　　　　　　　　（難易度■■■□□）
①　ミニスイカ　　　　　　②　トウモロコシ　　③　フウセンカズラ
④　パッションフルーツ　　⑤　アサガオ

25 アサガオの栽培で注意したい点として適切でないものを，次の①〜⑤から１つ選びなさい。　　　　　　　　　　　　　　（難易度■■■■□）

① アサガオの種の外皮は硬いので，傷をつけると芽を出しやすくなる。

② アサガオを大きく育てたい場合は月に２〜３度，肥料を与えるとよい。

③ アサガオは水を好むので，水やりは朝，昼，夕方の３回にするとよい。

④ アサガオがかかる病気にはうどん粉病やモザイク病がある。

⑤ アサガオは短日植物であるため，日中以外は明るいところに置かないようにする。

26 次の作物に適切なコンパニオンプランツをあげなさい。

（難易度■■■■□）

① トウモロコシ　　② キュウリ　　③ ナス

27 アサガオを栽培する時の作業の順序として適切なものを，あとの①〜⑤から１つ選びなさい。　　　　　　　　　　　　（難易度■■■■□）

ア 種をまく　　　　イ 雑草を取り除く

ウ 支柱を立てる　　エ 移植する

オ 種の選別をする　カ 培養土や肥料を土に混ぜる

キ 間引きする

① オ−ア−カ−エ−キ−ウ−イ

② オ−ア−カ−イ−エ−ウ−キ

③ オ−カ−ア−キ−エ−ウ−イ

④ オ−カ−ア−エ−キ−ウ−イ

⑤ オ−ア−カ−イ−エ−キ−ウ

解答・解説

1 ②

解説

「おおきなおおきなおいも」は赤羽末吉の作品で，適切である。①「そらいろのたね」は中川李枝子，③「14 ひきのおつきみ」はいわむらかずお，④「どうぞのいす」は香山美子，⑤「すいかのたね」はさとうわきこの作品である。

2 ③

解説

① 「ぐりとぐら」は中川李枝子作，2023 年で 60 周年を迎えた。

② 「スイミー」はレオ＝レオニの作で，レオ＝レオニはねずみのお話「フレデリック」等が有名である。

④ 「こんとあき」は林明子作，こんはキツネのぬいぐるみであきと一緒に旅をする話である。

⑤ 「もりのへなそうる」わたなべしげお作，へなそうるとは森の中にいる怪獣の名である。

3 ②

解説

①「ぐるんぱのようちえん」は西内ミナミ，③「からすのパンやさん」はかこさとし，④「どろんこハリー」はジーン・ジオン，⑤「ねずみくんのチョッキ」はなかえよしをの著作である。

4 ⑤

解説

⑤は中川李枝子の著作である。なお，「キャベツくん」と「ごろごろにゃーん」は長新太，「はじめてのおつかい」と「いもうとのにゅういん」は筒井頼子，「きんぎょがにげた」と「さる・るるる」は五味太郎，「おばけのてんぷら」と「ねないこだれだ」はせなけいこである。

5 ④

解説

「ぶたのたね」は佐々木マキ，「おならうた」は谷川俊太郎の著作である。なお，「スーホの白い馬」は元々モンゴル民話だが，著作者の大塚勇三が絵本用に再編しているので，ここでは作者と考える。

6 ①

解説

　①はかこさとし(加古里子)の著作である。なお，「おおきくなるっていうことは」と「さつまのおいも」は中川ひろたか，「どっちがへん？」と「100かいだてのいえ」はいわいとしお，「すてきな三にんぐみ」と「どこへいったの？ぼくのくつ」はトミー・ウンゲラー，「にゃーご」と「おまえうまそうだな」は宮西達也である。

7 ①

解説

A　「すいかのたね」は1987(昭和62)年に発売された絵本。

B　「みどりいろのたね」は1988(昭和63)年に発売された絵本。

C　「とん　ことり」は1989(平成元)年に発売された絵本。筒井頼子作，林明子絵の絵本はほかにも「はじめてのおつかい」「あさえとちいさいいもうと」などがある。

D　「そらいろのたね」は1967(昭和42)年に発売された絵本。

E　「ともだちや」は1998(平成10)年に発売された絵本。

8 ②

解説

　なお，①は「ブレーメンのおんがくたい」，③はノンタンシリーズに出てくる動物である。

9 ④

解説

　「はらぺこあおむし」は1969年に出版され，5000万部以上の売上を記録した。エリック・カール氏が亡くなるまでに62カ国語に翻訳されている。

10 ③

解説

　①のてんぐのうちわはやつでの葉っぱ，②のてんぐの帽子はお椀，④のてんぐの鼻はおもちで代用した。

11 ④

解説

　「からすのパンやさん」は，カラスの夫婦は子育てで忙しいためお店が雑

然となり，一時は貧乏になるが，子どもたちがおやつに食べたパンが評判になり，再び人気を取り戻す話である。

12 ④
解説

新旧を問わず，有名な童話については作者名を知っておくのはもちろんのこと，ストーリーや絵柄もしっかりと押さえておきたい。グリムとアンデルセンの童話は混同しやすいので，注意する。

ア 見捨てられたもの同士が力を合わせて自分の幸せを勝ち取る話。

イ チューリップから生まれた小さな女の子が危険な目にあいながらも自分の親切心から幸せをつかむ話。

ウ あおむしがたくさんの葉っぱを食べ，やがて蝶になるまでを鮮やかな色彩で描いた絵本。あおむしの食べた部分は，紙面に開いた丸い穴で表現されている。

エ 野ねずみのぐりとぐらが落ちていた卵でカステラをつくり，森の仲間と分け合って食べる話。

オ 11匹のねこたちがつくったコロッケをあほうどりが買う，ユーモアたっぷりの話。

13 ④
解説

哺乳類，爬虫類，両生類，鳥類などの特徴を確認しておこう。

① カモノハシやハリモグラは変温動物のような特質を備え卵を産む。この部分だけを考えると鳥類あるいは爬虫類であるが，体の仕組みと乳で子を育てることから哺乳類に分類されている。

② フクロウは鋭い足の爪や口ばしで野ネズミなど小型の動物や昆虫などを捕らえて食べる肉食の鳥である。幼児だけでなく，大人でも飼育には危険を伴う。

③ エラで呼吸をするのは魚類である。カメは肺で呼吸をする爬虫類である。

④ 正しい。日本には春から夏にかけてやってきて，秋には暖かい地域へと帰っていく。

⑤ アユはコケを主食とするが，ふつう1年しか生きられないため，年魚とも呼ばれる。

14 ①
解説

　出題されている虫は，頻出であるため特徴をおさえておきたい。カブトムシは，幼虫の時には腐葉土などの腐食の進んだものを食べるが，成虫になると樹液や果汁などを食べる。モンシロチョウの幼虫(アオムシ)は，キャベツを好み，キャベツ畑などによくみられる。スズムシは，キュウリやナスなどを主な餌とするが，共食いをすることもある。アゲハの幼虫(いもむし)は，ミカン系の柑橘の葉しか食べないため，キャベツやダイコンの葉は好まない。

15 ①
解説

　②の「オタマジャクシ」はえら呼吸をする。③の「カタツムリ」は生まれた時から貝殻をもっており，成長とともに貝殻も大きくなるので，他の貝殻に移ることはない。成長するたびに他の大きな貝殻に移るのはヤドカリである。④の「ザリガニ」は脱皮を行う。また，雑食で小魚なども植物も食べる。⑤の「カメ」は，爬虫類であり，生まれた時から甲羅をもつ。

16 ⑤
解説

　完全変態とは，幼虫がさなぎを経て成虫になる現象のことであり，さなぎから成虫になる昆虫を区別すればよい。

17 ①　アオムシ　　②　ヤゴ　　③　アリジゴク
解説

　昆虫の中には幼虫の時にその名前と異なる呼び方がされるものがある。出題された昆虫は，公園などや身近な森林でも見かけることができるものであるため覚えておきたい。

18 ③
解説

①　ウサギの歯は脱落しない。そのため，藁や咬み木などを与え，前歯をすり減らし，長さを調整することが必要になる。

②　ウサギは人に懐きやすいが警戒心も強く，知らない人を警戒することが多い。

④　ウサギの水やりは重要であり，こまめに水を替えることが必要である。

⑤　ウサギの主食はペレットと牧草がよく，野菜や果物はおやつとして与えるのがよいとされている。

19 ⑤
解説

カタツムリは，絵本や物語でも多く登場し，また日常でも目にすることができる，子どもにとってなじみの深い存在である。口内に歯舌をもちすりつぶす形で餌を食べるため，⑤が誤り。

20 ②
解説

チョコレートを与えると中毒を起こすので，与えてはいけない。その他注意すべき食品として玉ねぎ，ねぎ，にら，にんにくなどがあげられる。

21 ③
解説

サヤエンドウを含むエンドウは，一般に10月下旬～11月上旬に種をまき，5～6月が収穫時期となる。

22 ①，⑤
解説

②　垂直植えは収穫数は減るが，1つ当たりの重量が比較的大きいという特徴がある。

③　カリウムだけでは栄養を吸収できない。カリウムの半量程度の窒素を施すとよい。

④　除草をしないと，土の養分が雑草にも行き渡るだけでなく，日当たりも悪くなり，サツマイモが十分に育たない。

23 ①，④
解説

なお，ジャガイモ，サトイモ，キクイモの食用部分は茎である。

24 ②
解説

グリーンカーテンは主につるが伸びる植物を建物の壁面付近にカーテン状に育成することで，建物に直射日光が当たるのを防止したりするもの。

トウモロコシはつる状に育成するわけではないので，グリーンカーテンに適しているとはいえない。

25 ③
解説

夏の日中，植物に水をあげようとすると気温や土の温度が高い結果，お湯を与えることと同義になり，植物を傷める原因になる。アサガオへの水やりは朝と夕方の2回行うのが適切である。

26 ① インゲン，エダマメ等　　② ニラ，ネギ等　　③ ラッカセイ，パセリ等
解説

コンパニオンプランツとは，異なる種類の野菜を一緒に栽培することで，病害虫を抑えたり生長を助けるといった効果を期待するものである。例えば，トウモロコシの主な天敵はアワノメイガであるが，アワノメイガはマメ科の植物を忌避する特徴があるため，マメ科の植物を一緒に植えるとよいとされている。

27 ③
解説

種の選別をする，培養土や肥料を土に混ぜる，種をまく，間引きする，移植する，支柱を立てる，雑草を取り除く，の順で作業を進める③が正しい。**オ**の「種の選別」と**カ**の「土の準備」はどちらが先になってもかまわないが，どちらも**ア**の「種をまく」の前に行わなくては意味がない。したがって，①，②，⑤は除外できる。また，**イ**の「雑草を取り除く」は必要に応じて行えばよいが，双葉が出て**キ**の「間引きする」，続いて本葉が出て**エ**の「移植する」を行ってからでないと，雑草を抜く時にアサガオも引き抜いてしまうことがあるので，手順としては不適切である。間引きと移植の手順が逆になっているので，④も除外され，正解は③とわかる。

第8章

専門試験
教育史・教育心理

1 次の記述のうち誤っているものを，①～⑤から１つ選びなさい。

(難易度■□□□□)

① シュテルンは人間の発達について，遺伝的要因と環境的要因の輻輳説を唱えた。

② ロックは教育万能論に対して疑問を投げ掛けた。

③ ルソーは消極教育論を提唱し，「子どもの発見者」と称された。

④ フレーベルは世界で最初の幼稚園を設立した。

⑤ デューイは問題解決学習を提唱した。

2 次の人物に関する記述として適切なものを，①～⑤から１つ選びなさい。

(難易度■■■□□)

① 羽仁もと子は玉川学園を創設し，全人教育や労作教育を目指した。

② 及川平治は東京高等師範学校附属訓導として綴方教授を提唱した。

③ 倉橋惣三は東京女子高等師範学校幼稚園主事を務め，「幼児教育の父」と呼ばれる。

④ 澤柳政太郎は「児童の村小学校」を設立した。

⑤ 谷本富は「婦人と子ども」を編集し，『幼稚園保育法眞諦』の著書がある。

3 次の文は，フレーベルについて述べたものである。(A)～(C)に当てはまるものをア～ケから選ぶとき，正しい組み合わせを，あとの①～⑤から１つ選びなさい。 (難易度■■□□□)

フレーベルの教育学の特徴は，なんといっても遊びを重視したことである。「遊んでいるとき，子どもは力を得，強い存在となる。遊びによって子どもは心を表現し，(A)と交わる」というのである。そして，遊びにとって不可欠なものとして，１つは遊びの道具である(B)，もう１つはその遊びを指導する大人の存在があるとした。正しい指導法でその道具遊びをするとき，本来(C)な存在である子どもは，それに気づき，そこへ帰っていくと彼は考えた。

ア 家族　　イ 恩物　　ウ 精神的　　エ 積み木　　オ 感覚的

カ 仲間　　キ 大人　　ク 神的　　　ケ ブロック

① Ａ－ア　　Ｂ－エ　　Ｃ－オ
② Ａ－キ　　Ｂ－ケ　　Ｃ－ク
③ Ａ－カ　　Ｂ－イ　　Ｃ－ウ
④ Ａ－カ　　Ｂ－イ　　Ｃ－ク
⑤ Ａ－ア　　Ｂ－ケ　　Ｃ－ウ

4 次のＡ～Ｃは幼児教育について述べたものである。それぞれア～キのどの人物と関係が深いか。正しい組み合わせを，あとの①～⑤から１つ選びなさい。　　　　　　　　　　　　　　　　（難易度■■■■□）

Ａ　どんなに貧しくても，どんなに不良な子どもでも，神からすべての子どもたちに人間性の力を与えられている。道徳的な人間を育てるには健全な家庭生活が営まれなければならず，教育においても家庭の温かさが不可欠である。

Ｂ　子どもは本来神的な存在なので，教育者は子どもがもともと持っているものを実現させるよう手助けし，そのことに気づいていない子どもに，自覚させ表現するよう導くことである。

Ｃ　自然は子どもが子どもらしくあることを望んでいる。大人になったら必要になるからといって，美徳や知識を積極的に子どもに教える必要はない。できるだけ子どもの自然のよさを残し伸ばしてやればよい。

ア　ルソー　　　　　イ　ロック　　　　ウ　モンテッソーリ
エ　ペスタロッチ　　オ　フレーベル　　カ　デューイ
キ　マラグッツィ

① Ａ－ア　　Ｂ－ウ　　Ｃ－オ
② Ａ－エ　　Ｂ－キ　　Ｃ－オ
③ Ａ－エ　　Ｂ－カ　　Ｃ－ア
④ Ａ－イ　　Ｂ－ウ　　Ｃ－カ
⑤ Ａ－エ　　Ｂ－オ　　Ｃ－ア

5 次の文は，ルソーについて述べたものである。（　Ａ　）～（　Ｃ　）に当てはまるものをア～キから選ぶとき，正しい組み合わせを，あとの①～⑤から１つ選びなさい。　　　　　　　　　　　　　（難易度■■■□□）

　ルソーの生きた当時のフランスは，1789年の革命以前の封建的王制下の政治・社会制度のなかにあったが，多くの（　Ａ　）たちが出て旧制度を打ち

倒そうとしていた。ルソーの思想はこうした時代背景と密接に結びついており、『社会契約論』で新しい社会の構想を描き、（　B　）では、その新しい社会を担う人間をどう教育するかを描いた。彼は、（　B　）のなかで「（　C　）は子どもが大人になるまえに子どもであることを望んでいる」と述べ、児童期までの教育は、できるかぎり子どもの（　C　）のよさを残し、それを伸ばすように手助けしてやればよいと考えた。旧制度下では、子どもは大人になるための準備期間であり、子どもを大人に近づけるようにすることが教育だったが、ルソーの、子ども時代の独自性の尊重を唱えた「子どもの発見」は、当時としては画期的な教育論であった。

ア　自然　　　　　　イ　『パンセ』　　ウ　社会主義者
エ　『エミール』　　オ　神秘思想家　　カ　神
キ　啓蒙思想家

① A－ウ　　B－イ　　C－カ
② A－キ　　B－エ　　C－ア
③ A－キ　　B－イ　　C－ア
④ A－ウ　　B－エ　　C－カ
⑤ A－ウ　　B－エ　　C－ア

6 次は、倉橋惣三の幼児教育についての記述である。（　A　）～（　C　）に当てはまるものをア～クから選ぶとき、正しい組み合わせを、あとの①～⑤から１つ選びなさい。　　　　　　　　　　　（難易度■■■■■）

幼児を無理やり目的に向かって引っ張るのではなく、自然な生活形態のなかで、子どもたちが知らず知らずのうちに（　A　）を身に付けるようにすることが望ましいとした。そして、明治以来の定型と機械化とによって幼児のいきいきしさを奪う（　B　）を批判し、幼児に（　C　）を与えることを重視した。その自由な活動のなかから子どもの生活を誘導していく誘導保育を保育の真諦とした。

ア　恩物主義　　イ　行動主義　　ウ　満足感　　エ　道徳
オ　達成感　　　カ　一斉保育　　キ　自由感　　ク　教育的価値

① A－エ　　B－カ　　C－ウ
② A－ウ　　B－ア　　C－ク
③ A－エ　　B－イ　　C－オ
④ A－ク　　B－イ　　C－キ

⑤　A－ク　　B－ア　　C－キ

7 次は，日本における保育思想の歴史に関する記述である。A～Dの記述は，ア～エのうちどの人物のことか。正しい組み合わせを，あとの①～⑤から１つ選びなさい。　　　　　　　　　　（難易度■■■■□）

A　有産階級に限られていた幼児教育を，貧しい家庭の子どもたちにも施す必要性を感じて，日本で最初の託児所となる幼稚園を開園した。

B　知的障害児教育の父と呼ばれる。はじめ，濃尾震災によって被災した孤児を引き取り孤児施設を開設したが，孤児の中に知的障害児が含まれていたのがきっかけとなり，知的障害児施設に改めた。

C　「家なき幼稚園」を開設した。自然の中で育てることの大切さを保育の中心とし，公園，河原，里山などの戸外で保育を行った。

D　自然主義教育を幼児教育の基本として『幼児教育法』を著す。「幼児教育」という言葉を日本で初めて使ったことでも知られる。

　　ア　橋詰良一　　イ　和田実　　ウ　野口幽香　　エ　石井亮一

①　A－ア　　B－イ　　C－エ　　D－ウ
②　A－イ　　B－ア　　C－ウ　　D－エ
③　A－ウ　　B－イ　　C－エ　　D－ア
④　A－ウ　　B－エ　　C－ア　　D－イ
⑤　A－エ　　B－イ　　C－ウ　　D－ア

8 次は，保育思想の歴史に関する記述である。A～Dの記述は，ア～エのうちどの人物のことか。正しい組み合わせを，あとの①～⑤から１つ選びなさい。　　　　　　　　　　（難易度■■■□□）

A　知識の一方的な伝達を中心とした伝統的な学校教育を批判し，教育とは，経験を繰り返すことによって成長し，その成長を高めるようにさらに経験を絶え間なく再組織し改造することであると主張した。

B　人間は誕生の瞬間から知的な働きが存在することを明らかにし，子どもの知能や発達に関して，科学的な理論構築を行い発達段階説を提唱した。

C　スラム街に住む貧しい労働者の子どもたちを収容するために「子どもの家」を開設した。そこで，子どもたちは自分自身の感覚をとおして世界の様子を知るということに気づき，子どもの発達に適した環境設定や遊具の必要性を唱えた。

D 自分が自分を作り上げていくことによって子どもは発達するという児
童中心主義に基づく児童教育と婦人の母性的使命を唱え，新教育運動，
婦人解放運動に大きな影響を与えた。

　ア　エレン・ケイ　　イ　モンテッソーリ　　ウ　ピアジェ
　エ　デューイ

① A−ア　　B−イ　　C−エ　　D−ウ
② A−イ　　B−ア　　C−ウ　　D−エ
③ A−エ　　B−ウ　　C−イ　　D−ア
④ A−ウ　　B−エ　　C−ア　　D−イ
⑤ A−エ　　B−イ　　C−ウ　　D−ア

9 次の文は，レッジョ・エミリア・アプローチについての記述である。文
中の（　A　）〜（　C　）に当てはまる語句をア〜キから選ぶとき，その組
み合わせとして正しいものを，あとの①〜⑤から１つ選びなさい。

（難易度■■□□□）

　（　A　）にあるレッジョ・エミリア市の幼稚園の先端的教育を考えたのは
（　B　）である。彼は，子どもが気の合う仲間や家族などの私的で親密な関
係とは別のさまざまな考えを持った人たちとの関係を経験することによっ
て，世界が多様であることや自己と異なった（　C　）を持った他者を理解す
ることが重要だと考えた。そのため，プロジェクトという形でその相互関
係を経験できる小集団を組織化し，さらに家族もその活動に参加するよう
にした。

　ア　モンテッソーリ　　イ　アイデンティティ　　ウ　スイス
　エ　イタリア　　　　　オ　マラグッツィ
　カ　パーソナリティ　　キ　コンピテンス

① A−エ　　B−オ　　C−イ
② A−ウ　　B−ア　　C−カ
③ A−エ　　B−ア　　C−イ
④ A−ウ　　B−ア　　C−キ
⑤ A−ウ　　B−オ　　C−カ

10 次の文は，『モンテッソーリ法』についての記述である。（　A　）〜
（　C　）に当てはまるものをア〜キから選ぶとき，正しい組み合わせを，

あとの①〜⑤から１つ選びなさい。　　　　　　　　（難易度■■□□□）

　子どもは自分を（　A　）する動機を本来もっており，自分自身の（　B　）をとおして外の世界についての知識を学ぶ。子どもの発達に適した環境に置かれるとき，その子どもは興味をもって自発的に学ぶことができる。したがって，教育とは，子どもがそうした自分の要求に応えてくれるような環境に置かれたときに，自らが自発的に学んでいく（　C　）な過程だということができる。

　　ア　動的　　イ　認識　　ウ　知識　　エ　啓発
　　オ　本質　　カ　静的　　キ　感覚

①　A−イ　　B−オ　　C−カ
②　A−エ　　B−キ　　C−ア
③　A−イ　　B−キ　　C−カ
④　A−エ　　B−ウ　　C−ア
⑤　A−イ　　B−ウ　　C−カ

11　次のA〜Cは教育史上の人物の著作の冒頭の一文であり，a〜cはその著作である。またア〜ウは，人物の教育思想に関係ある語である。これらの人物，冒頭の一文，著作，関係ある語を組み合わせたとき，正しいものを，あとの①〜⑤から１つ選びなさい。　　　　（難易度■■■□□）

A　創造主の手から出るときにはすべてがよいが，人間の手になるとすべてが悪くなっていく。

B　玉座の上にあっても，木の葉の屋根の陰に住まっても，その本質において同じ人間。

C　万物のなかに，一つの永遠の法則があって，作用し，支配している。

　〔著作・関係ある語〕
　　a　『隠者の夕暮』　　b　『エミール』　　c　『人間の教育』
　　ア　消極教育　　イ　万有内在神論　　ウ　直観のABC

①　フレーベル　――A―― b ――イ
②　フレーベル　――B―― b ――ウ
③　ルソー　　　――C―― a ――ア
④　ペスタロッチ　――B―― a ――ウ
⑤　ペスタロッチ　――C―― c ――イ

12 コメニウスに関する記述について不適切なものを，次の①～⑤から１つ
選びなさい。 (難易度■■■■□)

① 主著「大教授学」において，あらゆる人にあらゆる事柄を享受するため
の教授法について示した。

② 世界初の絵入り教科書とされる「世界図絵」を作成した。

③ 教育によるドイツの再建を目指し，「ドイツ国民に告ぐ」という大講演
を行った。

④ 直観教授の理念と方法を示し，感覚を伴った教育の重要性を説いた。

⑤ すべての男女が，階級差別のない単線型の学校教育において，普遍的
知識の体系を学ぶ必要性を説いた。

13 次の記述に該当する人物を，あとの①～⑤から１つ選びなさい。

(難易度■■■□□)

明治18年，内閣制度の発足に伴い，初代文部大臣に就任。欧米の先進国
の文明を導入し，日本の富強を図るための国家主義教育をとなえ，この目
的の実現に向けて学校制度の改革，教育内容の改善，教員養成方針の確立
に尽力した。明治19年に小学校令・中学校令・帝国大学令・師範学校令を
公布し，近代学校制度の土台を固めた。また，教科書の検定制度を初めて
実施。教育内容の改善を図り，「学校及其程度」により国家的基準を明示し
た。師範教育に関しては，国民教育の根幹をなすものとして重視し，順良・
信愛・威重の三気質を教育目標に据え，その実現のために全寮制による軍
隊式教育を行った。

① 倉橋惣三 ② 福沢諭吉 ③ 森有礼 ④ 新渡戸稲造
⑤ 大隈重信

14 次の文章の出典と著者の組み合わせとして正しいものを，あとの①～⑤
から１つ選びなさい。 (難易度■■■□□)

「…人々は子ども時代とはどういうものであるかということをちっとも知
らない。昔ながらの間違った考えをしているものだから，教育すればする
ほどいよいよ子どもというものがわからなくなってしまう。もっとも聡明
といわれている人々でさえ，子どもの学習能力を考慮にいれないで，大人
にとって大切なことを子どもに一所懸命教えている。かれらはいつも子ど
もを大人に近づけることばかり夢中になっていて，大人になるまでの子ど

もの状態がどんなものであるかを考えてみようとはしない。私が全力を注いだのは，じつにこのあるがままの子どもの状態についての研究であって…」

- ① 『エミール』　　　　　　　　ペスタロッチ
- ② 『教育に関する考察』　　　　ロック
- ③ 『子どもの発見』　　　　　　フレーベル
- ④ 『エミール』　　　　　　　　ルソー
- ⑤ 『子どもの発見』　　　　　　モンテッソーリ

15 次の説明文と人物名の組み合わせとして正しいものを，あとの①～⑤から１つ選びなさい。　　　　　　　　　　　　　　（難易度■■□□□）

- A 世界で最初の「幼稚園」を開設し，幼児教育思想を述べた『人間の教育』を著した。
- B 恩物による保育を批判し，恩物を「積み木玩具」に換えた。また，戸外での自由でのびのびした遊びを大切にする保育を目指した。
- C 「生活は陶冶する」と言って家庭教育を重んじた。また，直観教授も重視した。
- D 子どもが自由で自発的な活動を中心として生活できる「子どもの家」を設立し，そこでは感覚教育を重視した保育を行った。

　ア　マカレンコ　　　　イ　フレーベル　　　ウ　倉橋惣三
　エ　ルソー　　　　　　オ　コメニウス　　　カ　ペスタロッチ
　キ　モンテッソーリ　　ク　ロック

- ① A－イ　　B－ウ　　C－カ　　D－キ
- ② A－キ　　B－ア　　C－エ　　D－オ
- ③ A－キ　　B－ク　　C－ウ　　D－ア
- ④ A－オ　　B－カ　　C－イ　　D－ウ
- ⑤ A－イ　　B－オ　　C－ク　　D－カ

16 幼稚園と保育所について公的に示されたものを発表年順に正しく並べたものを，次の①～⑤から１つ選びなさい。　　　　　　（難易度■■■■■）

- ① 保育要領―幼稚園と保育所の関係について―幼児教育振興プログラム
- ② 保育要領―幼児教育振興プログラム―幼稚園と保育所の関係について
- ③ 幼稚園と保育所の関係について―保育要領―幼児教育振興プログラム

④　幼稚園と保育所の関係について―幼児教育振興プログラム―保育要領

⑤　幼児教育振興プログラム―保育要領―幼稚園と保育所の関係について

17 教育史に関する記述について適切なものを，次の①～⑤から１つ選びなさい。　　　　　　　　　　　　　　　　　　　　（難易度■■■■■）

① 　貝原益軒は日本で最初の体系的教育書といわれる『養生訓』を著した。

② 　明治 13 年の改正教育令では国家の統制色が強くなり，道徳が学科目の首位に置かれ，徳育重視となった。

③ 　明治 19 年の小学校令で尋常小学校の 6 年間が就学義務とされ，法令上の義務教育制度が明確になった。

④ 　大正時代には，子どもの個性・自発性を尊重する児童中心主義教育の理論と実践を，倉橋惣三が指導した。

⑤ 　大正 7 年，北原白秋が児童文学・童謡の雑誌『赤い鳥』を創刊，芸術教育運動を展開した。

18 次の文章中の（　　）に当てはまる人物名として最も適当なものを，あとの①～⑤から１つ選びなさい。　　　　　　　　（難易度■□□□□）

（　　）はオーストリアの精神科医で，意識の奥に無意識の世界があり，無意識の世界に抑圧された願望と，抑圧する自我 ego の力との間の葛藤が人間の精神生活を支配していると考えた。パーソナリティーの構造について，外界と深層による欲望，イド ids とを媒介し，両方の調和を図る自我が存在するとした。また，外界の社会規範と共に個人の精神に内在化した良心ともいうべき超自我 super-ego が存在することを主張した。

① 　ゲゼル　　② 　フロイト　　③ 　ピアジェ　　④ 　エリクソン

⑤ 　ヴィゴツキー

19 次のア～オは，ピアジェの考えについての記述である。正しく述べられたものの組み合わせを，あとの①～⑤から１つ選びなさい。

　　　　　　　　　　　　　　　　　　　　（難易度■■■□□）

ア　子どもの思考は，大人の思考と比較すると，質的な違いがある。

イ　子どもは言語を作り出す能力を持って生まれてくるので，言語は自らの力で獲得するものであり，大人から教えられて身に付けるものではない。

ウ　幼児期に多いひとりごとは，自己中心性の現れであり，社会的言語の

発達によって消失する。

エ　子どもの道徳的判断は，動機論的判断から結果論的判断へと移行していく。

オ　人間には，誕生の瞬間から知の働きが存在する。

① イ，ウ，オ　　② ア，ウ，オ　　③ イ，エ，オ

④ ア，イ，エ　　⑤ ウ，エ，オ

---

20 次のア～オは幼児教育にも影響を与えた心理学に関わりの深い人物とその説である。正しく述べられたものの組み合わせを，あとの①～⑤から1つ選びなさい。　　　　　　　　　　　　　　（難易度■■□□□）

ア　ワトソンは，個人差に応じた学習をさせることを目的としたプログラム学習を開発した。

イ　スキナーは，誕生から死に至るまでの一生をライフサイクルとしてとらえ，そのなかで人間が直面する8つの心理社会的危機を示した。

ウ　チョムスキーは，生成文法理論において，人間の言語能力は他の認知能力からは独立したものであり，環境からわずかな入力があれば，生得的プログラムにより自動的に発言すると考えた。

エ　エリクソンは，人の発達は環境によって決定するという環境説を唱え，学習を重視した。

オ　フロイトは，人間の性格形成は乳幼児期の環境，教育によって決定されるとし，この説が幼児期における情操教育の重要性のルーツとなった。

① ア，ウ　　② ア，イ　　③ イ，オ　　④ ウ，オ

⑤ ア，エ

---

21 次の学説を唱えたのは誰か。あとの①～⑤から1つ選びなさい。

（難易度■■□□□）

乳幼児の発達は，筋肉や神経などが内部で成熟することによって行われるが，年齢をその内的成熟の度合いを表す指標とした。それによって，「一般に，何歳ならこういう行動がとれ，何歳になればこういうこともできるようになる」と，年齢別に典型的な行動が記述できるとした。

① ピアジェ　　② ワトソン　　③ ファンツ　　④ フロイト

⑤ ゲゼル

22 学習と動機に関する記述として適切なものを，次の①〜⑤から１つ選び
なさい。　　　　　　　　　　　　　　　　　　　(難易度■■■□□)

① 「叱られるといやだから勉強する」というのは，内発的動機づけによる
　　行動である。

② 教師が期待をかけ，優秀な生徒として扱うことでより高い学習効果を
　　あげるようになるのは，アタッチメントによる効果である。

③ 運動技能の学習においても，ある程度までできるようになったところ
　　で学習が停滞してしまうことを，プラトー(高原現象)と呼ぶ。

④ 子どもが楽しんで課題に取り組んでいる時にごほうびを与えることで
　　そのやる気を維持できることを，アンダーマイニング効果と呼ぶ。

⑤ 学習課題の達成に競争の要素を持たせ，子どものやる気を引き出す工
　　夫は，内発的動機づけである。

23 エリクソンの発達段階説についての記述として適切なものを，次の①〜
⑤から１つ選びなさい。　　　　　　　　　　　　(難易度■■■■■)

① エリクソンはリビドー(性的な心的エネルギー，欲求)を中心に置いた
　　心理性的発達段階を唱えた。

② 青年期をマージナルマン(境界人・周辺人)と呼び，独特の精神構造を
　　もつと考えた。

③ エリクソンは「発達課題」という概念を初めて採用し，人間の発達段階
　　を乳児期，児童期，青年期，壮年初期，中年期，老年期の６段階とした。

④ 自我同一性の拡散とは，過去の自分と現在の自分の連続性，将来の自
　　分への展望が見出せず，社会との一体感も持てない状態のことである。

⑤ 青年期を，基本的信頼感を獲得する時期とし，「モラトリアム期」と名
　　づけた。

24 乳児期の発達に関する記述として適切なものを，次の①〜⑤から１つ選
びなさい。　　　　　　　　　　　　　　　　　　(難易度■■■■□)

① 身体と運動の発達には２つの方向があり，頭部から尾部へ，中心部か
　　ら周辺部へと進む。

② 乳児期は身体各部が一様に発達し，１歳頃までに急速な発達を遂げる。

③ ボウルヴィによれば，特定他者への愛着行動は，新生児期から見られ
　　る。

④　乳児期の発達は，一度現れた発達が消失したり，衰退したりすること
　　はない。

⑤　ピアジェ(Piaget, J.)の発達段階説では，乳児期は様々な動作を繰り返す
　　ことを通じて感覚と運動の関係を構築し，目の前にある対象を操作でき
　　るようになる。

25 幼児期の心理の特徴として適切なものを，次の①～⑤から１つ選びなさ
　　い。　　　　　　　　　　　　　　　　　　　（難易度■■■□□）

①　幼児の心性の特徴である自己中心性は，他人を思いやったり，自分の
　　欲求を抑えて譲ったりすることができず，利己的であることを意味する。

②　幼児が石や木などすべてのものに心があると感じる心性を，人工論と
　　いう。

③　ピアジェの発達段階論において，幼児期は前操作期であり，数，量，
　　重さなどの保存概念を獲得する。

④　幼児期の心性の特徴として，物事の見かけで判断せず，本質をとらえ
　　る直観的思考がある。

⑤　幼児のごっこ遊びは，あるものを別のものに見立てる象徴機能が発達
　　することで生じる重要な発達のしるしである。

26 学習と達成動機についての記述として適切なものを，次の①～⑤から１
　　つ選びなさい。　　　　　　　　　　　　　　（難易度■■■■□）

①　文化の別を問わず，人間が自発的に課題を達成したいと思うのは，人
　　との関わりを重視する親和動機によるものである。

②　子どものやる気を維持するためには，常に子どもが容易に達成できる
　　レベルの課題を与えることである。

③　子どものやる気を維持するためには，達成が困難な難易度の高い課題
　　を多く与え，もっと努力しなければならないという気持ちを起こさせる
　　ことである。

④　無力感は自分がコントロールできない経験を重ねるうちに学習され，
　　しだいに行動面全般において無気力となる。

⑤　子どもの知的好奇心を満たすために，教材や発問には認知的葛藤を生
　　じさせないような工夫が必要である。

27 防衛機制についての記述として適切なものを，次の①～⑤から１つ選び
なさい。　　　　　　　　　　　　　　　　　　　(難易度■■■■■)

① 自分にとって認めたくない内的な不安や欲求を，他人の側のものとみ
なすことを，同一化という。

② 自覚すると自我が傷つくような衝動，感情，欲求を抑圧し，正反対の
行動を取ることを，昇華という。

③ 心理的な葛藤が麻痺やヒステリーなどの身体症状などとして表出され
ることを，転換という。

④ 状況にうまく適応できないときに，より幼い発達段階に戻ることに
よって困難な状況を解決しようとすることを，補償という。

⑤ 子どもが，ほしかった玩具が手に入らなかったとき，「あの玩具は面白
くないから，いらない」というのは抑圧の防衛機制によるものである。

解 答・解 説

1 ②

解説

① シュテルン(1871 ～ 1938)は人間の発達は遺伝と環境の相互作用によっ
て生じると考えた。

② ロック(1632 ～ 1704)は人間の精神を「白紙(タブラ・ラサ)」と捉え，後
天的な教育を重視した。よって誤り。

③ フランスの啓蒙思想家ルソー(1712 ～ 78)は『エミール』で教育について
論じた。

④ フレーベル(1782 ～ 1852)は教育遊具「恩物」の考案者で，主著に『人間
の教育』がある。

⑤ デューイ(1859 ～ 1952)は経験主義的教育論を展開。主著に『学校と社
会』など。

2 ③

解説

① 羽仁もと子(1873 ～ 1957)が設立したのは自由学園で，自労自作の生活
中心主義教育を行った。玉川学園の創設者は小原國芳(1887 ～ 1977)。

② 及川平治(1875 ～ 1939)は「分団式動的教育」を実践した兵庫県明石女子
師範学校附属小学校主事であり，綴方教授を提唱したのは芦田惠之介
(1873 ～ 1951)。

③ 正しい。

④ 澤柳政太郎(1865 ～ 1927)は成城小学校の設立者。「児童の村小学校」を
設立したのは野口援太郎。　⑤ 「婦人と子ども」を編集し，『幼稚園保
育法眞諦』を著したのは倉橋惣三。谷本富は日本初の教育学博士。

3 ④

解説

幼稚園教育に携わる人にとって，現代幼稚園教育の父といわれるフレー
ベルは，避けて通れない人物のひとりである。彼は1782 年，ドイツの小さ
な田舎町の厳格な牧師の家に生まれた。ペスタロッチとの出会いによって，
生涯幼児教育に身をささげることとなった。子どもは本来，神的な存在で
あるとし，そのことを子どもに自覚させ，表現するよう導くことが教育の
目的であるとした。そして，遊びに着目し，遊んでいるとき，子どもは外

の世界の認識へと導かれると同時に，世界のなかで自分を反映させることができると考えた。その際，世界と子どもをつなぐものとして，ひとつは教具としての恩物(神からの贈り物の意)，もうひとつは遊びを指導する大人の存在の2つがあるとした。フレーベルの教育思想と恩物とは深い結びつきがあるので，恩物についてよく理解しておくこと。

4 ⑤

解説

　Aはペスタロッチ，Bはフレーベル，Cはルソーがあてはまる。各人物の詳細はポイントを参照。マラグッツィ(1920〜1994)はイタリアで行われた幼児教育の革新的実践，レッジョ・エミリアのリーダー。

5 ②

解説

　ルソーの思想について，フランス革命の時代背景抜きには語れない。フランス革命によってそれまで続いたキリスト教会に代表される古い伝統的権威や秩序が崩壊し，理性による思考の普遍性と不変性を主張する啓蒙思想家たちが，数多く現れた。こうしたなかで，ルソーは新しい社会のあり方を説いた『社会契約論』を著す一方，教育学の古典とも言える『エミール』で新しい社会に対応した教育をどうするかを示した。『エミール』で「どんなものでも，自然という造物主の手から出るときは善であり，人間の手に渡ってからは悪となる」と述べているように，ルソーにとって子どもは本来善であり，児童期までの教育はできるかぎり子どもの自然のよさを残してやることであるとした。

6 ⑤

解説

　倉橋惣三はフレーベルに影響を受け「誘導保育」を保育の真諦として幼児教育の革新に取り組んだが，フレーベル主義の形骸化を批判，その著書『幼稚園眞諦』のなかで，「フレーベル精神を忘れて，その方法の末のみを伝統化した幼稚園を疑う。定型と機械化によって，幼児のいきいきしさを奪う幼稚園を慨く」と述べた。彼の考えた誘導保育とは，子どもは自由であると思っているにもかかわらず，その自由な活動のなかに教育的価値がきちんと配慮されているようにすることである。わが国の保育学会を設立するなど，日保の近代保育へ多大な功績を遺した。

7 ④
解説

　橋詰良一は大正11年春，大阪府池田市の呉服神社境内に「家なき幼稚園」を開設したことで知られる。子どもたちを自然の中で育てることが最善だとして，晴天時には草原や河原などへ出かけ戸外で保育を行った。和田実は，ルソーやフレーベルが幼児教育で説いた自然主義教育を受け継ぎ，明治41年に『幼児教育法』を著し，遊戯を中心とした幼児教育を主張した。わが国における幼児教育の先駆者のひとりである。野口幽香は，明治33年，わが国で最初の託児所である「二葉幼稚園」を東京に創設した。幼稚園といっても入園者は貧困家庭の子どもたちで，早朝から夜遅くまで預かるなど，社会事業家としての彼女の一面をよく表すものだった。石井亮一は知的障害児教育に先駆的役割を果たした人物として知られる。1891年，「聖三一孤女学院」を創設したが，のちに「滝乃川学園」と改称し，入園者を知的障害者に限定し，その保護・教育・自立を目指す総合的な教育・福祉施設とした。

8 ③
解説

　エレン・ケイはスウェーデンの社会思想家，教育学者，女性運動家として幅広く活躍。「20世紀は児童の世紀」だとして新教育運動を展開した。モンテッソーリは貧困家庭の子どもたちを収容するためにローマに「子どもの家」を創設。「幼児は本来自己啓発する動機をもっている」として，そのための遊具も開発した。ピアジェはスイスの20世紀最大の心理学者といわれる。大人と質量的に異なる子どもの思考を出生から青年期まで4つの発達段階で区分し幼児教育にも大きな影響を与えた。デューイは20世紀前半を代表する哲学者，教育改革者で，多様な人々とともに生きる民主主義の考え方に立ち，共同活動を重視，美的・道徳的な意味を含め，あらゆるものが共同活動から生まれてくると説いた。

9 ①
解説

　戦後まもなく北イタリアのレッジョ・エミリア市で，教育家マラグッツィの指導と，市当局のバックアップにより地域の共同保育運動として始まったレッジョ・エミリア・アプローチは，革新的な幼児教育として世界的に注目されるようになった。その教育では，子どもは救済の対象ではな

く，大人とともに創造的な活動をとおして個性を表現し共同性を築く自立した存在とみなされる。そして，そこで自己と他者のアイデンティティの感覚を経験し，世界の多様性を学ぶ。家族や仲間といった私的で濃密な関係のなかで安らぐのではなく，別の相互関係を経験させることによって，自発的なコミュニケーションのチャンスが与えられ，アイデアを交換し，環境を変えていくということに満足を覚えるというものである。

10 ②
解説

フレーベル同様，モンテッソーリも幼稚園教育で忘れてはならない人である。彼女は 1870 年，イタリアに生まれた。当時，男性に限られていた医学部へ入学し，イタリアで初の女性医学博士となる。医師となった彼女がまず力を注いだのは，悲惨な状況に置かれていた障害児の教育だった。そこで，障害児であっても健常児に匹敵する学習能力があることを知る。その後，ローマのスラム街に住む子どもたちのために，彼らを収容する「子どもの家」を創設した。こうした実践のなかで，子どもは自分自身の感覚をとおして世界を学ぶのであり，本来，その欲求をもっていることに気づく。そして，その欲求に応えられるような環境に置かれるとき，子どもは自らのかかわりのなかで成長すると考えた。その考えに基づいて集中力や感覚，知識を豊かにする遊具も開発した。

11 ④
解説

Aはルソー(1712 〜 78)の『エミール』の冒頭の一文である。外からの強制的な詰め込み教育(「積極教育」)でなく，子どもの自然の成長力や活動性に応じた自然による教育(「消極教育」)を主張する。Bはペスタロッチ(1746 〜 1827)の『隠者の夕暮』の冒頭の一文である。彼は，人間はすべて平等の人間性を有するとし，すべての人間に内在している諸能力を開発し，伸長していくのが教育の基本であるとした。また豊かな直観こそが言葉の獲得や思考力の発達の基礎になることを強調し，直観を構成する要素として「直観のABC(数・形・語)」をあげている。Cはフレーベル(1782 〜 1852)の『人間の教育』の冒頭の一文である。神が宇宙の中心であり神によって万物は生かされており(万有内在神論)，人間は創造的存在であり，子どものなかに宿る神的なもの(神性)を開発することこそが教育の本質であるとした。神から子どもたちへの贈り物を意味する「恩物」という教育遊具を考案している。し

たがって，ペスタロッチ・**B**・**a**・**ウ**の組み合わせの④が正しい。

12 ③
解説

　コメニウスは17世紀にチェコで活躍した宗教家・教育者。年齢や教授内容をそろえた現在の学校制度につながる仕組みを作ったことから，近代教育学の父と呼ばれる。主著の『大教授学(あらゆる人にあらゆる事柄を享受する普遍的な技法を提示する大教授学)』において，直観教授の理念と方法を示すとともに，世界初の絵本(絵入り教科書)とされる『世界図絵』を作成して，感覚を伴った教育の重要性を説いた。不適切なのは③であり，これは，カント哲学を継承したフィヒテについての記述である。

13 ③
解説

① 倉橋惣三は東京女高師附属幼稚園の主事を長年務め，幼児教育の発展に尽くした児童心理学者。
② 「学問のすゝめ」を著した慶應義塾大学の創設者。
③ 日本の初代文部大臣・森有礼は，教育こそが富国強兵の根本，良妻賢母教育は国是とすべきであるとし，強力な国家主義教育政策を推進した。明治20年には学位令を発令し，日本における学位制度を定めたほか，さまざまな学校制度の整備を行い，近代国家としての教育制度の確立を目指した。黒田清隆内閣においても留任したが，明治22年，大日本帝国憲法発布式典の当日，凶刃に倒れた。
④ 札幌農学校に学び，日本文化の海外への紹介に努めた，農学者・教育者。
⑤ 第8代，第17代内閣総理大臣にして早稲田大学の創設者。

14 ④
解説

① ペスタロッチの主著は『ゲルトルート児童教育法』，『隠者の夕暮』。
② 『教育に関する考察』はイギリス名誉革命の思想家として名高いロックの著した教育論で，イギリス紳士(ジェントルマン)になるための教育の一環として幼児教育の重要性を説いているが，問題文の出典ではない。
③ 『子どもの発見』はモンテッソーリの著作。フレーベルの主著には『人間の教育』がある。

④　正しい。「子どもの発見者」とよばれるルソーであるが，著書は『エミール』である。「万物をつくる者の手をはなれるときすべてはよいものであるが，人間の手にうつるとすべてが悪くなる」という冒頭の言葉が示すように，ルソーの自然礼讃，人為排斥の哲学を教育論として展開した書である。

⑤　『子どもの発見』の著者・モンテッソーリは，ローマのスラム街に設立した「子どもの家」における実践で知られる。

15 ①

解説

　教育史における主要人物とその業績や教育思想の内容は，しっかり把握しておきたい。正解に名前が挙がった以外の人物については，以下のようになる。マカレンコ：集団主義教育を唱えた。著書に『愛と規律の家庭教育』がある。ルソー：「子どもの発見者」と呼ばれるルソーは，幼児が未成熟で未完成であっても，幼児を認め，尊重しなければならないとした。コメニウス：母親による家庭教育を「母親学校」と呼び，重視した。著書に『大教授学』がある。ロック：著書『教育に関する考察』で習慣形成を基調とし，幼児教育を重んじる理論を展開した。同書の序文に「健全な身体に宿る健全な精神」と記した。

16 ①

解説

　昭和23年に当時の文部省が刊行した「保育要領」は幼稚園だけでなく，保育所や家庭にも共通する手引きとして作られた。同38年に文部省，厚生省の連名で出された「幼稚園と保育所の関係について」は，両者の機能が異なることを示し，保育所の持つ機能のうち，教育に関するものは幼稚園教育要領に準ずることが望ましいとした(幼稚園は文部省の管轄，保育所は厚生省の管轄)。平成13年に文部科学省が策定した「幼児教育振興プログラム」では「幼稚園と保育所の連携の推進」を掲げ，幼稚園と保育所の共用施設の運営などに関する実践研究の実施や，研修の相互参加などが示された。

17 ④

解説

①　貝原益軒はたしかに『養生訓』を著しているが，日本で最初の体系的教育書といわれているのは『和俗童子訓』。同書では，子どもの早期教育や徳育の重要性を説き，その後の寺子屋教育や明治以降の小学校教育の基

礎となった。

② 明治13年の改正教育令で学科目の首位に置かれたのは道徳ではなく，修身。

③ 明治19年の小学校令では尋常小学校の3～4年間が就学義務とされた。6年間に延長されたのは，明治40年である。

④ 適切。庶民の子どもたちの生活に目を向けた「社会協力の訓練」を説いた。倉橋惣三に対し，社会中心主義といわれた城戸幡太郎は，庶民の子どもたちの生活に目を向け，「社会協力の訓練」を説いたことも押さえておきたい。

⑤ 『赤い鳥』は鈴木三重吉が北原白秋らの協力を得て赤い鳥社を設立，創刊した。

18 ②
解説

精神分析学の創始者であるフロイトの説明である。

① ゲゼルは，成熟優位説や学習準備性(レディネス)で有名。

③ ピアジェは，認知機能の発達段階説で有名である。

④ エリクソンは，漸成発達説やアイデンティティで知られる。

⑤ ヴィゴツキーは，子どもの発達における他者との相互作用を重視し，発達の最近接領域を提唱した人物として有名。

19 ②
解説

ピアジェは，人間には誕生の瞬間から知の働きがあるとし，環境との相互作用の中で，環境内の情報に対する認識の枠組み(シェマ)が，質的に変化していくことを発達ととらえた。よってアとオは適切。イは言語獲得における生得説で有名なチョムスキーの説。ウはピアジェの考えとして適切であるが，幼児期のひとりごとについては，外言(コミュニケーション手段)として獲得された言葉が，内言(思考の手段)としても用いられるようになる過渡期に生じる現象であるというヴィゴツキーの考えが妥当であると考えられている。エはピアジェは道徳の発達についても言及していて，道徳的判断は結果のみで判断する結果論的判断から，その動機に着目する動機論的判断へと発達する，が正しい。

20 ④
解説

　アのワトソンは行動主義の提唱者。プログラム学習を開発したのはスキナーである。スキナーはオペラント条件付けの研究から，反応形成(シェイピング)やスモールステップの原理の考え方をプログラム学習に取り入れている。**イ**はスキナーではなく，エリクソン。**ウ**は適切。チョムスキーはアメリカの言語学者，思想家である。**エ**のエリクソンは心理社会的発達段階説をまとめた。環境優位説の代表者はワトソンである。**オ**も適切。フロイトは心理性的発達段階説を唱えた。

21 ⑤
解説

　ゲゼルは，発達は遺伝的要因で決めるとする成熟優位説を提唱した。レディネスの概念も押さえておきたい。ゲゼルの発達の成熟優位説に対して，環境優位説の代表的人物である②のワトソンもあわせて押さえておきたい。①のピアジェの発達観は，子どもと環境との相互作用を想定しているので，相互作用説の立場である。③のファンツは言語をもたない乳児の視線を，その興味関心の指標として用いた選好注視法を開発した人物で，乳児研究のパイオニアとして有名なので押さえておきたい。

22 ③
解説

① 　記述は外発的動機づけの例。内発的動機づけは自分の心的なものに動機づけられている状態。
② 　アタッチメントは「愛着」のこと。記述は「ピグマリオン効果」の説明である。
③ 　適切。プラトー(高原現象)期間は，より高い水準に進むための準備期間であり，この期間を過ぎると，また学習が進行すると考えられている。
④ 　アンダーマイニング効果は，内発的動機づけに基づいていた行動に，外発的動機づけを与えることでやる気をかえって阻害すること。
⑤ 　競争は学習そのものへの好奇心や個人的な達成欲を高めるものではなく，外発的動機づけである。

23 ④

解説

① 記述の発達段階説を唱えたのはフロイトである。エリクソンはこれに社会的な視点を取り入れ，心理社会的発達段階説をまとめた。

② 記述はエリクソンではなくレヴィンである。

③ 記述はハヴィガーストの説明である。エリクソンは自我の心理社会的発達を8段階にまとめた。

④ 適切。青年期の発達課題は「自我同一性の形成」である。アイデンティティの感覚には自分が思う自分と，他者が思う自分との合致が必要であり，他者との関係の中で形成されることも留意したい。

⑤ 「基本的信頼感の獲得」は乳児期の発達課題である。モラトリアムとは，アイデンティティ形成のプロセスで，社会においてさまざまな役割を試す期間である。

24 ①

解説

① 適切。身体発達には個人差があるものの一定の順序と方向性があることが認められている。

② 身体各部の発達は一様ではない。スキャモンの発達曲線では身長・体重(一般型)は乳幼児期と青年期に，脳機能(神経型)は乳幼児期に，生殖機能(生殖型)は青年期以降，免疫機能(リンパ型)は児童期に発達が著しいことが分かる。

③ ボウルヴィの愛着の発達段階によれば，生後3ヶ月頃までは無差別な愛着行動が見られ，生後3ヶ月以降，特定他者への愛着行動が増えていき，生後半年頃になると特定他者への明確な愛着行動が見られ，その特定他者を安全基地とした探索行動も見られるようになる。

④ 発達とは，受精から死に至るまでの心身の変化のことであり，生涯を通して獲得と喪失がある。例えば乳児期には世界中の言語音の弁別能力の喪失がある。

⑤ 乳児期は感覚運動期である。動作の繰り返しを循環反応と呼ぶ。表象(イメージ)を用いた認知的な過程はほとんど介在しない時期である。感覚運動期には対象の永続性が獲得される。

25 ⑤
解説

① 幼児の自己中心性は，自己の視点と他者の視点が未分化であるために，他者の視点が理解できないという発達的心性である。

② 記述の心性はアニミズムである。人工論は，外界や自然のすべての事象を人間あるいは神が作ったものと考える心性であり，いずれも自己中心性による世界観であると考えられている。

③ 前操作期は2〜7歳で，ものの見え方に左右される直観的思考が特徴。保存概念の獲得とは，見かけが変わってもモノの数量は変化しないと理解することである。前操作期は保存概念をもたず，見かけが変わるとその数量も変化したと考えてしまう。保存概念は前操作期後半から具体的操作期の間に獲得される。

④ 前操作期の後半(4〜7歳頃)は物事の分類分けや概念化が進むが，この時期は物の見かけにとらわれ，直観的に判断しやすい。

⑤ 適切。幼児期には今ここにないものをイメージ(表象)として思い浮かべ，別のもので見立てる象徴機能が発達する。言語も象徴の1つであり，言語発達とも関連が深いことを押さえておきたい。

26 ④
解説

① 課題を達成したいという欲求は達成動機によるものである。親和動機も課題への意欲と関連するが，関連の度合いには文化差があることも指摘されている。

②，③ やる気＝達成動機は，成功動機と失敗回避動機からなる。成功動機も失敗回避動機も課題が難しいほど高まるため，子どもに応じて少し頑張れば達成できる(発達の最近接領域に含まれる)課題を用意することが大切である。

④ 適切。学習性無力感についての記述である。無力感，無気力のような望ましくない特性も学習されることを知り，大人は子どもが学習性無力感に陥らないような教育的配慮をすることが必要である。

⑤ 認知的葛藤を引き起こすことは，子どもの知的好奇心を満たすために欠かせない要素である。

27 ③

解説

① 記述の防衛機制は，投影である。同一化は，不安や劣等感を解消する
ために，他者の特性を自分に取り入れようとすることである。

② 記述の防衛機制は，反動形成である。昇華は，抑圧した感情や衝動の
エネルギーを，社会的に受け入れられる別の活動で表現することである。

③ 適切。例えば，園に通うことが子どもの不安や葛藤のもととなってい
る場合に，熱が出ることがある。

④ 記述の防衛機制は，退行である。補償は，自分が劣等感をもつ点をカ
バーし，欲求不満を補うために他の望ましい特性や自らの得意を強調し
ようとすることである。

⑤ 記述の防衛機制は，合理化である。抑圧は容認しがたい感情や欲求を
無意識に抑え込んで気付かないようにすること。抑圧はもっとも基本的
な防衛機制であり，爪かみや指しゃぶりの原因になることもある。

第9章

専門試験
教育学・保育原理

▌▌▌▌▌▌▌▌ **◀ 演習問題** ▌▌▌▌▌▌▌▌

1 学習理論に関する記述として適切なものを，次の①～⑤から１つ選びな
さい。　　　　　　　　　　　　　　　　　　　（難易度■■□□□）
① 実質陶冶とは，記憶力，判断力，意志力などの学習に必要な精神的諸
能力を伸ばすことを重視する働きかけである。
② 学習の構えとは，これから学ぶ学習の概要や意義を学習者が理解する
ことで準備される能力である。
③ バンデューラによれば，学習は他者が何か行うのを見ているだけでも
成立する。
④ 一般に，学習の初期段階や年少者には全習法の学習が効果的である。
⑤ 学習のフィードバックは学習の直後ではなく，ある程度時間が経過し
てから行うほうが効果的である。

2 学習に関する記述として適切なものを，次の①～⑤から１つ選びなさい。
　　　　　　　　　　　　　　　　　　　　　　　（難易度■■□□□）
① 先天的に不器用な子どもは存在せず，乳児期から適切な教育を行えば，
どのような子どもでも高い学習効果をあげることが可能である。
② 家庭環境に問題を抱えている子どもは，学業が不振になる傾向がある。
③ スポーツなどはできるだけ発達の早期に種目を選択し，集中的な訓練
を行うことが望ましい。
④ ゲゼルは，一卵性双生児実験から，学習訓練を早期から始めた子ども
のほうが，後から始めたほうよりも学習効果が高いと結論づけている。
⑤ ソーンダイクは，「どのような事柄でも，その知的な本質をゆがめるこ
となしに，発達のどの段階の子どもにも教えることができる」と提唱した。

3 次は学習理論についての記述である。空欄（　A　）～（　C　）に当てはま
る語句として適切なものの組み合わせを，あとの①～⑤から選びなさい。
　　　　　　　　　　　　　　　　　　　　　　　（難易度■□□□□）
　食べ物を見ると唾液が分泌するのは生来備わっている反応で，（　A　）で
ある。イヌに食べ物を出すときにメトロノームの音を聞かせ，メトロノー
ムの音を聞いただけで唾液が分泌するようになること，つまりメトロノー
ムの音と（　A　）の連合が成立したとき，メトロノームの音は（　B　）とな

る。このような条件づけの過程を，(C)という。

ア 無条件刺激　　**イ** 条件刺激　　**ウ** 条件反応
エ レスポンデント条件づけ　　**オ** オペラント条件づけ

① A－ウ　　B－イ　　C－エ
② A－ウ　　B－ア　　C－エ
③ A－イ　　B－ア　　C－オ
④ A－ア　　B－イ　　C－エ
⑤ A－ア　　B－オ　　C－ウ

4 学習理論に関する記述として適切なものを，次の①〜⑤から１つ選びなさい。　　(難易度■■□□□)

① ケーラーは，学習は試行錯誤による行動を繰り返すことによって成立するとした。
② 一般に，ある行為の後，学習者にその行為の結果を知らせてやるフィードバックは，時間が経過してから伝えるほど学習を強化する力が大きい。
③ スキナーが開発したプログラム学習では，学習内容を細かく分割し，各々のペースで学習することが望ましいとされる。
④ 認知説における「洞察」とは，すでに経験している行為と結果の連合により，目の前にある課題解決の見通しを立てることである。
⑤ オペラント条件づけでは，学習者の適切な反応に対する報酬により，認知の再体制化が起きると考えられている。

5 学習理論に関する記述として適切なものを，次の①〜⑤から１つ選びなさい。　　(難易度■■■□□)

① ソーンダイクは，課題間に同一要素があることが学習の正の転移の条件であると考えた。
② 一般に，練習の初期の段階や年少者の場合は分散学習より集中学習が効果的だと考えられている。
③ 一般に，難易度の高い課題については全習法が，難易度の低い課題については分習法が有利であると考えられる。
④ 実質陶冶では，学習効果は転移すると考えられている。
⑤ わが国の義務教育では現在，実質陶冶の考え方に基づく教育が行われている。

6 記憶と忘却に関する記述として適切なものを，次の①～⑤から１つ選び
なさい。 (難易度■■■□□)

① 言語的知識について，ある学習課題が完全にできるようになった後は，
その学習を継続しても記憶の保持は向上しない。

② 記憶の保持は，記銘直後よりも記銘後一定時間たったほうが，記銘内
容が正しいという現象がある。これをエピソード記憶という。

③ エビングハウスの忘却曲線では，記憶の保持率は時間の経過に比例し
て下降する。

④ 一般に，無意味な材料と難解な意味をもつ材料では，無意味材料のほ
うが忘却曲線は緩やかである。

⑤ 一定時間学習を行ったとき，最初と最後の部分が最も忘却されにくい。

7 学習心理学に関する説明と語句の組み合わせとして適切なものを，あと
の①～⑤から１つ選びなさい。 (難易度■■□□□)

A 人の行動は，人や環境からなる生活空間との相互作用に規定される。

B 前に学習したことによって負の転移が起こり，後の学習を妨害するこ
とがある。

C 学習を続けていくうちに，学習効果が停滞し，学習曲線上で平坦な線
を描くことがある。

D 数種類の課題を経験しているうちに，新しい課題の学習が容易になる
のは，目的と手段の関係づけの見通しができるようになるからである。

　ア 学習の構え　　イ 高原現象　　ウ 逆向抑制　　エ 順向抑制
　オ 場の理論

① A－イ　　B－エ　　C－ウ　　D－ア
② A－ア　　B－ウ　　C－イ　　D－オ
③ A－オ　　B－エ　　C－イ　　D－ア
④ A－ア　　B－イ　　C－エ　　D－オ
⑤ A－エ　　B－オ　　C－ウ　　D－イ

8 内容として正しいものを，次の①～⑤から１つ選びなさい。
(難易度■■■■□)

① レディネスとは，ある学習を受け入れるための準備状態のことで，レ
ディネスによって学習の効率性を図ることができる。

② ポートフォリオとは，散在した学習や訓練の成果を一定の価値基準によりまとめることで，子どもたち個々人の発育を見るのには適さない。

③ コンピテンスとは，単なる能力ではなく，興味や好奇心を原動力とした能力のことで，他者との関係のなかで発揮できる能力のことである。

④ シェマとは，適応するために子どもが持つことになる問題解決の仕組みのことで，経験によって身に付けるとされる。

⑤ モデリングとは，子どもたちに対象となる人物(モデル)を示し，その人を手本として行動するよう指導する教育方法のことである。

9 学習指導についての記述として適切なものを，次の①〜⑤から1つ選びなさい。　　　　　　　　　　　　　　　　　　　　　(難易度■■■■□)

① 一斉学習は効率が悪く，個別指導の方が優れている。

② グループ学習は，能力や興味，欲求が類似したグループに分けるのが基本である。

③ チーム・ティーチング(TT)は学校の教師全体で指導に当たることである。

④ CAIはコンピューターを利用して学習活動を支援するものである。

⑤ 劇化法は，学習内容の深化には適さない。

10 次の学習法の呼称として適切なものを，あとの①〜⑤から1つ選びなさい。　　　　　　　　　　　　　　　　　　　　　(難易度■■■□□)

児童の学習過程をスモール・ステップと呼ばれる細かい段階に分け，個々の段階でフィードバックを行う学習方法。

① バズ学習　　② 問題解決学習　　③ チーム・ティーチング

④ 集団学習　　⑤ プログラム学習

11 教育課程とカリキュラムについて正しい記述の組み合わせを，あとの①〜⑤から1つ選びなさい。　　　　　　　　　　　　(難易度■■□□□)

ア 教育課程とは，教育目標を達成するために，教育内容を選択し，組織し，一定の順序に配列した計画のことをいう。

イ 教育課程は，カリキュラムよりも狭義の概念である。

ウ カリキュラムには，教科主義カリキュラムと経験主義カリキュラムがある。

エ　教科中心カリキュラムは学問中心カリキュラムともいい，スキナーが提唱した。

オ　経験主義カリキュラムは，学力向上の要請の中で縮小が求められている。

①　ア，イ，ウ　　②　ア，ウ，エ　　③　イ，ウ，エ
④　イ，エ，オ　　⑤　ウ，エ，オ

12 次の文章の空欄（　A　）～（　C　）に当てはまる語句として適切なものの組み合わせを，あとの①～⑤から１つ選びなさい。　(難易度■■■□□)

コア・カリキュラムとは，核になる教科を選び，それに関連する教科を周辺領域として同心円的に組織したものをいい，（　A　）教育理論に基づくカリキュラム統合の試みの１つである。代表的なコア・カリキュラムの例として，伝統的な教科の枠を取り払った（　B　）と，教育は経験の再構成であるとしたデューイの見地をとる児童中心主義の（　C　）がある。

ア　経験主義　　　　　　　　イ　進歩主義
ウ　カリフォルニア・プラン　エ　ヴァージニア・プラン
オ　広域カリキュラム　　　　カ　融合カリキュラム
キ　教科カリキュラム

①　A－ア　　B－カ　　C－オ
②　A－イ　　B－エ　　C－オ
③　A－ア　　B－オ　　C－キ
④　A－イ　　B－ウ　　C－エ
⑤　A－ア　　B－エ　　C－ウ

13 次の文章の空欄（　A　）～（　C　）に当てはまる語句の組み合わせとして正しいものを，あとの①～⑤から１つ選びなさい。

(難易度■■■□□)

（　A　）カリキュラムは，子どもの興味・関心に基づいて内容を選択，系統化するカリキュラムで，子ども自身が生活する地域の問題を取り上げるなど，子どもの学習意欲を喚起しやすいという特徴を持っている。しかし，子どもの成熟に必要な知識・技能がすべて得られる保証はない。デューイ，（　B　）ら進歩主義教育者が推し進めたもので，生活カリキュラム，あるいは（　C　）カリキュラムとも呼ばれる。

ア 広域	イ 経験	ウ 潜在的	エ 活動
オ イリッチ	カ キルパトリック	キ ヘルバルト	

① A-ア　　B-オ　　C-エ

② A-ア　　B-カ　　C-ウ

③ A-イ　　B-カ　　C-エ

④ A-イ　　B-キ　　C-ウ

⑤ A-イ　　B-キ　　C-エ

14 幼稚園教育における評価について適切なものを，次の①～⑤から1つ選びなさい。　　　　　　　　　　　　　　　　　（難易度■■■□□）

① 『幼稚園教育要領解説』(平成30年2月，文部科学省)では指導の過程についての評価は「幼児の発達の理解」と「指導計画の改善」という両面から行うとしている。

② 反省・評価の視点として，教師の関わり方，環境の構成のほか，あらかじめ教師が設定した指導の具体的なねらいや内容の妥当性がある。

③ 評価するためには，常にそのための時間を取って行うべきものであり，保育と評価は切り離して考える必要がある。

④ 指導要録は，幼児の学籍並びに指導の過程とその結果の要約を記録し，その後の指導に役立たせるための原簿とするもので，外部への証明等には用いない。

⑤ 指導要録の「指導に関する記録」については，指導上の参考事項として「他の幼児との比較や一定の基準に対する達成度についての評定」も記入することとされている。

15 次の教育の評価法の呼称として正しいものを，あとの①～⑤から1つ選びなさい。　　　　　　　　　　　　　　　　　（難易度■■□□□）

　子どもの現時点の状態を知り，一人一人の特徴や傾向をとらえ，学習計画に反映させるため，学習を始める前に行う。

① 総括的評価　　② 形成的評価　　③ 診断的評価

④ 絶対評価　　　⑤ 相対評価

16 次は，幼稚園における学校評価についての記述である。正しいものの組み合わせを，あとの①〜⑤から1つ選びなさい。　（難易度■■■■□）

ア　どのような評価項目・指標などを設定するかは各幼稚園判断にまかされている。

イ　教育課程は評価対象とならない。

ウ　公正を期するため，評価には幼稚園関係者以外の者の意見も聞く必要がある。

エ　教職員による自己評価を行い，その結果を公表する必要がある。

オ　自己評価の結果・学校関係者評価の結果を設置者に報告する必要がある。

① ア，エ，オ　② ア，イ，エ　③ イ，ウ，エ
④ イ，エ，オ　⑤ ウ，エ，オ

17 集団の理論に関する記述として適切なものを，次の①〜⑤から1つ選びなさい。　（難易度■■■□□）

① 個人が自らの態度や規範の拠り所としている集団を，準拠集団と呼ぶことがある。

② 幼稚園や学校は，理論上は1次集団あるいは公式集団として分類される。

③ 学級内の友人関係は，フォーマル・グループとして分類される。

④ オルポートは，人が集団内で作業を行うとき，「われわれ意識」によってその遂行が促進されると指摘した。

⑤ グループ・ダイナミクスの概念を明らかにしたのはモレノであり，集団の実践的研究方法としてアクション・リサーチを提唱した。

18 集団思考に関する記述として適切なものの組み合わせを，あとの①〜⑤から1つ選びなさい。　（難易度■■■□□）

ア　集団思考では，個々人による多様な発想が制限されるため，認知的な動機づけや知的好奇心の発露にはマイナスであると考えられている。

イ　ブレーン・ストーミングでは成員が次々にアイデアを出すことが奨励され，その際のアイデアは質よりも量が重視される。

ウ　一般に，集団凝集性の低い集団ほど活動が能率的になされ，活発である。

エ　学級集団におけるリーダーは，生徒が選出する学級委員長や小集団学

習における班長がそれに該当する。

オ　集団内の人間関係を分析する手法には，ソシオメトリック・テストやゲス・フー・テストなどがある。

① ア，イ　② イ，オ　③ ウ，エ　④ ア，ウ
⑤ エ，オ

19 教育評価に関する記述として適切なものを，次の①〜⑤から１つ選びなさい。　(難易度■■■■□)

① 相対評価は正規分布内の標準偏差を基準として評点をつけるもので，学習へのフィードバックがしやすいという利点がある。

② 絶対評価の長所として，評価するものの主観が影響しにくいという点がある。

③ 能力別学級編成の際の判定には，個人内評価が適している。

④ 形成的評価は生徒および教師に学習の効果をフィードバックするものである。

⑤ 客観法テストには真偽法，組み合わせ法，選択法，単純再生法，論文式テストなどがある。

20 子どもの心身の問題に関する記述として適切なものを，次の①〜⑤から１つ選びなさい。　(難易度■■■■□)

① 自閉症児は対人コミュニケーションが難しいため，言葉での指導が困難な場合は具体的な物や，絵カードを見せたりするとよい。

② 家庭では話せるのに幼稚園や学校など特定の場面で話せなくなる場面緘黙症は，教育的な介入をせず，子どもが自発的に話そうとするまで待つ姿勢が大切である。

③ 吃音の子どもがうまく話せないときは，言えるまで根気よく言い直しをさせ，頑張れば話せるという自信をつけさせることが大切である。

④ ADHDは不注意，衝動性・多動性などを主な症状とするが，脳の障害とは断定できず，薬物療法が行われることはない。

⑤ フェニルケトン尿症は酵素の異常によってフェニルアラニンの代謝が阻害され，聴覚や視覚の障害が現れる先天性の障害である。

21 次は障害児教育についての記述である。空欄(A),(B)に当てはまる語の組み合わせとして適切なものを,あとの①～⑤から1つ選びなさい。　　　　　　　　　　　　　　　　　　　　　　　　　　　(難易度■■■■□)

(A)とは,子どもたちの身体的,知的,社会的もしくは他の状態と関係なく,学校や学級,地域社会はこれをすべて包含し,個々の教育ニーズに応えうるものであるべきとする考え方である。これに対するわが国の取り組みとして(B)があり,障害をもつ子どもの通常教室での教育が推進されている。

　　ア　特別支援教育　　　　イ　障害児学級　　　ウ　バリアフリー
　　エ　インクルージョン　　オ　自立活動

① A－ウ　　B－ア　　② A－エ　　B－ア
③ A－ウ　　B－イ　　④ A－ア　　B－オ
⑤ A－エ　　B－イ

22 次の障害児保育に関する記述のうち適切でないものを,次の①～⑤から1つ選びなさい。　　　　　　　　　　　　　　　　　　　　　　(難易度■■□□□)

① 障害児の受け入れに際しては,担任だけでなく,すべての職員がその幼児を理解することが大切である。
② 脳性まひ児の症状としては,筋緊張,感覚・知覚障害,話し言葉の障害のほか,てんかん発作が見られることが多い。
③ 障害児の基本的生活習慣を確立するには,繰り返しの指導と家庭の協力,指導における一貫性が不可欠である。
④ 障害を持つ幼児の保育においては,生育歴や行動観察・発達検査などの結果を知ることと,専門家の助言が欠かせない。
⑤ 言葉が少なかったり,まだ言葉が出ていない幼児に対しては,できるだけ言葉を言わせるなどの訓練と,繰り返し教え込む努力をすることが大切である。

23 幼稚園教育の基本や幼稚園教師の役割として正しいものを,次の①～⑤から1つ選びなさい。　　　　　　　　　　　　　　　　　　　　(難易度■■□□□)

① 幼児期における教育は,生涯にわたる人格形成の基礎を培う重要なものであり,幼稚園教育は幼児期の特性を踏まえ,一斉指導を通して行うものであることを基本とする。

② 幼児は安定した情緒の下で自己を十分に発揮することにより発達に必要な体験を得ていくものであり，教師はいろいろな活動を計画しそれを着実に実行させていく必要がある。

③ 幼児の自発的な活動としての遊びは，心身の調和のとれた発達の基礎を培う重要な学習であり，遊びを通しての指導を中心としてねらいが総合的に達成されるようにする。

④ 発達は，心身の諸側面が相互に関連し合い，多様な経過をたどって成し遂げられていくものであるが，幼児の場合はまだ未成熟であり，特に集団としての発達課題に即した指導に重点を置くようにする。

⑤ 教師は，幼児と人やものとの関わりが重要であることを踏まえ，物的環境を構成しなければならないが，教師はその構成者であって自身は環境の一部ではないことに留意する必要がある。

24 幼稚園による家庭や地域社会に対する子育て支援について適切なものを，次の①～⑤から1つ選びなさい。 （難易度■■□□□）

① 幼稚園による子育て支援については，法律で規定されているわけではないが，幼稚園教育要領などに基づき，積極的に行う必要がある。

② 幼稚園は地域における生涯教育のセンターとしてその施設や機能を開放し，積極的に子育てを支援していく必要がある。

③ 幼稚園が行う子育て支援は，幼稚園園児の関係者を対象とするので，そうでない親には児童相談所や保育所が対応するように幼稚園としても働きかける。

④ 幼稚園の子育て支援活動は幼児の生活全体を豊かにするため多様な展開が必要であり，そのため教育課程に基づく活動に優先して行うこともある。

⑤ 幼稚園や教師は児童虐待の予防や虐待を受けた子どもの保護や自立について，国や地方公共団体の施策への協力に努めることになっている。

25 現代日本の家庭や子育てを取り巻く状況に関する記述として不適切なものを，次の①～⑤から1つ選びなさい。 （難易度■■■□□）

① 少年による刑法犯の検挙人員は，近年減少し続けている。

② 少子化の影響は，将来的な労働力不足や経済成長の低減，社会保障や高齢者介護における負担増などを懸念させる課題となっている。

③　子どもの虐待・放任が児童相談所に通報された場合，子どもの心身への悪影響の排除が最優先の問題となるため，児童相談所は所定の手続きをとることにより，その家庭を強制的に立ち入り調査する権限をもたされている。

④　児童養護施設への入所理由では，虐待・放任が4割近くを占め，親子関係の修復，家庭復帰のための支援が重要な課題となっている。

⑤　都市部の保育所入所に関する待機児童の増加原因としては，幼稚園よりも子どもを預かってもらえる時間が長い保育所に子どもを入所させることで，育児から解放される時間をより長くすることを，親が願っているということが最大の要因となっている。

26 次の保育の研究方法についての説明文と研究方法の呼称の組み合わせとして正しいものを，あとの①〜⑤から1つ選びなさい。

(難易度■■■□□)

A　子どもの習慣・態度・興味・性格などの人格的性質の理解に意義があると考えられる行動の記述を中心とするもので，観察記録の一種。

B　集団としての子ども同士の人間関係や，集団のなかでの個々の子どもの役割などを理解するために用いる方法。

C　活動・性格・技能などに関する一覧表をあらかじめつくっておき，観察によって確認された項目に印をつけていく方法。これにより，集団全体の様子や一般的傾向を知ることができる。

ア　逸話記録　　　　イ　質問紙法　　ウ　観察法
エ　チェックリスト　オ　面接法　　　カ　事例研究法
キ　ソシオメトリー

①　A－ウ　　B－キ　　C－エ
②　A－ウ　　B－カ　　C－キ
③　A－ア　　B－キ　　C－エ
④　A－ア　　B－オ　　C－イ
⑤　A－オ　　B－カ　　C－イ

27 幼稚園教育の基本に関する記述として適切なものを，次の①〜⑤から1つ選びなさい。

(難易度■□□□□)

①　幼児は安定した情緒の下で十分に守られることにより発達に必要な体

験を得ていくものであることを考慮して，幼児の安全な活動を促し，幼児期にふさわしい生活が展開されるようにすること。

② 幼児の自発的な運動は，心身の調和のとれた発達の基礎を培う重要な学習であることを考慮して，運動を通しての指導を中心としてねらいが達成されるようにする。

③ 幼児の発達は，心身の諸側面が相互に関連し合い，多様な経過をたどって成し遂げられていくものであり，また，幼児の生活経験がそれぞれ異なることなどを考慮しながら，全ての幼児が年齢に即した課題を達成できるよう指導を行うようにする。

④ 教師は，幼児の主体的な活動が確保されるよう幼児一人一人の行動の理解と予想に基づき，計画的に環境を構成しなければならない。

⑤ 幼児期の教育は，平和で民主的な国家及び社会の形成者としての基礎を培う重要なものであり，幼稚園教育は，教育基本法に規定する目的及び目標を達成するため，幼児期の特性を踏まえ，環境を通して行うものであることを基本とする。

28 次はエンパワーメントに関する記述であるが，エンパワーメントに反するものが１つある。それはどれか，次の①〜⑤から１つ選びなさい。
（難易度■□□□□）

① 強制を避け，できるだけ放任する。
② 子どもの自主性や主体性を尊重する。
③ 弱者であっても可能性や行動力を持っている。
④ 自ら問題解決できるよう援助する。
⑤ 子どもの自己決定権や判断力を促す。

29 幼稚園における幼児の生活に関する記述として，適切なものをア〜オの中から選ぶとき，正しい組み合わせを，あとの①〜⑤から１つ選びなさい。
（難易度■■■■□）

ア 幼稚園の生活では，教師や他の幼児とのコミュニケーションをとおして幼児自身の変容をもたらす。

イ 幼稚園の生活では，幼児同士の交流を円滑にするため，幼児はたくさんの遊びを覚えることが不可欠である。

ウ 幼稚園生活をとおして，幼児は危険な場所や遊びの把握をする必要は

ない。

エ　幼稚園生活では，ケアされ，ケアするという相互作用によって幼児自身が尊重されているという体験を味わう。

オ　幼稚園に入園したら，幼児にとって誰よりも教師の存在が重要となる。

①　ア，ウ　　②　イ，エ　　③　ウ，オ　　④　イ，オ

⑤　ア，エ

30 次のア～オのうち，子どもの主体性を大切にする保育としてふさわしいものはどれか。その組み合わせを，あとの①～⑤から１つ選びなさい。

(難易度■□□□□)

ア　年齢別に一定の到達度を設定し，その目標に向かって同一の方法で指導すること。

イ　常に子どものこころの様子を把握し見守ること。

ウ　子どもの生活実態に応じた保育内容を明確にすること。

エ　子どもの自主性を育てるため，できるだけ放任した保育を行う。

オ　集団生活がうまくできることを最優先した保育を行う。

①　ア，ウ　　②　イ，ウ　　③　ウ，オ　　④　ア，エ

⑤　イ，オ

31 次のア～オは教師の役割に関する記述であるが，適切でないものがある。それはどれか，その組み合わせを，あとの①～⑤から１つ選びなさい。

(難易度■■□□□)

ア　教師は，幼児一人一人の発達に応じて，相手がどのような気持ちなのか，体験を通して考えていけるよう援助する。

イ　決まった友達とだけ遊ぶことが起こったときは，子どもたちの相互理解を深めるために，その集団が続くよう援助する。

ウ　人として絶対にしてはならないことや言ってはならないことがあることに気付くよう援助する。

エ　教師は自分の主観的な理解をまず頼りに，子どもに関わり援助する。

オ　集団の生活にはきまりがあることや，そのきまりをなぜ守らなければならないかを指導することをせず，あくまでも自然と気付くよう見守る。

①　ア，ウ　　②　イ，オ　　③　イ，ウ　　④　ア，エ

⑤　ウ，オ

32 次は，幼稚園における遊びについての記述である。ア〜オの中で適切でないものはどれか，その組み合わせを，あとの①〜⑤から1つ選びなさい。　(難易度■■□□□)

ア　遊びにおいて，幼児が思うがままに多様な仕方で関わるような環境に置かれると，幼児は周囲の環境になじめず，遊び本来の意味が失われることが多い。

イ　遊びをとおして，人の役に立つ何らかの成果を生み出すことを目的としている。

ウ　幼児の活動で重要なのは，その過程で幼児自身がどれだけ遊び，充実感や満足感を得ているかであり，活動の結果だけを重視してはならない。

エ　自発的活動としての遊びは，幼児期特有の学習なので，幼稚園における教育は，遊びを通しての指導を中心に行うことが重要である。

オ　教師には，幼児の遊びを大切にして，意欲を促すとともに，試行錯誤を認め，時間をかけて取り組めるようにすることが求められる。

①　ア，ウ　　②　イ，エ　　③　ア，イ　　④　ア，エ
⑤　ウ，オ

33 次は，幼稚園教育と家庭との関わりについての記述である。ア〜オのなかで適切なものはどれか，その正しい組み合わせを，あとの①〜⑤から1つ選びなさい。　(難易度■□□□□)

ア　家庭との連携に当たっては，保護者の幼児期の教育に関する理解が深まるよう配慮することが大切である。

イ　幼稚園は，家庭教育を基盤にしながら家庭では体験できない社会・文化・自然などに触れ，教師に支えられながら，幼児期なりの世界の豊かさに出会う場である。

ウ　幼稚園が家庭と協力して教育を進めることは，保護者が家庭教育とは異なる視点を持つことになるので，保護者に幼稚園教育に対する誤解を抱かせないよう十分配慮する必要がある。

エ　家庭は子どもの教育について第一義的責任を有しており，幼児が望ましい発達を遂げていくためには，家庭との連携を十分図って個々の幼児に対する理解を深めることが大切である。

オ　家庭での生活の仕方が幼児の生活のリズムに大きく影響するので，入園にあたっては，まず集団生活のリズムに合わせるよう指導することが

必要となる。

① ア，ウ，エ　　② イ，エ，オ　　③ ア，エ，オ

④ ア，イ，エ　　⑤ ウ，エ，オ

34 幼児と地域社会との関わりに関する記述として適切でないものを，次の
①〜⑤から１つ選びなさい。　　　　　　　　　　(難易度■□□□□)

①　地域の人々との交流は，幼児の発達にとって有意義であることはもと
より，幼児と関わる地域の人たちにとっても，幼児に接することによっ
て心がいやされ，夢と希望がはぐくまれるなどの点で有意義なものとな
ることである。

②　地域の人々の営みの中にあふれていた季節感も失われつつある傾向が
あり，秋の収穫に感謝する祭り，節句，正月を迎える行事などの四季
折々の地域や家庭の伝統的な行事に触れる機会をもつことはあまり意味
を持たなくなった。

③　地域の人々が幼児の成長に関心を抱くことは，家庭と幼稚園以外の場
が幼児の成長に関与することとなり，幼児の発達を促す機会を増やすこ
とになる。

④　農家などの地域の人々との交流では，食べ物への関心が高まり，また，
幼児の身近に食べ物があることにより，幼児は食べ物に親しみを感じ，
興味や関心をもち，食べてみたい物が増え，進んで食べようとする気持
ちが育つ。

⑤　地域の人たちとの関わりは，人間は一人だけで孤立して生きているの
ではなく，周囲の人たちと関わり合い，支え合って生きているのだとい
うことを実感するよい機会となる。

解 答・解 説

1 ③
解説

① 記述は形式陶冶の考え方である。「形式」とは「知識を使いこなす能力を重視する」ということ。実質陶冶は学習において具体的・個別的な知識の習得を重視するものである。

② 学習の構えとは，一定の訓練によって学習の方法が習得されることである。

③ 適切。バンデューラのモデリング(観察学習)の考え方である。

④ 一般に，学習の初期段階や年少者には学習教材や内容を分けて学習させる分習法の学習が効果的である。

⑤ 学習のフィードバックは一般に，学習の直後のほうが効果は大きく(即時フィードバック)，時間の経過に従って効果は小さくなる(遅延フィードバック)。

2 ②
解説

① 遺伝や胎児期の障害などもあり，先天的な不器用さや学習が困難な子どもは存在する。また，健常な子どもでも発達の仕方や素質には個人差があり，記述は不適切である。

② 適切。愛着関係の欠如や好ましくない生育環境などは，子どもの発達に問題を生じやすい。また心理的な不安から学業が不振になる子どもも多い。

③ 運動能力の部分的な強化を行うのではなく，自由な遊びを基本として全身的な発達を促すことが望ましい。

④ ゲゼルは神経組織の成熟などのレディネス(心身の準備性)を重視した人物である。一卵性双生児実験では後から訓練を始めたほうが学習の効率が良いことを示した。

⑤ ブルーナーが提唱した説である。レディネスを適切な教育的刺激によって早めることができる(レディネス促進)ことを提案した。

3 ④
解説

Aには無条件刺激，Bには条件刺激，Cにはレスポンデント条件づけが当てはまる。ロシアの生理学者パブロフが唱えた古典的条件づけの理論であ

る。この学習理論は刺激と反応，あるいは観念と観念の連合によって学習を理論づける連合説に分類される。

4 ③
解説

① 記述はソーンダイクによる試行錯誤説である。ケーラーは問題解決過程における見通し(洞察)を重視し，洞察説を唱えた。

② 学習の直後に行われる即時フィードバックは効果が大きく，時間が経ってからの遅延フィードバックは一般的に効果は小さくなる。

③ 適切。プログラム学習では，学習者のペースで，学習内容を細かく分け，基礎的なものから段階的に複雑なものへ移行していくことが望ましいとされる。

④ 「洞察」はひらめきによって問題の構造を理解し，現れてくる関係を見抜くことである。

⑤ 経験や習慣から形成された認知パターンから離れ，異なる視点から見ることで認知や視野の再体制化が起きる。

5 ①
解説

① 記述はソーンダイクの同一要素説で，適切である。これに対し，ジャッドは，経験が一般化されて一般原理として認識されたとき，状況だけがスライドして転移が起こるとする一般化説を唱えた。

② 練習の初期段階や年少者，知的に低い者の場合は，分散学習が効果的と考えられる。

③ 難易度の高い課題については分習法が，難易度の低い課題については全習法が有利であると考えられる。

④ 学習効果が転移すると考えるのは形式陶冶。実質陶冶では具体的・実質的な知識や技能それ自体の習得を目的とする。

⑤ 実質的な教育内容だけでなく，学習の転移を見込んだカリキュラムが組まれているといえる。例えば数学の学習により単に数量の計算や図形の性質を理解したりするだけでなく，汎用性のある思考法や洞察の訓練ができるという学習の転移が見込まれる。

6 ⑤
解説

① 記述は過剰学習についての説明である。過剰学習には一定の効果がみとめられる。最初の学習量の50%ほどの過剰が効果的であるとされる。
② 記述の現象はレミニッセンスである。エピソード記憶とは時間や場所,そのときの感情などを含む出来事についての記憶である。
③ エビングハウスの忘却曲線では,記憶の保持率は記銘直後に急激に下降し,その後はゆるやかに下降するという特徴をもつ。
④ 一般に有意味材料のほうが記憶保持はよく,忘却曲線は緩やかになる。
⑤ 適切。最初と最後は最も忘却されにくく,中央部分が最も忘却されやすい。

7 ③
解説

Aはゲシュタルト派心理学者レヴィンによる場の理論である。ゲシュタルト心理学とは心理現象を要素の機械的な結合ではなく全体的なまとまり(ゲシュタルト)として理解しようとするものである。Bは順向抑制,反対に後に学習したことが前に学習したことを妨害することを逆向抑制という。Cの高原現象は学習曲線上で高原(プラトー)のような平坦な線を描く,学習の一時的な停滞のことである。課題が高度になることによる興味や意欲の低下,誤反応の固着,不適切な学習方法などさまざまな原因が考えられる。Dはハーロウにより命名された現象である。高等動物ほど学習の構えが形成されやすいとされる。

8 ③
解説

① ゲゼルが自身の発達観のなかで取り上げた考え方で,ある学習をするとき,これを習得するために必要な条件が用意され,準備されている状態のことである。レディネスが成立していれば効果的に学習できるとしても,効率性とは直接結びつくものではない。
② 一人一人について学習や成果を一定の価値基準によりまとめることで,個別に育ちを見ることができると同時に,自己評価と教師による他者評価によって,自身の理解と教師による指導の一体化が図れる利点がある。
③ 単になにかができるという能力だけでなく,それを推進するための意

志や興味を兼ね備えた能力のことで，これにより適応能力も促進される。

④　ピアジェの心理学で使われる用語で，人間が環境に適応していくなかで体制化される生得的に備わった行動の仕組み。シェムともいう。

⑤　幼児は周りの大人や友達をモデルとしてその言動を模倣し，自分自身に取り入れて成長していくが，この自発的な模倣をモデリングといい，指導して模倣させるわけではない。

9 ④
解説

①　一斉学習は原理的には個別学習の延長線上にあり，より多くの児童・生徒に効率的な指導を行おうとするもの。

②　グループ学習の構成は等質的グループと異質的グループがあり，問題文は前者を指す。

③　TTは複数の教師が1学級の指導を協力して行うことである。

④　CAIはComputer Assisted Instructionの略で，適切。なお類似の用語に，コンピューターで教師の教育活動を支援するCMI(Computer Managed Instruction)がある。

⑤　「ごっこ学習」なども含めた劇化法は，表現活動によって学習内容の理解を深化させるものである。

10 ⑤
解説

①　集団学習の一種で，少人数のグループに分かれ，話し合いをするためのざわめき(buzz)からこの呼称となった。

②　児童自ら問題を設定させ，探究心を養う積極的活動による学習法。

③　2人以上の教職員が個々の子どもおよび集団の指導の展開をはかり，責任をもつ指導方法。

④　複数の児童・生徒を対象として教職員が指導する学習法の総称。

⑤　適切である。米国の心理学者スキナーが提唱した学習法。学習者の積極的な反応を強化することを特徴とし，学習の目標値に確実に到達できるように配慮されている。徐々に難易度の上がる例題を解いては答えの確認をさせ，学習者に達成感を味わわせるのが，プログラム学習の最もわかりやすい例といえよう。

11 ①

解説

　教育課程の定義は**ア**の通り。「カリキュラム」には，計画的で明示的な「顕在的カリキュラム」だけでなく，教師の目標や意図に関わりなく子どもを方向づける「潜在的カリキュラム」(隠れたカリキュラム)も含まれるため，教育課程よりも広義の概念になるので**イ**は正しい。教科主義カリキュラムは学問体系を基本として編成するカリキュラム，経験主義カリキュラムは子どもの生活経験を基本として編成するカリキュラムであり，両者をバランスよく配分することが求められている。よって**ウ**は正しいが**オ**は誤り。学問中心カリキュラムを提唱したのはブルーナー(1915 ～ 2016)なので**エ**は誤り。

12 ⑤

解説

　コア・カリキュラムは経験主義教育理論に基づくもので，その代表的なものにヴァージニア・プランとカリフォルニア・プランがあり，⑤が適切である。広域カリキュラム(小学校低学年の生活科のように，類似した教科や経験を広い範囲でまとめたもの)，融合カリキュラム(化学・物理・生物・地学を理科としてまとめるような，教科を廃止していくつかの分野から構成するカリキュラム)，教科カリキュラム(文化遺産の習得を簡単にするため，教科としてまとめ，理論的順序で内容を系統立てたもの。集団学習において一般的だが，押し付け学習になりやすい，暗記中心になり，思考力が育成されにくいなどの課題がある)はいずれもコア・カリキュラムと並列されるべきカリキュラムの類型である。

13 ③

解説

　経験カリキュラムについての記述である。このカリキュラムは，生活カリキュラムまたは活動カリキュラムとも呼ばれており，問題文に挙げた以外に，(1)教育の意義を子どもの問題解決による経験の再構成に求める。(2)従来の教科目の枠を取り払って，生活の題材を学習単元とする。(3)子どもの主体性を尊重し，自律的な学習ができるよう指導する。といった特徴を持つ。広域カリキュラムは小学校低学年の生活科など，類似の教科や経験を広い範囲でまとめたカリキュラムをいう。また，イリッチは潜在プログラムに

ついて書かれた『脱学校の社会』の著者であり，ヘルバルトは心理学と倫理学を基礎に，体系的な教育学を構築した。

14 ②

解説

① 「幼児の発達の理解」と「教師の指導の改善」という両面から行われる(幼稚園教育要領解説(平成30年2月，文部科学省)第1章第4節2(5))。それを踏まえて指導計画の改善が行われる。

② 適切である。実際に幼児が生活する姿から発達の全体的な状況，よさや可能性などをとらえ，それに照らして選択肢にあるような視点から反省・評価する(「幼児理解に基づいた評価」(平成31年3月，文部科学省))。

③ 評価は日常の保育のなかでも行われ，保育と評価は常に一体になっている。常にそのための時間を取って行わなければならないというものではない。

④ 指導要録(児童等の「学習及び健康の状況を記録した書類」(学校教育法施行令第31条)の原本)は学校に備えておかなければならない表簿の一つである。外部への証明等にも役立たせる原簿となるもので，進学した場合はその抄本または写しは進学先に送られる。

⑤ 幼稚園教育要領において，幼児理解に基づいた評価を行う際には，「他の幼児との比較や一定の基準に対する達成度についての評定によって捉えるものではないことに留意する」とされている。

15 ③

解説

① 総括的評価は，学習終了後に行うもので，学習の成果と反省点を確認し，次の学習計画に反映させる。

② 形成的評価は学習の進行中に行う。学習成立の状態をチェックし，学習の過程の確認をしたり，変更したりするための資料を得る。

③ 正しい。

④ 絶対評価は，学習者が学習目標をどの程度達成したかを把握するために行う。子ども同士の比較はせず，目標と子どもを対応させるため，学習者の学習集団の中での優劣はこれでは計れない。具体例としては，公立小学校の通信簿などが挙げられる。

⑤ 相対評価は，学習の集団の中で，子どもの相対的な位置を把握するた

めに偏差値などを使って行われる。基本的には子どもと子どもを比較するものであり，優劣や差異などを決めるのに用いる。

16 ①
解説

ア　適切。「幼稚園における学校評価ガイドライン」(平成23年，文部科学省)の3(1)②(ア)自己評価の評価項目・指標等の設定に，「具体的にどのような評価項目・指標等を設定するかは，各学校が学校の状況や地域の実情に基づき判断すべきことである」とある。

イ　「教育課程」は，「幼稚園における学校評価ガイドライン」の別添2−1「評価項目・指標等を検討する際の視点となる例」として例示されている。

ウ　学校評価の形態には，教職員による自己評価，保護者などの関係者による評価，第三者評価の3形態によるものがある。このうち，第三者評価は法令による義務ではない。

エ，オ　適切。いずれも学校教育法第42条(幼稚園については，第28条により準用)及び学校教育法施行規則第66条～第68条(幼稚園については，第39条により準用)による。

17 ①
解説

①　適切。準拠集団は記述のように，単に所属しているというだけでなく個人が自分の行動の評価基準としている集団である。

②　幼稚園や学校は2次集団であり，公式集団である。1次集団には成員間の結びつきが親密で直接的な家族，親戚，遊び仲間，近隣集団などが分類される。

③　学級は学校の管理の下に編成されるフォーマル・グループであるが，その中で次第に形成される友人関係はインフォーマル・グループである。

④　記述のような集団効果はオルポートによる「社会的促進」である。「われわれ意識」は集団内に形成される一体的感情や内輪意識を表す概念。

⑤　記述に当てはまる人物はレヴィン。モレノは人間関係の測定法であるソシオメトリーの考案者である。

18 ②
解説

アの集団思考は，個々の異なる考え方を提示し合うことで多くの情報や

豊かな発想が得られる方法である。自己の既有の知識と集団の意見のずれは知的好奇心を刺激し，認知的な動機づけになる。**イ**のブレーン・ストーミングは創造性の開発を目的として生まれた技法であり，正確さや実現性よりも自由な発想が重視される。適切。**ウ**の集団凝集性はレヴィンが導入した概念であり，集団が成員に対して持っている魅力である。集団凝集性が高いほど，活動は活発になる。**エ**の学級集団という単位でのリーダーは，学校が選出する担任教師である。入学から時間が経つにしたがって子ども同士の私的な結びつきが強くなり，小学校4年生頃からインフォーマルな小集団を形成するようになる。**オ**は適切。

19 ④
解説

① 相対評価は個人の集団内での相対的位置を決める評価法であり，客観性に優れるが，個人の学習へのフィードバックがしにくい。

② 絶対評価は個人の指導計画を改善しやすいが，基準自体が主観的・恣意的に決められるおそれがある。

③ 能力別学級編成には相対評価が適している。個人内評価とは各個人内での比較を行う評価法である。ある個人の教科や指標間の成績を比較する方法と，ある個人の過去の成績と現在の成績を比較する方法がある。

④ 適切。ブルームは完全習得学習の理論を提唱し，教育評価を診断的評価・形成的評価・総括的評価の3つに分類している。学習中の練習問題や単元テストなどが形成的評価に当たる。

⑤ 論文式テストは採点者の主観が入りやすく，非客観テストに属する。

20 ①
解説

① 適切。自閉症は先天性の脳の障害であり，言語的なコミュニケーションが難しい。視覚的な情報を利用して指導すると理解しやすい。

② 場面緘黙症は特定の場面で本人の意思と関わりなく言葉が出なくなる障害であり，早期の教育的な介入が必要である。

③ 吃音を意識したり，緊張したりするとかえって症状が悪化することがあるので，症状が出ているときは，無理に話させない。

④ ADHDは脳神経学的な疾患と考えられ，薬物療法や心理療法による治療が行われる場合がある。

⑤ フェニルケトン尿症は先天性の酵素の異常によってフェニルアラニンの代謝が阻害される障害で，主な症状は色素の欠乏と知的障害である。

21 ②

解説

Aにはインクルージョン，Bには特別支援教育が当てはまる。インクルージョンの理念は，近年福祉の理念として積極的に導入が進められている。2007(平成19)年には特別支援教育が学校教育法に位置づけられ，すべての幼稚園・学校で障害のある幼児児童生徒の支援をしていくことが定められた。バリアフリーやインテグレーションは近似した概念であるが，インクルージョンは健常者と障害者を二分して考えず，すべての子どもが十人十色であるとの認識に立つものである。自立活動とは，特別支援学校，特別支援学級，通級指導で行われる障害者が自立を目指すための活動である。健康の保持，心理的な安定，環境の把握，身体の動き，コミュニケーションについての訓練が行われる。

22 ⑤

解説

① 適切。できれば，障害児とクラスメイトになる子どもたちを含む，障害児の周りの人間全員が，その子どもを理解することが望ましい。
② 適切。障害児保育にあたる人間には，その子どもの障害がどのような原因によるもので，どのような影響をもたらすものなのかを理解しておくことが求められる。
③ 適切。家庭と幼稚園とで教えることに一貫性がないと，子どもは混乱するばかりである。
④ 適切。障害児保育においては，障害そのものへの理解と，それに基づく指導が重要。保育の目標としては，身辺自立のほか集団参加と社会性が重要。
⑤ 不適切。言葉に遅滞のある子どもに対し，教え込もうとしたり，言葉の訂正や言い直しをさせることは禁物。話しかけを増やし，生活経験を広げることなどに配慮する。

23 ③

解説

① 「一斉指導を通して」ではなく「環境を通して」である。「特に，幼児期

は心身の発達が著しく，環境からの影響を大きく受ける時期である」(幼稚園教育要領解説(平成30年2月，文部科学省)第1章第1節2の(1))ことから環境を通して行う教育が基本となっている。

② 幼児は安定した情緒の下で自己を十分に発揮することにより発達に必要な体験を得ていくものである。だからといって，教師主導の一方的な保育を展開していくものではない。一人一人の幼児が教師の援助の下に主体性を発揮して活動を展開していけるようにする。

③ 正しい。教師は「幼児をただ遊ばせている」だけではなく，幼児の主体的な遊びを生み出すための必要な教育環境を整えることが必要となる。

④ 幼児の発達は，心身の諸側面が相互に関連し合い，多様な経過をたどって成し遂げられていくものであること，また，幼児の生活経験がそれぞれ異なることなどを考慮して，幼児一人一人の特性に応じ，発達の課題に即した指導を行うようにする。

⑤ 教師自身も人的環境であり，環境の一部である。教師の動きや態度は幼児の安心感の源となる。

24 ⑤

解説

① 幼稚園の子育て支援については学校教育法第24条に「幼児期の教育に関する各般の問題につき，保護者及び地域住民その他の関係者からの相談に応じ，必要な情報の提供及び助言を行うなど，家庭及び地域における幼児期の教育の支援に努めるものとする」と規定されている。

② 生涯教育のセンターでなく幼児期の教育のセンター。

③ 児童相談所や保育所との連携は大切なことであるが，幼稚園は幼稚園園児の関係者だけを対象に子育て支援をするのではない。広く地域の人々を対象とし，地域の幼児の健やかな成長を支えていくことが大切である。

④ 子育て支援活動は多様に行われるが，幼稚園の実態に応じ，着実に行われる必要がある。その際は，教育課程に基づく活動の支障とならないように配慮する。

⑤ 適切。「前項に規定する者は，児童虐待の予防その他の児童虐待の防止並びに児童虐待を受けた児童の保護及び自立の支援に関する国及び地方公共団体の施策に協力するよう努めなければならない」(児童虐待の防止等に関する法律第5条第2項)。「前項に規定する者」とは「学校，児童福祉施設，病院，都道府県警察，婦人相談所，教育委員会，配偶者暴力相

談支援センターその他児童の福祉に業務上関係のある団体及び学校の教職員，児童福祉施設の職員，医師，歯科医師，保健師，助産師，看護師，弁護士，警察官，婦人相談員その他児童の福祉に職務上関係のある者」であり，これには幼稚園の教諭も含まれる。

25 ⑤
解説

① 適切。平成16年度以降減少し続けており，令和3年は2万399人(前年比9.5％減)であった。

② 適切。労働人口に比べ高齢者が増える中，社会保障の水準を維持しようとすれば，若い世代の負担は当然大きくなる。

③ 適切。通報は，保育所・幼稚園・小学校などの職員に限らず，気付いた人間は誰でもできる。

④ 適切。児童養護施設への入所理由として，最も多い原因は「父母による虐待」で，次に「父母の放任怠惰」「父母の養育拒否・棄児」などネグレクトが続いている。親が生存している場合の入所が多く，家庭との関係調整は大きな課題となっている。

⑤ 不適切。令和5年4月の待機児童調査では，待機児童は調査開始以来5年連続で最少。保育ニーズは，女性の就労率の上昇等であり，令和3年からの新子育て安心プランではその対策をしている。

26 ③
解説

個々の子どもと子どもの集団の両方を観察，記録するのが研究の第一歩となる。この設問で正解としてあがっていない**イ**，**ウ**，**オ**も保育の研究方法として確立されたものである。**イ**の質問紙法は，家庭での幼児の生活・遊びなどについて知りたいとき，あるいは，生育歴など基本的な事実について情報を収集したいときなどに，質問紙を用意し，保護者に記入回答を求める方法。**ウ**の観察法は，さまざまな場面で子どもが自然にする行動を観察し，これについて客観的な記録をとり，資料とする方法。**オ**の面接法は，幼児と直接会話をしたり，観察したりすることにより，その幼児の性格や行動を研究しようとする方法。

27 ④

解説

① 幼児は安定した情緒の下で自己を十分に発揮することにより発達に必要な体験を得ていくものであることを考慮して，幼児の主体的な活動を促し，幼児期にふさわしい生活が展開されるようにすること。

② 幼児の自発的な活動としての遊びは，心身の調和のとれた発達の基礎を培う重要な学習であることを考慮して，遊びを通しての指導を中心としてねらいが達成されるようにする。

③ 幼児の発達は，心身の諸側面が相互に関連し合い，多様な経過をたどって成し遂げられていくものであること，また，幼児の生活経験がそれぞれ異なることなどを考慮して，幼児一人一人の特性に応じ，発達の課題に即した指導を行うようにする。

④ 適切。

⑤ 幼児期の教育は，生涯にわたる人格形成の基礎を培う重要なものであり，幼稚園教育は，学校教育法に規定する目的及び目標を達成するため，幼児期の特性を踏まえ，環境を通して行うものであることを基本とする。

28 ①

解説

エンパワーメントとはもともと，社会のなかで，子ども，女性，少数民族，障害者などの弱者が，周囲の状況を変え，主張する力をもつのみでなく，自分たち自身一人ひとりが可能性をもち，行動する力をもっている存在であることを認め，自分たちが現在あることを肯定的に受け入れることを重要な要素として含んでいる。幼児教育におけるエンパワーメントについて理解しておくようにしたい。

① エンパワーメントは子どもの主体性や自主性を重んじるが，放任するということではなく，自分を主張するとともに律することもできるような他者と協働できる力のことである。子どもは本来社会に対して貢献できる力があるという考えに基づく。

④ 子どもたちに「……しなさい」というのではなく「……してみましょう」というような形で援助することである。

⑤ ④と同様での形で関わることで，子どもの自己決定権や判断力を育てる。

⑤

解説

- **ア** 適切。幼稚園における発達の過程とは，子どもの生活が変容していくことであるといえる。

- **イ** 遊びは子どもたちの交流に欠かせないが，必ずしも遊びの数の多さによって交流の円滑さが左右されるとは限らない。ひとつの遊びに没頭することによって交流が深まることも多々ある。

- **ウ** 健康領域や環境領域で，危険な場所や危険な遊びについての正しい判断を身に付け，行動できるようになることが記載されている。

- **エ** 適切。幼稚園という集団生活では家庭と違って，自分がケアされるだけでなく，親や教師，友達など他者をケアするという相互関係のなかで自分自身も尊重されているということを実感する。

- **オ** 教師の存在は人的環境として，また愛着の対象として重要であるが，「誰よりも」とは言えない。保護者の存在も大きい。

30 ②

解説

- **ア** このことは，子どもの主体性を大切にすることと正反対のことである。このようなことが起こるのは，同年齢なら皆同じ発達段階にあると思い込み，子ども一人一人に目を向けようとしないからである。

- **イ** ふさわしい。子ども一人一人のこころの流れに沿って保育することが求められる。

- **ウ** ふさわしい。子ども一人一人の生活実態も異なっているので，生活実態に応じた保育内容を明確にすることも大切である。

- **エ** 子どもの自主性を大切にすることと，放任した保育を行うこととは別である。

- **オ** 幼児期に，「自己を表出することが中心の生活から，次第に他者の存在を意識し，他者を思いやったり，自己を抑制したりする気持ちが生まれ，同年代での集団生活を円滑に営むことができるようになる時期へ移行していく」(幼稚園教育要領解説(平成30年2月，文部科学省)第1章第3節3)というように，集団生活が円滑に営まれるようにするには，子どもの主体性を大切にすることが重要である。

31 ②

解説

ア，ウ 「教師は，幼児一人一人の発達に応じて，相手がどのような気持ち
なのか，あるいは自分がどのようにすればよいのかを体験を通して考え
たり，人として絶対にしてはならないことや言ってはならないことがあ
ることに気付いたりするように援助することが大切である」。そして，友
達との間で起こる対立や葛藤は排除されるべきものではなく，幼児の発
達にとって大切な学びの機会であることも留意しておきたい。

イ このようなときは，「時期を見て，いろいろな友達と関わり合うきっか
けとなる環境の構成や援助をしていくことも教師の役割である」。

エ 誤解を受けやすい文章だが，人から聞いた話よりも教師自身の主観的
理解のほうがずっと確かであり，信頼できるということである。体当た
りで子どもに接するときのことを考えれば理解できるだろう。

オ 「見守る」のではなく，ウにあるように「気付かせるように援助する」。

32 ③

解説

ア 「遊びの本質は，人が周囲の事物や他の人たちと思うがままに多様な仕
方で応答し合うことに夢中になり，時の経つのも忘れ，その関わり合い
そのものを楽しむことにある」というのが遊び本来の意味である。

イ 「遊びは遊ぶこと自体が目的であり，人の役に立つ何らかの成果を生み
出すことが目的ではない」。

ウ 「活動の過程が意欲や態度を育み，生きる力の基礎を培っていくからで
ある」。結果よりも過程が重要である。

エ 「自発的な活動としての遊びにおいて，幼児は心身全体を働かせ，様々
な体験を通して心身の調和のとれた全体的な発達の基礎を築いていく」
からである。

オ 「教師の関わりは，基本的には間接的なものとしつつ，長い目では幼児
期に幼児が学ぶべきことを学ぶことができるように援助していくことが
重要である」と，時間をかけて取り組めるようにすることの大切さを説
いている。

33 ④
解説

ア　正しい。幼稚園運営上の留意事項としてこのことが掲げられている。

イ　正しい。幼稚園の特色として幼稚園には，このような家庭や地域とは異なる独自の働きがあり，ここに教育内容を豊かにするに当たっての視点があるとしている。

ウ　「幼稚園が家庭と協力して教育を進めることにより，保護者が家庭教育とは異なる視点から幼児への関わりを幼稚園において見ることができ，視野を広げるようになるなど保護者の変容も期待できる」と家庭との協力を積極的にすべきだとしている。

エ　正しい。子どもの教育について第一義的責任を有しているのはあくまでも家庭である。

オ　「家庭での生活の仕方が幼児の生活のリズムに大きく影響するので，入園当初は一人一人の生活のリズムを把握し，それらに応じながら，遊ぶ時間や食事の時間などに配慮することも必要である」と，子ども一人一人に合った指導の必要性を説いている。

34 ②
解説

①　適切。地域の人々との交流は幼児からの一方的なものではないことに留意。「幼児は，環境との相互作用によって発達に必要な経験を積み重ねていく。(省略)ここでの環境とは自然環境に限らず，人も含めた幼児を取り巻く環境の全てを指している」。

②　適切ではない。失われつつあるからこそ，伝統的な行事に積極的に触れる機会をもつべきである。

③　適切。大人たちに見守られているという点からも，「幼児が豊かな人間性の基礎を培う上で貴重な体験を得るための重要な環境である」。

④　適切。さらに，「幼児なりに食べ物を大切にする気持ちや，用意してくれる人々への感謝の気持ちが自然に芽生え，食の大切さに気付いていくことにつながる」。

⑤　適切。「そのためには，日常の保育の中で，地域の人々や障害のある幼児などとの交流の機会を積極的に取り入れることも必要である。とりわけ，高齢社会を生きていく幼児にとって，高齢者と実際に交流し，触れ合う体験をもつことは重要である」。

第10章

専門試験
発達と実践

Q 演習問題

1 次のア～カの言葉を幼児語と幼児音に分けたものとして適切なものを, あとの①～⑤から 1 つ選びなさい。 (難易度■■□□□)

〔言葉〕

ア ちぇんちぇえ　　イ おみじゅ　　ウ わんわん
エ くっく　　　　オ ぼうりゅ　　カ じろうしゃ

① 幼児語－ア, イ, ウ　　幼児音－エ, オ, カ
② 幼児語－イ, エ, オ　　幼児音－ア, ウ, カ
③ 幼児語－イ, カ　　　幼児音－ア, ウ, エ, オ
④ 幼児語－ウ, オ　　　幼児音－ア, イ, エ, カ
⑤ 幼児語－ウ, エ　　　幼児音－ア, イ, オ, カ

2 次のア～クの言葉を幼児語と幼児音に分けたものとして適切なものを, あとの①～⑤から 1 つ選びなさい。 (難易度■■□□□)

ア ねんね　　イ わんわん　　ウ ちゅみき　　エ ぶうぶ
オ だっこ　　カ まんま　　　キ でんちゃ　　ク くっく

① 幼児語－イ, エ, オ, カ　　　　　幼児音－ア, ウ, キ, ク
② 幼児語－ア, イ, エ, ク　　　　　幼児音－ウ, オ, カ, キ
③ 幼児語－ア, イ, エ, キ　　　　　幼児音－ウ, オ, カ, ク
④ 幼児語－ア, イ, エ, オ, カ, ク　幼児音－ウ, キ
⑤ 幼児語－ウ, キ, ク　　　　　　幼児音－ア, イ, エ, オ, カ

3 幼児期の発達に関する記述として適切なものを, 次の①～⑤から 1 つ選びなさい。 (難易度■■■□□)

① 絵を描くとき, 幼児が自分にとって印象の強い部分を大きく描くのは, 幼児の象徴機能の発達によるものである。
② 幼児期の記憶の特徴は, 意味を理解しながら覚える機械的記憶である。
③ 4～5歳の子どもの遊びは並行遊びが特徴であり, 一緒に遊んでいるように見えても相互のやり取りは少ない。
④ 骨格がほぼ完成し, ボール投げ, 跳躍などができるようになる。
⑤ 発達のつまずきが見られても, 成長とともに消失するものもあり, 必ずしも発達障害であるとは限らない。

4 幼児期の心身の諸機能の発達として正しいものの組み合わせを，あとの
①～⑤から１つ選びなさい。 (難易度■□□□□)

ア 神経系，リンパ系が顕著に発達する。

イ 身体の急激な発達と性的成熟が進み，心理的離乳に向かう。

ウ 骨格が完成する。

エ ボール投げ，跳躍などができるようになる。

オ 女子の体位が男子を上回る。

① ア，ウ　　② ア，エ　　③ イ，ウ　　④ ウ，エ

⑤ エ，オ

5 発達のつまずきに関する記述として適切なものを，次の①～⑤から１つ
選びなさい。 (難易度■□□□□)

① 発達には一定の時期と順序があり，その経路と少しでも異なる徴候が
あればすぐに医師に相談し，治療を行わなければならない。

② 発達障害であることが確定した場合は，保育によって状況を改善する
ことは難しいので，早期に専門家にゆだねるべきである。

③ 発達のつまずきは親の責任ではなく，個々の子どもの個性の１つである。

④ 発達のつまずきは成長とともに改善されていく場合が多いが，精神遅
滞や脳性障害などの発達障害である場合は，その後も障害は固定的なも
のとなる。

⑤ 発達のつまずきが障害であるかどうか，乳幼児期には見極めが難しい
ため，その可能性を念頭に置きながら工夫して働きかけていかなければ
ならない。

6 次は，保育における子どもの生活と発達の援助についての記述である。
A～Hにあてはまる語句をア～ソから選ぶとき，正しい組み合わせを，
あとの①～⑤から１つ選びなさい。 (難易度■■■□□)

子どもの発達は，様々な側面が絡み合って(**A**)に影響を与え合いなが
ら遂げられていくものであり，子どもの発達を促すためには，大人側から
の働きかけばかりでなく，子どもからの自発的・(**B**)な働きかけが行わ
れるようにすることが必要である。したがって，幼稚園においては，一人
一人の子どもが，安心して生活でき，また，発達に応じた適切な(**C**)と
援助があたえられることにより，(**B**)，意欲的に活動ができるような

315

(D)が構成されなければならない。

　このため，家庭や地域と連携を持った安定した子どもの生活と，子どもをありのままに見て，それを深く理解して受容する教師との(E)が重要である。

　子どもの活動には，強いて分けてみるならば，(F)，衣服の着脱や片付けなどのような生活習慣にかかわる部分と遊びを中心とする部分とがあるが，子どもの主体的活動の中心となるのは遊びである。自発的な活動としての遊びにおいて，幼児は心身全体を働かせ，さまざまな(G)を通して心身の調和のとれた全体的な発達の基礎を築いていくのである。この際，教師が遊びにどうかかわるのか，教師の(H)の基本を理解することが必要であり，そのために教師には，子どもの主体的な遊びを生み出すために必要な教育環境を整えることが求められる。さらに，教師には，子どもとの信頼関係を十分に築き，子どもと共によりよい教育環境をつくり出していくことも求められている。

ア	能力	イ	心身	ウ	食事	エ	相互
オ	発達	カ	刺激	キ	複雑	ク	環境
ケ	能動的	コ	信頼関係	サ	積極的	シ	遊び
ス	体験	セ	学習	ソ	役割		

① A－イ　　B－サ　　C－カ　　D－セ　　E－ス　　F－ウ
　　G－オ　　H－ソ
② A－キ　　B－ケ　　C－ア　　D－コ　　E－ソ　　F－セ
　　G－ク　　H－ス
③ A－キ　　B－ケ　　C－シ　　D－セ　　E－エ　　F－ウ
　　G－カ　　H－ア
④ A－サ　　B－ケ　　C－ク　　D－ソ　　E－コ　　F－セ
　　G－オ　　H－ス
⑤ A－エ　　B－ケ　　C－カ　　D－ク　　E－コ　　F－ウ
　　G－ス　　H－ソ

7 幼児期の手腕運動の発達段階を早い順に並べたものとして適切なものを，あとの①〜⑤から１つ選びなさい。　　　（難易度■■□□□）

ア　円・正方形の模写。はさみが使えるようになる。

イ　手の届くものを持って遊ぶ。

ウ　三角形を模写。箸をうまく使える。積み木を速く正確に揃えて積める。

エ　模倣して縦線を引く。積み木を押し付けるようにして5，6個積める。

オ　ひし形の模写。のこぎりが使える。

① イーエーアーウーオ

② イーアーエーウーオ

③ エーイーアーオーウ

④ エーイーウーアーオ

⑤ イーアーウーエーオ

8 次のA〜Eにあげた数量に関心を持たせるための具体的指導法の適切な指導の順序を，あとの①〜⑤から１つ選びなさい。（難易度■■■■□）

A　お手玉を6個と4個に分けておき両方から1個ずつ対にして取っていき，お手玉が残った方が「多い」ということを教える。

B　あめ玉を2つに分け，どちらが多いか少ないか，直感的に判断させる。

C　大きな砂山と小さな砂山を作り，2つの砂の量を比較して，どちらが多いか判断させる。

D　さまざまな種類のものをならべておいて，その中から積み木やボールなど同種のものを集める遊びをさせる。

E　おはじき1個と多数を比較してどちらが多いかを尋ね，1つのおはじきを示しながら「いっこ」あるいは「ひとつ」と教える。

① A−B−C−D−E　　② B−D−C−A−E

③ C−D−B−A−E　　④ D−B−C−A−E

⑤ E−B−C−D−A

9 ことばの発達に関する記述として適切なものを，次の①〜⑤から１つ選びなさい。（難易度■■■□□）

① 話しことばの習得は青年期以降でも可能であるが，自然な文法に従いスムーズな会話をすることは難しくなる。

② ヴィゴツキーによれば，子どものひとりごとは「自己中心的言語」である。

③ 児童期には言語能力が著しく発達する。この時期を「ことばの爆発期」ともいう。

④ 1歳頃から「ママ」「ワンワン」などの意味のある語を話せるようになり，5歳頃からは3語文を話せるようになる。

⑤　3～4歳頃は命名期と呼ばれ，「これは何？」としきりに訊ね，身のまわりの物の名前を知りたがる。

10 ことばの発達に関する記述として適切なものを，次の①～⑤から１つ選びなさい。　　　　　　　　　　　　　　　　　（難易度■■■■□）

①　発達初期の養育者との愛着関係が不安定な子どもには，ことばの発達が遅れる傾向がある。

②　ことばの学習には適期があり，その時期を逃すと成長後の習得は不可能となる。

③　ヴィゴツキーの理論によれば，子どものひとりごとは，それまで漠然としたイメージであった思考を言語化するための移行過程である。

④　ピアジェの理論によれば，自己中心的言語とは，親しい人との話しことばのように，現実場面に具体的に即したことばである。

⑤　子どもは，ことばの外言化により，親が見ていないところでも言いつけを守ったり，自分の行動を調節したりすることができるようになると考えられる。

11 発達に関する記述として適切なものを，次の①～⑤から１つ選びなさい。　　　　　　　　　　　　　　　　　　　　　（難易度■■■■□）

①　現在は生後の環境が発達に大きく影響すると考える立場が優勢である。

②　環境閾値説によれば，身長などの身体的発達には環境の影響は小さいと考えられる。

③　発達とは生後から成人期までの身体的・精神的変化である。

④　ゲゼルの成熟説では，訓練によってレディネスが促進され，成熟が早まるとされる。

⑤　母親と過ごす時間が長い子どもは，ことばの発達が遅い傾向がある。

12 児童期の発達に関する記述として適切なものの組み合わせを，あとの①～⑤から１つ選びなさい。　　　　　　　　　　　　（難易度■■■■□）

ア　物質の量などの保存性概念を理解する。

イ　状況について論理的に理解する。

ウ　心理的離乳期である。

エ　象徴機能が発達する。

オ　自立心が芽生え始める。
　①　ア，イ　　②　ア，ウ　　③　イ，ウ　　④　ウ，エ
　⑤　ウ，オ

13 幼稚園で発音が不明瞭な子どもの指導として適切なものの組み合わせを，あとの①〜⑤から１つ選びなさい。　　　　　　　（難易度■■■□□）
　ア　本人がはっきりと話すことが大切なので，本人が正しく発音するようになるまで待つ。
　イ　友達と遊んでいるところにその子どもを連れていき，混じるようにいう。
　ウ　その子どもが自ら話したことに関心を寄せ，認め，自信がつくようにする。
　エ　発音が不明瞭なままでは教育的な意味がないので，その子どもに話せそうな言葉を使った仕事を与え，とにかく不明瞭に発音する機会をなくす。
　オ　耳の聞こえが悪くなるような病気にかかっていないかなど，原因となるものがないか確認する。
　①　ア，イ　　②　ア，ウ，オ　　③　イ，ウ，エ　　④　ウ，エ，オ
　⑤　ウ，オ

14 遺伝と環境の働きに関する記述として適切なものを，次の①〜⑤から１つ選びなさい。　　　　　　　　　　　　　　　　（難易度■■■□□）
　①　物事の得意・不得意などは，遺伝的要因ではなく，環境や経験によって形作られる。
　②　一般に身体的側面に関連する特性ほど，環境からの刺激が少なくても発現しやすい。
　③　絶対音感や外国語音韻の習得などの特性は，遺伝規定性が高い能力であり，良い環境に育っても素質が実現するとは限らない。
　④　遺伝的要因は身体的側面にのみ現れ，心理面にはほとんど現れない。
　⑤　遺伝的な障害は，環境によって症状を緩解したり適応させたりすることは難しく，医学的な対応が唯一の方法となる。

15 発達に関する記述として適切なものを，次の①〜⑤から１つ選びなさい。　　　　　　　　　　　　　　　　　　　　　（難易度■■□□□）
　①　発達の縦断的研究では，短期間で広範な年齢，発達段階に関する資料

319

が収集できる。

② 新生児の足の裏をなでると，足指を扇のように広げるモロー反射が起こる。

③ 幼いころから別々の環境で育った一卵性双生児には，高齢になってからも後成的差異がほとんどないことがわかっている。

④ 牛島義友は精神構造の変化による発達区分を行い，4〜8歳の子どもを身辺生活時代とした。

⑤ 発達加速現象には，成長加速傾向と成熟前傾傾向の2つの側面がある。

16 愛着の形成に関する記述として適切なものを，次の①〜⑤から1つ選びなさい。 (難易度■■□□□)

① 乳児は自分の生理的欲求を満たしてくれる人物に愛着を持つため，愛着の対象は必ずしも親しい人とは限らない。

② 人見知りは母子間の愛着が十分に形成されなかった子どもに見られる行動であり，愛着形成が十分な子どもは見知らぬ人にもすぐに親しみを持つ。

③ 適切な時期に愛着形成ができなかった子どもには，成長してからも人格的な障害が現れやすい。

④ アタッチメント理論では，乳児は情緒が十分に分化・発達していないため，自ら人に働きかけることができない依存的な存在であると考えられている。

⑤ 人手の少ない施設で育った子どもにはホスピタリズムの症状がみられるが，家庭で育った子どもにはみられない。

17 児童期の発達の特徴として適切な記述の組み合わせを，あとの①〜⑤から1つ選びなさい。 (難易度■■□□□)

ア 閉鎖的な仲間集団が形成される。

イ 主観と客観の分化のきざしが現れ，自我が芽生え始める。

ウ 数・量・重さ・体積に関する保存の概念が獲得される。

エ この時期の発達課題は「親密対孤立」である。

オ 心理的離乳を体験する。

　① ア，イ　② ア，ウ　③ イ，エ　④ ウ，エ
　⑤ ウ，オ

18 次の文は，幼稚園教育要領(平成29年3月告示)の安全に関する教師の指導についての記述である。適切な記述を○，不適切な記述を×とした場合の正しい組み合わせを，あとの①〜⑤から1つ選びなさい。(難易度■■■■□)

A 避難訓練などを通じて，災害などの緊急時に適切な行動がとれるように援助をしていくが，交通ルールに関しては，家庭が主体となり子どもが日常生活で身につけていくべき事項である。

B 安全に関する指導では，危険な場所や事物などが子どもの生活や遊びを通して理解できるように環境を設定していく。

C 幼稚園生活の中では，安全を確保するために，場合によっては厳しく指示したり，注意したりすることも必要である。

D 安全に関する指導では，子どもの情緒の安定を図ることが大切である。

	A	B	C	D
①	○	○	×	○
②	○	×	○	×
③	×	○	×	×
④	×	×	○	○
⑤	×	○	○	○

19 子どもの発達に関する記述として適切なものの組み合わせを，あとの①〜⑤から1つ選びなさい。 (難易度■■■□□)

ア 子どもが凝集性の高い仲間集団を形成するギャングエイジは，大人の介入を嫌い，思わぬ危険や反社会的行動につながることが多いため，大人は子どもだけで行動しないよう常に見守り予防するべきである。

イ 心理的離乳期には，親の保護から心理的に独立するという緊張と不安から，しばしば親に対して反抗的な態度などがみられる。

ウ 子どもが，自己中心的な認識から次第にさまざまな視点から対象を認識できるようになることを，脱中心化という。

エ 子どもが鏡に映った自分の像を自分であると認知できるようになるのは，生後6か月頃からである。

① ア，ウ　　② イ，ウ　　③ イ，エ　　④ ア，イ，ウ

⑤ ア，イ，エ

20 次のア～エに記した発達の主な特徴を年齢の低いものから高いものへ並べたものとして正しいものを，あとの①～⑤から１つ選びなさい。

(難易度■■■■□)

ア　大人のいいつけに従うよりも，自分や仲間の意思を重要視し，それを通そうとする。仲間同士の秘密の冒険ごっこなどを喜んでする。

イ　様々なことに興味をもち，「なぜ？」「どうして？」という質問が増える。

ウ　１つの目的に向かって少人数の集団で活動するようになる。互いに自分のしなければならないことや，ルールを守る必要性がわかるようになり，集団としての機能を発揮できるようになってくる。

エ　それまでは何かと大人に頼り，大人との関係を中心に行動していた子どもも，一人の独立した存在として行動しようとするなど，自我が芽生えてくる。

① イ－エ－ア－ウ
② エ－イ－ウ－ア
③ エ－ア－イ－ウ
④ エ－ウ－イ－ア
⑤ イ－ア－ウ－エ

21 １日の指導計画の留意事項として適切なものを，次の①～⑤から１つ選びなさい。
(難易度■□□□□)

① １日の指導計画は，前日までの子どもの活動の様子や，既往の経験，活動の種類とそれに対する子どもの興味関心を考えた上で作成する。

② １日の教育時間は４時間と規定されているが，担任の考えるとおりに変更することができる。

③ 計画を確実に実行できるよう，天候に左右されることのない指導案作りが必要である。

④ 幼児はその特性から，評価することが困難なので，小学校のように評価を行う必要はない。

⑤ 保育所とは異なるので，間食を与えたり，午睡をとらせてはならない。

22 次の文のうち，入園時の教師の配慮について幼稚園教育要領(平成29年3月告示)に照らした場合の不適切な記述の組み合わせを，あとの①～⑤から１つ選びなさい。
(難易度■□□□□)

ア　特に３歳児の入園については，家庭との連携を緊密にする。

イ　幼稚園入園までに，排泄の自立と偏食なく食べられる態度を養うよう家庭に協力を依頼する。

ウ　幼稚園入園前に生活していた認定こども園や保育所などの場がある子どもに対しては，そこでの経験に配慮する。

エ　５歳児の入園については，心身の発達に問題のない限り子どもを見守る姿勢に重点を置く。

オ　家庭や幼稚園入園前に生活していた園での生活リズムに十分配慮する。

① イ，エ　　② イ，ウ　　③ エ，オ　　④ ア，エ
⑤ ウ，エ

23 次は，幼稚園教育要領(平成29年３月告示)「第２章　ねらい及び内容」の「人間関係」の４～６月の年間指導計画である。空欄(A)～(D)に当てはまる言葉を入れていくと余る語を，あとの①～⑤から１つ選びなさい。　　　　　　　　　　　　　　　　　　　(難易度■□□□□)

４月：(A)をもって遊んだり，生活したりできるようにする。(B)の楽しさを味わう。集団の(C)を習う。

５月：遊具の使い方など，集団の(C)を正しく実行する。行事に楽しく参加してよく活動する。

６月：よい習慣を身につける。(D)を守り，自分の生活もルールにそったものとする。

① 時刻　　② きまり　　③ 依存　　④ 集団生活
⑤ 信頼関係

24 遊びとその意義の組み合わせとして不適切なものを，次の①～⑤から１つ選びなさい。　　　　　　　　　　　　　　　　　　　(難易度■□□□□)

① 積み木遊び————共同の用具を公平に使い，友達と協力してつくるなどの態度を養う

② すべり台————いろいろな感覚や運動能力の発達を促す

③ 砂遊び————興味を持って自由にのびのびと表現する力を養う

④ ごっこ遊び————簡単な社会の仕組みや人々の働きに興味をもたせる

⑤ 遠足————数量や図形などに対する興味や関心をもたせる

25 次の文章の空欄（ A ）〜（ D ）に入る語句の組み合わせとして適切な
ものを，あとの①〜⑤から１つ選びなさい。　　　（難易度■■■■□）

　子どものトラブルは，（ A ），ひんぱんに起こり，（ B ）の手段という
側面がある。子どもの間でトラブルが起きたときには，子どもの発達段階
に応じて援助をするようにする。子ども同士での解決が可能な発達段階に
おいて，解決が困難な場合には（ C ）。保護者が仲介する場合は，（ D ）
ように考慮する。

- ア　短時間性かつ一過性　　イ　長びき
- ウ　相互分離　　　　　　　エ　相互接近
- オ　大人が介入するが，大人の考えを無理に押し付けず，子どもが納得
　するようにする
- カ　どんなに時間がかかっても，自分たちで解決できるまで見守る
- キ　それによって子どもが自分の失敗を学んでいく
- ク　子どもに，自分の悪かったところを認めさせ，謝らせる

① A-ア　　B-エ　　C-オ　　D-キ
② A-ア　　B-ウ　　C-カ　　D-ク
③ A-ア　　B-エ　　C-カ　　D-ク
④ A-イ　　B-ウ　　C-カ　　D-キ
⑤ A-イ　　B-エ　　C-オ　　D-キ

26 園外保育の際は，有害動物や有毒植物に気をつけなくてはならない。人
体に無害あるいは無毒なものの組み合わせとして正しいものを，次の①〜
⑤から１つ選びなさい。　　　（難易度■■■■■）

① アオダイショウ，カツオノエボシ
② オタマジャクシ，ウルシ
③ キョウチクトウ，トリカブト
④ ヒガンバナ，ムカデ
⑤ カタツムリ，ネジバナ

27 次のア〜オは「日常生活の中で数量や図形などに関心をもつ」ための遊び
の例である。幼児にはどの順で遊びを経験させるのが適切か，あとの①〜
⑤から１つ選びなさい。　　　（難易度■■■■□）

ア　砂山を作って２つの量を比較し，どちらが多いか少ないかの判断をさせる。

イ 様々な種類の異なるものをたくさん並べておき，その中から同種のもの，たとえばブロックや人形，おはじきなどを集めさせる。

ウ えんぴつ(ほかのものでもよい)を5本と3本(いくつでもよい)に分けておき，両方から1本ずつ対にして取り除いていき，残ったほうが多いということを教える。

エ たくさんあるあめ玉を2つに分けて，どちらが多いか少ないか，直感的に判断させる。

オ ブロック1個と多数とを比較してどちらが多いかを尋ね，1つのブロックを「いっこ」とか「ひとつ」と呼ぶことを教える。

① イ-エ-ア-ウ-オ

② イ-ウ-ア-エ-オ

③ ア-オ-エ-イ-ウ

④ ア-イ-エ-オ-ウ

⑤ ウ-イ-エ-ア-オ

28 次の文の空欄(A)～(D)に当てはまる語の組み合わせとして適切なものを，あとの①～⑤から1つ選びなさい。　　(難易度■■■■□)

　幼児同士が会話をするときは，その場所に相手がいるからしゃべっているだけであって，互いに正しく伝えたり，分かり合ったりしようという努力はしない。こういう言葉は(A)と呼ばれ，子ども特有の自己中心的思考の表れとみなされている。また，幼児は，困難な場面を切り抜けようと努めているときに(B)がしばしば出現するが，この場合は，幼児は言葉を思考の道具として用いているのである。それは，伝達のための言葉である(C)から，心の中で自問自答をし，考えをまとめていく(D)への過渡的形態とみることができる。(B)がみられなくなっていくのは，学齢期以降である。

① A-自己中心語　　B-ひとり言　　C-幼児音　　D-幼児語

② A-幼児語　　　　B-ひとり言　　C-外言　　　D-内言

③ A-幼児語　　　　B-吃音　　　　C-外言　　　D-内言

④ A-自己中心語　　B-ひとり言　　C-外言　　　D-内言

⑤ A-自己中心語　　B-吃音　　　　C-幼児音　　D-幼児語

29 次の空欄(A)～(E)に当てはまる語句の組み合わせとして正しいものを，あとの①～⑤から１つ選びなさい。　(難易度■■□□□)

「動きや言葉などで表現したり(A)遊んだりする楽しさを味わう」ということは，子どもに押し付けてまとめたものをステージで発表するというような，(B)に見せるためのものではない。子どもが(C)を浮かべ，その世界にひたりきって，そのものになりきって，楽しんで動き回ることが大切なのである。具体的にいえば，(D)が挙げられるだろう。その特徴は，子ども自身が主体的に考え進めていくため，あらかじめ決められた筋書きがない点である。

① A－ものを作り　　B－父母　　　C－イメージ　　D－ごっこ遊び
② A－演じて　　　　B－父母　　　C－汗　　　　　D－砂遊び
③ A－ものを作り　　B－保護者　　C－イメージ　　D－砂遊び
④ A－演じて　　　　B－保護者　　C－イメージ　　D－ごっこ遊び
⑤ A－ものを作り　　B－保護者　　C－汗　　　　　D－ごっこ遊び

30 次の文のうち，幼稚園教育要領(平成29年3月告示)に記載されている教育時間終了後の幼稚園の役割や教師の援助として，適切な記述を○，不適切な記述を×とした場合の正しい組み合わせを，あとの①～⑤から１つ選びなさい。　(難易度■■■■■)

A　教育時間の終了後には，幼児教育の啓発のために保護者や地域の人々に機能や施設を開放する。

B　幼児期の教育に関する相談に応じたり，情報を提供したりする。

C　保護者同士の交流の機会を提供したりする。

D　地域における乳幼児期の教育・保育のセンターとしての役割を果たすよう努める。

	A	B	C	D
①	○	○	×	×
②	○	×	○	○
③	×	○	○	×
④	○	○	○	○
⑤	×	○	×	○

31 次の文のうち，幼稚園教育要領(平成29年3月告示)に記載されている幼児期の人間関係形成における教師の援助として，適切な記述を○，不適切な記述を×とした場合の正しい組み合わせを，あとの①〜⑤から1つ選びなさい。　　　　　　　　　　　　　　　(難易度■■■■■)

A　他の幼児との間での葛藤やつまずきを乗り越えることで，思いやりの気持ちが育つことに留意する。

B　幼児同士で互いに必要な存在であることを認識できるようにする。

C　一人一人を生かした集団を形成しながらも，時にはクラスの目標に向かって適した集団となるように自己の発揮を抑制することも大切である。

D　トラブル時は互いに思いを伝え合うことが自己発揮の上で最も重要であり，一人一人が自己主張をできるまで援助を続けて行くことが，義務教育への連続性に関連することを意識する。

E　他の幼児と意見が異なった場合には，折り合いをつけたり，悲しかったり悔しかったりする自分の気持ちをコントロールする力が育つようにする。

```
        A  B  C  D  E
①      ○  ○  ○  ×  ○
②      ○  ×  ○  ○  ×
③      ×  ○  ○  ×  ×
④      ×  ○  ×  ○  ○
⑤      ○  ○  ×  ×  ○
```

32 次はある実習生の教育実習の記録とそれに対する教師のコメントである。コメントの(A)〜(F)に当てはまるものをあとのア〜スから選ぶとき，正しい組み合わせを，あとの①〜⑤から1つ選びなさい。
　　　　　　　　　　　　　　　(難易度■■□□□)

〈実習生の記録〉

「実習3日目で，たくさんの子どもたちと交流するうちに，名前と顔が一致するようになった。

登園してしょうた君に会ったら，「先生，おはよう」と挨拶されたので，「しょうた君，おはよう」と，名前をつけて言い返した。きのうの挨拶のときは名前が出てこず，「おはよう」と言い返しただけだったが，きょうのしょうた君はにこにこ笑って，きのうよりもうれしそうに感じた。砂場遊

327

びでは，みんながいっしょになって遊ぶなかで，はやと君だけが遊びのなかに入らず，どこか元気がないのが気になった。こういうときに，どんな声を掛けたらいいのだろうか，あとで藤田先生に尋ねることにしよう。積み木あそびのときは，子どもたちと遊ぶのに夢中になって，後片付けの時間になっているのを忘れてしまって，先生に注意されてしまった」。

〈教師のコメント〉

「実習3日目，多くの子どもと関わることができ，しかも名前と顔が一致したというのは，よかったですね。これは，クラスの子どもたちを（　A　）として見ていたあなたが，子ども一人一人を自立的な存在として，（　B　）として見るように変化したのです。記録するということは，何気なくやっていることを（　C　）させ，それまで気付かなかった気付きが与えられます。記録の中で，昨日と今日の違いが明らかになり，何もしていないはやと君のことが気になる，つまり，子どもの目に見えない（　D　）な状態に気付いたことは進歩です。新任の教師は先輩の先生方の（　E　）も欠かせませんが，それを積極的に求めていこうという姿勢もいいですね。そして，それを参考にしながら，今後，より具体的に，保育者の（　F　）も記録していくと，保育を振り返る資料として役に立つでしょう」。

ア　理論化	イ　愛情	ウ　助言	エ　人間	オ　援助
カ　忠告	キ　集団	ク　個人的	ケ　主観的	コ　個人
サ　意識化	シ　指導	ス　内面的		

① A－キ　B－コ　C－ア　D－ケ　E－カ　F－イ
② A－コ　B－エ　C－サ　D－ス　E－ウ　F－オ
③ A－エ　B－キ　C－サ　D－ク　E－シ　F－イ
④ A－キ　B－コ　C－サ　D－ス　E－ウ　F－オ
⑤ A－キ　B－コ　C－ア　D－ケ　E－シ　F－オ

解答・解説

1 ⑤
解説

　幼児語は，子どもが小さいときに親などの養育者が子どもに対して使い，そのために子どもが使うようになる言葉をいい，育児語とも呼ばれる。したがって，幼児語にはその家庭でだけ使われるものも含まれる。一方，幼児音は子どもの音声が発達する途上においてのもので，不明瞭に聞こえるものをいう。発音の発達スピードには個人差があるが，徐々に正しく発音できるようになる。ただし，聴力や口の中の機能・形態，知的発達の遅れが原因であることもあるので，よく観察する必要がある。

2 ④
解説

　幼児語とは，子どもが小さいときに，親など養育者が子どもに対して使う言葉であり，そのために子どもが使うようになる言葉である。世界では，養育者が一切幼児語を使用しないことで，子どもが幼児語を話さない地域もある。それぞれの言葉の意味は次の通り。ア　眠ること，イ　犬，ウ　積み木，エ　自動車，オ　抱くこと，カ　ご飯，キ　電車，ク　靴。

3 ⑤
解説

① 幼児期の思考の顕著な特徴として自己中心性がある。印象の強い部分を大きく描くのは，自分から見て目立つ点にのみ注意を集中する中心化傾向の現れである。
② 幼児期の記憶の特徴は，繰り返されることによって意味と関わりなく覚える機械的記憶である。
③ 並行遊びは2～3歳頃。4～5歳頃になるとルールのある集団遊びができるようになる。
④ 幼児期には走行，ボール投げ，跳躍などができるようになるが，骨格が完成するのは青年期である。
⑤ 適切。乳幼児期は認知，知覚，運動機能などが未発達であるため，発達のつまずきが障害であるかどうかの見極めは難しい。家庭環境の聞き取りなどを行いながら慎重に見ていく必要がある。

4 ②
解説

　幼児期には神経系，リンパ系が著しく発達する。脳の神経系は6歳頃には成人の90％に達し，リンパ系は7歳頃には成人の水準に達する。また，歩行から走行ができるようになり，ボール投げ，三輪車乗り，跳躍などができるようになる。女子の体位が男子を上回るのは，児童期後半頃の現象である。女子では10〜11歳，男子では12〜13歳頃から身体の急激な発達と性的成熟が進み，思春期(青年期前期)に入る。骨格が完成するのは青年期である。解答は**ア**，**エ**の②である。

5 ⑤
解説

① 　発達にはおおまかな時期や順序があるが，個人差がある。
② 　保育によって少なからず状況は変化する。医療や福祉の専門家と連携しながら保育面で働きかけることが大切である。
③ 　児童虐待などがある場合にも発達のつまずきが起こる傾向もある。家族関係に留意して，必要があれば児童相談所などの他機関と連携することも重要である。
④ 　発達障害であっても，保育や医療などの働きかけにより発達とともに大きく変化していくものである。
⑤ 　適切。乳幼児期には見極めが難しい。園や家庭での観察を通して，また専門家からの助言を参考に必要であれば医療機関や養育機関と連携して対応していく。

6 ⑤
解説

　Aは「絡み合って」ということから，**キ**か**エ**が考えられるが，「与え合いながら」ということから**エ**となる。**B**は前の語に「自発的」とあることから，似た意味の**ケ**となる。**C**と**D**はそれぞれ，「発達を促すためには，(省略)幼児の興味や関心に応じて必要な刺激が得られるような応答性のある環境が必要である」とされていることから**カ**と**ク**。**E**は**コ**が文面から自然と導かれる。**F**は「幼児の生活は，本来，(省略)具体的な生活行動に着目して，(省略)食事，衣服の着脱や片付けなどのような生活習慣に関わる部分と遊びを中心とする部分とに分けられる」ということから**ウ**。**G**は「幼児期は，自然な生活の

流れの中で直接的・具体的な体験を通して，人格形成の基礎を培う時期である」とされ，幼児教育では体験が重視されるので，ここは**ス**。Hはあとに「整えることが求められる」とあることから**ソ**が正解。なお，「　　」内はいずれも，文部科学省が示した『幼稚園教育要領解説』(平成30年2月，文部科学省)に示された解説である。

7 ①
解説

　幼児期の手腕運動の発達段階について，設問で扱っているのは，**ア**　3歳児，**イ**　6か月児，**ウ**　5歳児，**エ**　2歳児，**オ**　6歳児の発達段階である。また，上記以外に，次のような発達段階が認められる。3か月児：静止物に手が届く。8，9か月児：手指で物を把握。12か月児：クレヨンの握り持ち。18か月児：なぐりがき。積み木を2，3個積める。4歳児：積み木を押し付けなしに積める。はさみで形を切り抜く。クレヨンを正しく持てる。教師は，以上の発達段階を念頭に，子どもの表現する意欲を十分に発揮させられるように環境の整備などを図るようにする。

8 ④
解説

　数の指導は物の集まりの多さ・少なさとして指導する。指導は，「集合遊びをさせる」→「物の集まりの多少を直感的に判断させる」→「量の多少の比較をさせる」→「1対1の対応遊びをさせる」→「1と多数の比較をさせる」の順序で行うとよく，その具体例となるものを並べると④の**D－B－C－A－E**となる。就学以前の数の指導については議論があるが，就学するのに充分な知能の発達がなされていないと，劣等感をもつなどの問題が起こりうるので，その有用性を一概に否定することはできない。無論，知能の発達だけでなく，身体の発達，社会性・基本的習慣の発達も保育者は促していかねばならない。

9 ①
解説

① 　適切。ことばなどいくつかの能力の習得には適期(敏感期)があり，その時期を逃すと難しくなる。野生児や社会隔離児はことばの習得が非常に困難であった例がある。

② 　ヴィゴツキーは，ひとりごとは外言(外部への伝達のためのことば)か

ら内言(音声を伴わない思考のためのことば)への移行過程で現われると
考え,「自己中心的言語」であるというピアジェの説を批判している。

③　児童期には言語能力が著しく発達するが,「ことばの爆発期」は2歳前
後の幼児に見られる発達過程である。

④　3語文を話せるようになるのは2～3歳頃からである。

⑤　記述の命名期はおおむね1歳半～2歳頃にみられる。

10 ①

解説

①　適切。乳児期から幼児期の発達課題には歩行,会話,排泄習慣,善悪
の区別などがあり,その時期の母子関係が欠如した子どもには,それら
の発達の遅れが多く認められる。

②　学習には最適な時期である「敏感期」があるが,人間の場合,その時期
を過ぎても習得は不可能ではない。

③　ヴィゴツキーは,子どものひとりごとは,外言(音声を伴う発話)から内
言(音声を伴わない心の中での発話)への移行過程であると位置づけた。

④　記述は「一次的ことば」についての説明である。ピアジェの理論では,
自己中心的言語とは子どものひとりごとなどのように自己中心的な認知
による,伝達を目的としないことばである。

⑤　内言化によって自分の行動を調節できるようになると考えられる。

11 ②

解説

①　現在は遺伝と環境の相互作用説が優勢である。

②　適切。ジェンセンの環境閾値説では,特性によって環境要因から受け
る影響の大きさが異なり,身長やことばなどはよほど劣悪な環境でない
限り発達が進むが,学業成績などには環境が影響しやすいとされる。

③　発達とは生後から老年期までの変化である。

④　レディネス(準備性)促進は学習優位説に立つブルーナーによって提唱
されたもの。ゲゼルは一卵性双生児の実験から,訓練が効果をあらわす
には学習者の心身の成熟を待たなければならないと考えた。

⑤　ことばの発達は認知の発達と関連が深く,乳幼児期の養育者との応答
的なコミュニケーションが重要である。

①

解説

アは児童期。11歳頃までに数，量，重さなどの保存性概念が確立される。ピアジェの発達段階では具体的操作期にあたる。**イ**は児童期。幼児期の直感的な理解から脱し，状況を論理的に理解できるようになる。**ウ**は青年期。親への精神的依存から離脱したいという欲求が生まれ，自立心と依存心の葛藤から精神的に不安定になる時期。青年前期であり第二反抗期ともいう。**エ**は幼児期。象徴機能とは目の前にないものの表象を心に浮かべ，他のものに代えて表す働きのこと。象徴機能は1歳半頃から発達する。**オ**は幼児期。2歳頃の幼児前期になると自立心が芽生え，親の働きかけに対し「イヤ」などと言って何でも自分でやりたがるようになる。

13 ⑤

解説

発音が不明瞭な子どもは他者との会話が成立しにくく，言語発達が遅れる傾向がある。そのため，他者との関わりの機会が減り，社会性の発達に影響が出る傾向にある。このような子どもの支援の主なポイントとしては，(1)原因を究明し，取り除くようにする，(2)子どもに好きな遊具で存分に遊ばせ，しだいに友だちとの遊びに誘導する，(3)積極的に話したことを認めてやり，自信をもたせる，(4)簡単な言葉を使った課題を与え，やりとげた後にプラスのフィードバックが必要である，などが挙げられる。

ア 不適切。放置しているだけである。

イ 不適切。子どもの自由意志を尊重しておらず，友だちとの遊びを強制しているだけである。

ウ 適切。本人の好きなことに共感を示せば，言葉は出やすくなる。

エ 不適切。仕事や課題を与えるまではいいが，やりとげた時にほめてやらなくては，言葉の発達に導けない。

オ 適切。原因となる疾患等がないか確認している。

14 ②

解説

① 環境や経験は人間の発達において大きな規定要因であるが，現在は遺伝と相互に影響しあうという相互作用説が優位である。

② 適切。一般に，身体的側面に関連する特性ほど，遺伝規定性が高い。

333

③　遺伝ではなく環境規定性が高いとされる特性である。ジェンセンの環境閾値説では、身長・能力などの特性によって遺伝的資質が環境要因の影響を受ける感受性が異なるとされる。

④　発達が遺伝と環境の相互作用で進むことは、知能や認知などの心理面でも同様である。

⑤　遺伝的な障害でも、環境的アプローチによって緩解したり、適応させたりすることが可能である。

15 ⑤
解説

①　記述は横断的研究の利点である。縦断的研究は同一の対象をある程度の期間追跡調査し、資料を収集する方法であり、同一対象の発達の変化を分析し、発達上の因果関係を導き出すことに利点がある。

②　記述は新生児の原始反射のうちのバビンスキー反射である。

③　双生児研究法は、発達を規定する遺伝と環境の影響の程度を調査するのに適している。別々に育った一卵性双生児は幼いころほど差異が少なく、加齢とともに環境の影響を受け差異が増大することがわかっている。

④　牛島義友の区分では、0～4歳が身辺生活時代、4～8歳は想像生活時代である。

⑤　適切。発達加速現象とは、思春期における身長・体重などの成長加速傾向、および乳歯・永久歯の生え変わり時期の低年齢化、第二次性徴の早期化のような成熟前傾現象をいう。

16 ③
解説

①　愛着は生理的欲求の充足だけでは形成されない。温かく情緒的な接触のある特定の人物に対して形成される。

②　人見知りは特定の人物との間に十分な愛着が形成されている場合に見られやすい行動である。

③　適切。適時の愛着形成がなかった子どもには、成長後も情愛のなさ、反社会性などの特有の障害が認められる。

④　アタッチメント理論は、ボウルビィが提唱した心理学的概念で、乳児は誕生時から周囲に積極的に働きかける能動的な存在であると考えられている。

⑤　家庭で育った子どもでも，養育者との間にアタッチメントの形成が不十分な場合はホスピタリズムの症状が現れる。

17 ②

解説

　アは児童期，**イ**は幼児期，**ウ**は児童期，**エ**は初期成人期，**オ**は青年期である。エリクソンの発達段階説において，「親密対孤立」は初期成人期の発達課題であり，児童期の発達課題は「勤勉性対劣等感」である。

18 ⑤

解説

　A・B・Dは，幼稚園教育要領「第2章　ねらい及び内容」の「健康」の「3　内容の取扱い(6)」に関連している。「安全に関する指導に当たっては，情緒の安定を図り，遊びを通して安全についての構えを身に付け，危険な場所や事物などが分かり，安全についての理解を深めるようにすること。また，交通安全の習慣を身に付けるようにするとともに，避難訓練などを通して，災害などの緊急時に適切な行動がとれるようにすること。」と記述されている。よって，**A**は不適切，**B・D**は適切。**C**は，上記の箇書に関して幼稚園教育要領解説で述べていることなので適切。

19 ②

解説

ア　児童中期から後期の子どもは，凝集性，排他性の高い仲間集団での行動を好むようになる。この人間関係は子どもの社会性の発達に重要な意義をもつので，集団行動自体を予防するというのは不適切であり，集団における役割の自覚や主体的な責任意識を育成することが重要である。

イ　適切。心理的離乳は青年期にみられる発達過程の1つである。

ウ　適切。自分から見て目立つ面にのみ注意が集中することを中心化といい，他者の視点やさまざまな角度から物事をとらえられるようになることを脱中心化という。

エ　ルージュテストにより，鏡に映った自分の姿が自分であると認知できるようになるのは，生後18か月頃からである。

20 ②
解説

　アは6歳児，**イ**は4歳児，**ウ**は5歳児，**エ**は3歳児の発達の主だった特徴である。幼児期は身体が成長するだけでなく，自我の芽生えから社会性が育つまでと，心も大きく成長する時期であり，その発達の段階に応じた教育指導を行うことが重要である。設問で示された以外の各年齢の特徴は以下の通り。3歳児：食事，排泄，衣類の着脱など基本的生活習慣の点で自立し始める。4歳児：全身のバランスをとる能力が育つ。自意識が芽生える。5歳児：友だちと活動する過程で社会性が育つ。物事の判断ができる基礎が培われる。言葉を介したコミュニケーションがとれるようになる。6歳児：幼稚園で最年長児としての自信と誇りを持つようになる。創意工夫をした遊びを始め，思考力・認識力もついてくる。

21 ①
解説

① 　適切。子どもの状態をよく観察した上で指導計画を立てることが大事である。
② 　勝手な変更は認められない。
③ 　天候に左右されることがないとなると，どうしても屋内の活動にかたよりがちである。戸外で日光にあたり，のびのびとした活動をさせることも必要なので，季節や年齢を考慮して適切な保育を行う。
④ 　個々の子どもに合わせた指導のためにも評価を行うことは必要である。
⑤ 　間食は幼児の楽しみという意味でも，エネルギーの補給の意味でも必要。また，1日4時間の教育時間のうちでも，必要に応じて午睡もとらせてもよい。

22 ①
解説

　イ・エが不適切である。**ア・ウ・オ**については，幼稚園教育要領第3章「指導計画及び教育課程に係る教育時間の終了後等に行う教育活動などの留意事項」第3「教育課程の役割と編成等」4「教育課程の編成上の留意事項」(2)「入園当初，特に，3歳児の入園については，家庭との連携を緊密にし，生活のリズムや安全面に十分配慮すること。また，満3歳児については，学年の途中から入園することを考慮し，幼児が安心して幼稚園生活を過ご

すことができるよう配慮すること。」と記述がある。**イ**については，家庭に呼びかけたり，子どもの発達段階を聞き取ったりすることはあるが，必ずしも自立している必要はなく，このような記載もない。**エ**については，入園時の年齢は関係なく，不安が強い子どもであれば，多くの支えを必要としている。子どもの状況に応じて援助することが大切である。

23 ③

解説

A ⑤が入る。就園やクラス替えなど，4月は人間関係に変化の出やすい時期である。新しい集団の中で幼児が楽しく生活するには，まず，互いに信頼関係を築くことが大切である。また，この時期には園舎内外の整備をし，わかりやすいところに子どもの持ち物を置くスペースをつくる。

B ④が入る。同世代のいろいろな子どもと触れ合う楽しさを味わえるように配慮する。

C ②が入る。遊具を独り占めせず，順番に使うなど，4月に習った「集団のきまり」を実行できるように指導していく。

D ①が入る。「守り」の目的語としては②も考えられるが，「生活もルールにそったものとする」が直後にあり，②だと同内容の繰り返しになってしまう。

24 ⑤

解説

①～④の遊びには，設問中のもののほか，次のような意義がある。

① 集中力，持続力をもたせる。数量や図形に興味をもち，理解する能力の芽生えを促す。

② 身体を動かす楽しさを満足させる。友だちと仲良く，決まりを守って遊べるようになる。

③ 解放感を味わい，情緒を満足，安定させる。友だちと喜んで遊んだり，協力したりする習慣や態度を養う。さまざまな感覚刺激を受けたり，道具を使うことの意味を学んだりできる。

④ 想像力や空想力を豊かにする。友だちとグループを作って協力する態度を養う。

⑤ 遠足には次のような意義がある。集団での行動の仕方を身につける。経験を豊かにし，感動を深める。友だちや保育者に対する親近の情を養

う。幼稚園での生活に変化をつけ，生活を楽しくする。

25 ①

解説

　子どものトラブルには，ひんぱんに起こり，短くて激しく，その場限りであとを引かない(短時間性かつ一過性)という特徴がある。また，幼児の場合，トラブルは相互の意思や心の接近の手段であり，コミュニケーションの方法のひとつとなっている。保育者が子ども同士のトラブルに介入するのは，子ども同士の解決が難しい場合のみとし，それぞれの子どもの言い分をしっかりと聞きとめ，大人の考えを押し付けるのではなく，子どもが納得するように導かねばならない。人間関係領域では，トラブルは解決することが目的ではなく，折り合いをつけて自分の気持ちを調整することが大切であるとされている。

26 ⑤

解説

① 　アオダイショウは大きなヘビだが，毒はない。毒蛇としてはマムシとハブに注意。カツオノエボシはクラゲの一種。触手に強い毒をもつ。

② 　オタマジャクシは無害だが，山野に生えるウルシに触れるとかぶれる。

③ 　キョウチクトウ，トリカブトはいずれも有毒植物。キョウチクトウは生垣に使われるなど身近にあるので，外出先にないか確認しておく。トリカブトは山でないとまず見かけないが，花が美しく，全草が有毒なので，遠足の際など，子どもが触ることのないよう，注意しなくてはならない。

④ 　ヒガンバナは全草が有毒だが，水溶性の毒なので，触れてしまったときは，手をよく洗えばよい。ムカデも毒があるので刺されないように気をつける。

⑤ 　いずれも無害，無毒である。

27 ①

解説

　ア〜オの遊びはそれぞれ，以下のことをねらったものである。数の指導は物の集まりの多さとして指導すべきであり，日常生活の中で，基礎となる事柄の経験を多くさせ，具体的な事物と数量や図形を対応させて取り扱うようにすることが大切である。

ア　量の多少の比較をさせる。

イ　集合遊びをさせる。

ウ　1対1の対応遊びをさせる。

エ　物の集まりの多少を判断させる。

オ　1と多数の比較をさせる。

　就学前の数の指導は賛否のわかれるところであるが，就学するのに十分な知能の発達がなされていないと，子どもが不登校を起こしたり，劣等感を持ったりするなど，種々の問題が起こりかねないので，十分な配慮が必要である。

28 ④
解説

　Aの子ども特有の自己中心的な思考の表れと目されているのは，自己中心語である。これがわかっていれば，選択肢②と③は除外できる。Bの「ひとり言」は幼児期に多くみられ，言語能力・思考力の発達とともにみられなくなっていく。CとDは，文脈から対になっている言葉であることがわかる。Cは自分以外の，外界へ向かって発信する言葉であることから外語と呼ばれ，Dは自分自身の内的世界へ向かっての言葉であることから内語と呼ばれる。幼児語は育児語とも呼ばれ，養育者が幼児に対して使う言葉であり，そのために子どもが使うようになる言葉である。幼児音は音声の発達段階における，不明瞭な発音を伴った言葉をいう。吃音はどもることである。

29 ④
解説

　幼稚園教育要領(平成29年3月告示)「第2章　ねらい及び内容」「表現」の2内容(8)「自分のイメージを動きや言葉などで表現したり，演じて遊んだりするなどの楽しさを味わう。」に関する文章である。人から与えられた，あるいは押し付けられたものではなく，幼児自身が感じたことや考えたことを自分なりに表現することを通して豊かな感性や表現力を養うことが大切だということが述べられている。もちろん，表現の仕方についても，幼児に対して特定の方法が押し付けられることがあってはならない。

30 ③
解説

　A　不適切。「幼児教育の啓発」ではなく，「子育て支援」である。保育所保

育指針では，子育て支援の章が新たに新設されるなどしており，子育て
家庭への支援は幼稚園でも重要である。

B，C　適切。他にも「幼児と保護者の登園を受け入れる」などの記載がある。

D　不適切。正しくは「幼児期の教育のセンター」である。このことについ
ての記載は，「第3章　教育課程に係る教育時間の終了後等に行う教育
活動などの留意事項　2」にある。

31 ⑤

解説

A　適切。人間関係領域の内容の取扱い(4)に「(前略)人に対する信頼感や思
いやりの気持ちは，葛藤やつまずきをも体験し，それらを乗り越えるこ
とにより次第に芽生えてくることに配慮すること。」とある。

B　適切。第1章　総則　第3　教育課程の役割と編成等　4　教育課程の
編成上の留意事項(1)「(前略)他の幼児とのかかわりの中で幼児の主体的な
活動が深まり，幼児が互いに必要な存在であることを認識するようにな
り(後略)」とある。

C　不適切。自己発揮の抑制については書かれていない。

D　不適切。幼稚園教育要領にこのような記載はない。自己主張が苦手な
子どももいれば，言語以外で自己主張をする子どももいる。その子ども
の特性に応じて，援助していくことが大切である。

E　適切。人間関係領域の内容の取扱い(5)「(前略)互いに思いを主張し，折
り合いを付ける体験をし，きまりの必要性などに気付き，自分の気持ち
を調整する力が育つようにすること。(後略)」と記載されている。

32 ④

解説

A，B　集団生活のなかで子どもたち一人一人を個人として尊重すること
が大切であると頭では分かっていても，実習生には学校などで学習して
きた理論と実践が一致しない段階であるといえる。

C　記録することによって，自分の何気ない行動を意識化させ，それまで
気付かなかったことを認識させることがよくある。

D　保育では，子どもの内面的な状態を適切に理解することも大切である。

E　よりよい教師を目指すには，先輩の助言は欠かせない。とくに新任の
段階では積極的に助言を求め，それを前向きに捉えて活かそうとするこ

とが重要である。

F　幼稚園は子どもたちが適切な援助を行う教師と共に生活する場である。

●書籍内容の訂正等について

　弊社では教員採用試験対策シリーズ(参考書，過去問，全国まるごと過去問題集)，公務員採用試験対策シリーズ，公立幼稚園教諭・保育士採用試験対策シリーズ，会社別就職試験対策シリーズについて，正誤表をホームページ (https://www.kyodo-s.jp) に掲載いたします。内容に訂正等，疑問点がございましたら，まずホームページをご確認ください。もし，正誤表に掲載されていない訂正等，疑問点がございましたら，下記項目をご記入の上，以下の送付先までお送りいただくようお願いいたします。

---

① **書籍名，都道府県・市町村名，区分，年度**
　(例：公立幼稚園教諭・保育士採用試験対策シリーズ　秋田市の公立保育士
　　　2025 年度版)
② **ページ数**(書籍に記載されているページ数をご記入ください。)
③ **訂正等，疑問点**(内容は具体的にご記入ください。)
　(例：問題文では"ア～オの中から選べ"とあるが，選択肢はエまでしかない)

〔ご注意〕

○ 電話での質問や相談等につきましては，受付けておりません。ご注意ください。

○ 正誤表の更新は適宜行います。

○ いただいた疑問点につきましては，当社編集制作部で検討の上，正誤表への反映を決
　定させていただきます(個別回答は，原則行いませんのであしからずご了承ください)。

●情報提供のお願い

　協同教育研究会では，これから公立幼稚園教諭・保育士採用試験を受験される方々に，より正確な問題を，より多くご提供できるよう情報の収集を行っております。つきましては，公立幼稚園教諭・保育士採用試験に関する次の項目の情報を，以下の送付先までお送りいただけますと幸いでございます。お送りいただきました方には謝礼を差し上げます。

(情報量があまりに少ない場合は，謝礼をご用意できかねる場合があります。)

◆あなたの受験された専門試験，面接試験，論作文試験の実施方法や試験内容

◆公立幼稚園教諭・保育士採用試験の受験体験記

- -

送付先	○電子メール：edit@kyodo-s.jp
	○FAX：03 － 3233 － 1233(協同出版株式会社　編集制作部 行)
	○郵送：〒101 － 0054　東京都千代田区神田錦町 2 － 5
	協同出版株式会社　編集制作部 行
	○HP：https://kyodo-s.jp/provision(右記のQRコードからもアクセスできます)

　※謝礼をお送りする関係から，いずれの方法でお送りいただく際にも，「お名前」「ご住所」は，必ず明記いただきますよう，よろしくお願い申し上げます。

【編集協力者】

阿部 真美子　聖徳大学　教育学部児童学科　教授

石田 成人　　東京未来大学　モチベーション行動科学部　講師

小田桐 忍　　聖徳大学　教育学部児童学科　教授

齋藤 有　　　聖徳大学　教育学部児童学科　准教授

杉浦 誠　　　常葉大学　保育学部保育学科　准教授

深津 さよこ　聖徳大学　教育学部児童学科　准教授

公立幼稚園教諭・保育士採用試験対策シリーズ

名古屋市の公立幼稚園教諭
（過去問題集）

編　集　ⓒ協同教育研究会
発　行　令和6年6月10日
発行者　小貫　輝雄
発行所　協同出版株式会社
　　　　〒101-0054　東京都千代田区神田錦町2-5
　　　　TEL.03-3295-1341
　　　　http://www.kyodo-s.jp
　　　　振替　東京00190-4-94061
　　　　印刷・製本　協同出版・POD工場